低俗文化对青少年
社会主义核心价值观
教育的影响及对策研究

刘维兰 / 著

云南大学出版社
YUNNAN UNIVERSITY PRESS

图书在版编目（CIP）数据

低俗文化对青少年社会主义核心价值观教育的影响及对策研究 / 刘维兰著. -- 昆明：云南大学出版社，2023

ISBN 978-7-5482-4536-0

Ⅰ.①低… Ⅱ.①刘… Ⅲ.①文化－影响－青少年－社会主义核心价值观－研究－中国 Ⅳ.①D616

中国版本图书馆CIP数据核字(2022)第032324号

策划编辑：殷永林
责任编辑：陶燕燕
封面设计：刘　雨

低俗文化对青少年社会主义核心价值观教育的影响及对策研究

DISU WENHUA DUI QINGSHAONIAN SHEHUIZHUYI HEXIN JIAZHIGUAN JIAOYU DE YINGXIANG JI DUICE YANJIU

刘维兰／著

出版发行：云南大学出版社
印　　装：昆明理煌印务有限公司
开　　本：787mm×1092mm　1/16
印　　张：12
字　　数：208千字
版　　次：2023年1月第1版
印　　次：2023年1月第1次印刷
书　　号：ISBN 978-7-5482-4536-0
定　　价：58.00元

社　　址：昆明市一二一大街182号（云南大学东陆校区英华园内）
邮　　编：650091
电　　话：（0871）65031071　65033244
网　　址：http://www.ynup.com
E-mail：market@ynup.com

若发现本书有印装质量问题，请与印厂联系调换，联系电话：0871-67335884。

前　　言

　　人类需要信仰驱动，社会需要共同的价值理想统领。共同的理想信念和价值目标是一个民族、一个国家产生强大的向心力和凝聚力，朝着共同目标前进的精神支柱和动力之源。社会主义核心价值观是亿万中国人民的精神家园，也是当今中国人民共同遵循的价值标准与价值取向。青少年是社会上最富活力和创造性的群体，是中国特色社会主义事业的建设者与接班人，承载着祖国和民族的未来与希望，其思想意识形态和价值观状况如何，更是关系着未来中国社会思潮走向和价值取向。在青少年中培育和践行社会主义核心价值观，不仅有利于其健康成长，而且对于中国特色社会主义事业的接续发展和中华民族伟大复兴中国梦的实现有重要意义。可以毫不夸张地说，社会主义核心价值观有多重要，对青少年的社会主义核心价值观教育就有多重要。为此，党中央在2013年12月专门印发了《关于培育和践行社会主义核心价值观的意见》（中办发〔2013〕24号），明确指出"培育和践行社会主义核心价值观要从小抓起、从学校抓起"。党的十八大以来，习近平总书记也在不同场合多次强调青少年的社会主义核心价值观教育问题，并对开展青少年社会主义核心价值观教育提出了具体的要求。在党的正确领导下，在广大教育工作者、研究者以及各方的共同努力下，青少年社会主义核心价值观教育工作取得了很大成绩。但由于教育方法、低俗文化影响等方面的问题，教育效果与预期目标还有一些差距。在新形势下，青少年社会主义核心价值观教育的任务更加艰巨，如何深入把握青少年社会主义核心价值观教育规律，抓住重点，探索途径，扎实开展青少年社会主义核心价值观教育工作，提高教育的实效性，成为一个重大而紧迫的社会课题。习近平总书记指出，要"努力用中华民族创造的一切精神财富来以文化人、以文育人"①,这无疑为青少年社会主义核心价值观教育指明了方向和途径。

文化是民族的血脉和纽带,是滋养灵魂的源泉。文化与人的精神追求和价值需求始终处于相互生成和互动发展的运行状态,推动着社会文明和人的发展进步不断走向新的高度。文化的核心是价值观,人的价值观的生成和发展是扎根于一定的文化之中的,失去了文化的承载和附着,价值观就成为无根之木,无源之水。也就是说,价值观和价值观教育始终存在于一定的文化之中的。对于青少年社会主义核心价值观教育而言,系统的学校思想政治理论课教育是必然的要求和主要的途径,但要真正使青少年将社会主义核心价值观内化于心,外化于行,也离不开其生存的文化土壤及其环境因素的作用。因此,在当代社会各种文化和价值观念交流、碰撞的背景下,如何用积极的、先进的文化,做好青少年群体健康、正确价值观的铸根和培育,推进青少年社会主义核心价值观的教育工作,促进青少年对社会主义核心价值观的认同、践行,也是一个值得思考的问题。本研究把文化作为价值观教育研究的一个视域,从低俗文化和价值观教育两方面入手,以低俗文化的有效治理为突破口,深入分析低俗文化的表现、特点、形成原因及其对青少年社会主义核心价值观教育的影响,归纳和设计基于青少年社会主义核心价值观教育的文化价值评价的依据和各种文化要素有效整合的一般原则,探索青少年社会主义核心价值观教育的文化路径,重构青少年社会主义核心价值观教育的文化秩序,既有助于丰富和完善思想政治教育理论研究,也有助于提高青少年社会主义核心价值观培育工作的实效性,重构青少年社会主义核心价值观教育的话语权,有效地推进思想政治教育的实践创新。

由于青少年社会主义核心价值观教育作为一种做人的思想工作的实践活动,是一个随着时代不断发展的动态过程,使青少年社会主义核心价值观教育会不断出现新的研究方向和研究视角,成为一个较新且永恒发展的课题。鉴于笔者的学识和能力,本书还有许多内容没有探讨,同时所做的工作在有些方面还比较浅薄,不够细致、深入,今后仍然需要不断地进行充实、完善和提高。

---

① 习近平:《习近平谈治国理政》,外文出版社2014年版,第164页。

目 录

导 论 ··· (1)
  一、选题背景与意义 ·· (1)
  二、研究综述与趋势 ·· (6)
  三、研究内容与创新 ··· (11)
  四、研究思路与方法 ··· (15)

第一章 青少年社会主义核心价值观教育的理论阐释 ································· (19)
  一、青少年的成长特点 ·· (19)
  二、青少年社会主义核心价值观教育的内涵及意义 ···································· (23)
  本章小结 ·· (36)

第二章 文化与青少年社会主义核心价值观教育的关系 ····························· (38)
  一、文化的内涵、特征及其功能 ··· (38)
  二、文化世界是青少年社会主义核心价值观教育的天然依托 ······················ (47)
  三、主体文化自觉是青少年社会主义核心价值观教育的自觉追求 ················ (63)
  本章小结 ·· (69)

第三章 青少年社会主义核心价值观教育面临低俗文化挑战 ······················· (71)
  一、低俗文化的涵义 ··· (71)
  二、低俗文化产生的原因 ··· (75)

三、低俗文化的现实表征 …………………………………………（83）
　　四、低俗文化对青少年社会主义核心价值观教育的影响 ……………（88）
　　本章小结 …………………………………………………………（95）

第四章　基于青少年社会主义核心价值观教育的文化价值评价依据及原则 ……………………………………………………（97）
　　一、文化价值概述 …………………………………………………（97）
　　二、基于青少年社会主义核心价值观教育的文化价值评价及理论依据
　　　………………………………………………………………（105）
　　三、基于青少年社会主义核心价值观教育的文化价值评价原则………（116）
　　四、基于青少年社会主义核心价值观教育的文化价值评价标准………（123）
　　本章小结 …………………………………………………………（126）

第五章　消除低俗文化对青少年社会主义核心价值观教育影响的路径……（128）
　　一、夯实青少年社会主义核心价值观教育的文化基础………………（128）
　　二、形成青少年社会主义核心价值观教育的文化合力………………（142）
　　三、强化社会主义核心价值观教育青少年文化主体的责任…………（160）
　　本章小结 …………………………………………………………（168）

结论与展望……………………………………………………………（170）
　　一、基本结论 ……………………………………………………（171）
　　二、未来展望 ……………………………………………………（172）

参考文献………………………………………………………………（174）

导　论

一、选题背景与意义

文化是民族的血脉，是支撑和凝聚人民精神家园的力量。文化与价值观及价值观教育有着天然的联系。文化的核心就是价值观，价值观和价值观教育始终存在于一定的文化之中。人作为核心价值观的形成主体，既是文化的创造者，同时也是文化生成的产物。换句话说，人创造文化，文化又塑造人。因此，就青少年社会主义核心价值观教育而言，系统的学校思想政治教育是必然的要求和主要的途径，但要真正使青少年将社会主义核心价值观内化于心，外化于行，也离不开其生存的文化土壤及其环境因素的作用。因此，把文化作为价值观教育研究的一个视域，分析社会转型期文化环境的变化，选择青少年社会主义核心价值观教育的文化路径，是增强当前青少年社会主义核心价值观教育实效性的应然诉求。

（一）研究背景

习近平总书记指出："人类社会发展的历史表明，对一个民族、一个国家来说，最持久、最深层的力量是全社会共同认可的核心价值观。核心价值观，承载着一个民族、一个国家的精神追求，体现着一个社会评判是非曲直的价值标准。"[①] 人类需要信仰支撑，社会需要共同的价值理念统领。一个国家的核心价值观是其民众在价值衡量和事物判断中总的观点和看法，是统领社会思想最根本的价值理念。一个国家要想实现长久的发展，必须要有一定的核心价值观作为价值引导和精神支撑，唯其如此，才具有持久的生命力。社会主义核心价值观作为当代中国的价值主旋律，深刻体现了中华民族精神和时代精神，体现了中国特色

---

① 习近平：《习近平谈治国理政》，外文出版社2014年版，第168页。

社会主义的本质要求,是当代中国人的精神信仰和终极价值追求,更是中国特色社会主义建设事业、稳定健康发展和实现民族复兴最深沉的力量和纽带。而青少年是国家的希望和民族的未来,肩负着实现中华民族伟大复兴中国梦的历史使命和主体责任,青少年对于社会主义核心价值观的接受、理解与认同,无论是对青少年个人健康成长,还是对国家未来发展都有非常重要的意义。习近平总书记在2014年5月4日在北京师范大学师生座谈会上讲话时指出:"青年的价值取向决定了未来整个社会的价值取向,而青年又处在价值观形成和确立的时期,抓好这一时期的价值观养成十分重要。"习近平总书记把青少年社会主义核心价值观教育形象地比喻为穿衣服扣扣子,如果第一粒扣子扣错了,剩余的扣子会完全扣错。"人生的扣子从一开始就要扣好"[①]。因此,"培育和弘扬社会主义核心价值观,必须从小抓起、从学校抓起"[②]。如何使社会主义核心价值观进入青少年的内心、灵魂并成为其行动指南,是党和政府必须要高度重视以及当前思想政治教育亟须解决的重大问题。

青少年社会主义核心价值观教育的关键因素在于青少年对核心价值观的接受与认同,并能够自觉自愿地将其转化为内在的思维方式和外在的行为习惯。一种好的教育方式的真正价值和功效不是"强制性地灌输",而在于"润物细无声",这必然离不开文化的构建和文化的教化。因为,"文化创造比我们迄今所相信的有更加广阔的和深刻的内涵。人类生活的基础不是自然的安排,而是文化形成的形式和习惯。支配动物行为的本能,是动物物种的自然特性。人的行为则是靠人自己曾获得的文化来支配"[③]。文化作为人主导性的生存方式和根本性的生存环境,是社会和历史运动的内在机理和模塑系统,从心理上规制和形塑着人们的价值趋向和行为方式。一个社会的文化修养、文化生活水平不仅成为该社会政治修养和社会结构的必要文化素质前提,而且社会的文化精神追求和文化发展水平还约束着人的思维方式、价值选择与审美情趣,决定着人们的价值观和政治信仰状况。因此,习近平总书记特别强调:"中华文化源远流长,积淀着中华民族最深

---

① 习近平:《习近平谈治国理政》,外文出版社2014年版,第172页。
② 《培育和践行社会主义核心价值观要从小抓起从学校抓起》,《中国青年报》2013年12月24日。
③ [德]米希尔·兰德曼:《哲学人类学》,彭富春译,工人出版社1988年版,第277页。

沉的精神追求，代表着中华民族独特的精神标识"，要"努力用中华民族创造的一切精神财富来以文化人、以文育人"①。因此，加强青少年社会主义核心价值观教育，既要重视其内容的显性教育，也要重视潜移默化的隐形方法——注重文化的浸润、感染和熏陶，实现入芝兰之室久而自芳的效果。

改革开放以来，我国社会主义先进文化蓬勃发展，发挥了对民众特别是对青少年价值引领和思想凝聚的作用。但不可否认，在社会主义先进文化壮大且始终占据主导地位的总态势下，也出现了一些突出而复杂的情况，如在部分文化建设的实践中出现了一些低俗化的倾向，使文化的高雅旨趣受制于金钱和西方逻辑。例如，送礼喝酒、麻将牌九的"饭局文化"，把背名包、开豪车等作为人生价值标签的"面子文化"，拉帮结伙谋取利益的"圈子文化"等庸俗落后文化恣意盛行；一些胡编乱造、插科打诨、穿越恶搞的娱乐文化和色情淫秽暴力的网络文化等新兴文化日趋泛滥；洋快餐、洋地名、过洋节的洋化文化大受吹捧。这些缺乏价值立场和价值追问的文化实践，与社会主义核心价值观的要求背道而驰，脱离了文化"为人"的本质，对民众特别是青少年的行为模式、价值取向、政治态度等产生了很大的负面影响，严重阻碍了青少年正确价值观的建构和发展，极大地影响了青少年社会主义核心价值观的培养。如何遏制这些不良倾向的蔓延，为社会主义核心价值观教育提供良好的文化环境和文化秩序，成为一个重大而紧迫的社会课题。当务之急是探索抵制低俗文化的路径和方法，改造和引导低俗文化健康发展，升华时代文化的价值，重构青少年价值观教育的文化秩序，真正发挥文化滋养社会、滋养人心的作用。

（二）研究意义

在面临百年未有之大变局的当今时代，意识形态领域的斗争和对青少年的争夺日益尖锐和激烈。如何开展社会主义核心价值观的宣传教育，使人们特别是青少年发自内心地接受和深刻认同社会主义核心价值观，并自觉用其指导自己的行动，成为一个重大而紧迫的社会课题。面对新形势和新任务，迫切需要探寻一种卓有成效的青少年社会主义核心价值观教育的方法，促使社会主义核心价值观教育取得实效，为社会的改革发展和中国梦的实现培养全面发展的后备力量保驾护

---

① 习近平：《习近平在十八届中央政治局第十三次集体学习时的讲话》，2014年2月24日。

航。因此，本书的研究有着重要的理论意义和现实价值。

1. 理论意义

一方面，本书的研究有助于完善和丰富思想政治教育文化环境理论的研究。马克思主义文化环境理论认为，文化是人类实践活动的结果，并且随着实践发展得以不断传承衍生，形成人类所独具的文化和文明。人类社会的历史就是一部通过人的生产实践活动使人类自身文明进步的文化史。同时，已经形成的文化及其环境，作为客观存在的现实，又促进着人类意识的发展和精神世界的提升，塑造和培育着具有深刻感受力的丰富而又全面的人。人是由文化塑造出来的，文化及其环境已经融入到人的生活之中，人的精神世界建构依托于文化世界的平衡。文化是价值观形成的客观环境，成为青少年社会主义核心价值观教育的重要依托和载体。但文化有优、劣之分，文化的作用取决于时代的社会文化性质是给人以奋发向上、努力建树的鼓舞和保障，还是给人以颓废和沮丧。将目前青少年价值观教育体系投放到低俗文化环境中进行反思与重建，深入研究低俗文化这一社会现象，揭示其本质和危害，并提出行之有效的治理对策，能够切实遏制这一不良倾向的蔓延，有助于人们科学地认识低俗文化的本质和其产生的原因以及社会危害性，抵制、改造低俗文化和预防文化出现低俗化的倾向，增强文化作为价值观教育的载体，发挥其正向功能的作用。这不仅丰富了思想政治教育载体理论的内容，而且也为马克思主义文化理论和思想政治教育载体理论研究提供了可以借鉴和参考的理论论证。另一方面，本书的研究有助于深化青少年思想政治教育的理论研究。青少年社会主义核心价值观教育是思想政治教育的核心问题和重要使命。随着社会现实和实践的不断发展与变化，青少年思想政治教育面临新的社会环境与问题，使青少年价值观受到巨大影响和挑战。因此，加强对青少年社会主义核心价值观教育问题的研究，是青少年思想政治教育工作与时俱进的要求。通过对低俗文化的表现与危害进行系统梳理和揭示，以及从文化视角对青少年社会主义核心价值观教育实践路径的探索，有助于深化有关思想政治教育的理论研究，为青少年思想政治教育工作注入新的活力。

2. 实践价值

本书的研究有助于改造低俗文化和提高青少年社会主义核心价值观培育工作的实效性。理论研究的目的在于指导实践。如何改造低俗文化，并使青少年将社会主义核心价值观内化于心、外践于行，是一项重要的任务。本书通过分析低俗文化这一复杂的、动态的社会现象对青少年价值观教育的影响及特点，研究如何积极应对低俗文化对青少年价值观教育的挑战，提出整治低俗文化，升华时代文化的价值及重构青少年价值观教育的文化秩序的策略，在实践中能够为核心价值观教育文化载体建设和优化提供有针对性的借鉴和指导，提升我国文化的软实力。同时，也有助于实现思想政治教育方式方法创新，重构青少年社会主义核心价值观教育的话语权，不断提高青少年社会主义核心价值观培育工作的实效性，有效地推进思想政治教育实践创新和教育效果的提升。

（三）研究目标

本书将目前青少年社会主义核心价值观教育体系投放到低俗文化环境中进行思考与建设，以马克思主义唯物史观和文化价值分析理论为指导，从低俗文化和价值观教育两方面入手，以低俗文化的有效治理为突破口，深入分析低俗文化的表现、特点、形成原因及对青少年社会主义核心价值观教育的影响，归纳和设计基于青少年社会主义核心价值观教育的文化价值评价的依据和各种文化要素有效整合的一般原则，探索青少年社会主义核心价值观教育的文化途径，重构青少年社会主义核心价值观教育的文化秩序，切实提高青少年社会主义核心价值观教育的实效性，为教育主管部门、宣传部门、学校等创新价值观教育工作提供参考。具体目标为：

1. 低俗文化的治理目标

阐述低俗文化的现实表现形式，分析低俗文化产生的原因和详细论述其现实危害性，并从整体文化建设的高度探讨治理的依据和合理途径，能够有效遏制文化低俗化的蔓延趋势，提升文化的品质，形成健康良好的文化秩序和生态，为社会主义核心价值观教育提供良好的文化环境。

2. 青少年社会主义核心价值观教育的目标

首先，探究青少年社会主义核心价值观教育的文化属性功能，说明文化与价值观教育的内在关系，总结和设计价值观教育的文化价值评价的依据和各种文化要素有效整合的一般原则，并以此为指导，建构青少年社会主义核心价值观教育的文化秩序，提升时代文化的价值，使其成为推动我国青少年社会主义核心价值观教育的理论和实践依据，成为青少年社会主义核心价值观教育的主要方法和模式,从而提高青少年社会主义核心价值观教育的实效性和针对性。

二、研究综述与趋势

(一) 国外研究综述

1. 关于价值观教育问题的研究

本书研究的是青少年社会主义核心价值观教育问题,国外不可能有同样的研究,但国外关于价值观教育的研究起步较早。早在20世纪六七十年代,路易斯·拉思斯就在《价值与教学》(Values and Teaching)中提出了"价值澄清理论",强调在价值多元冲突的环境之中,传统价值观灌输式的教育方法之所以不能很好地发挥作用,是因为价值观教育者的任务仅仅是为个体价值观的选择和确认提供一种情境或机会,而没有用分析和评价等价值澄清的方式帮助少年儿童自己选择适合自身的价值观体系。这一理论后来得到了人们的普遍认可。20世纪80年代,柯申鲍姆提出了价值观实现、人格品质教育、道德教育、公民教育等价值观教育的四种方法。21世纪初期,美国心理学家柯尔伯格(Kohlberg)主要研究了文化与德育的关系,他非常重视社会文化环境和团体的价值观对人的影响,提出了道德教育的"认知—发展"模式,为价值观教育提供了一种新的视角。美国学者塞缪尔·亨廷顿在《文化的重要作用·价值观如何影响人类进步》一书中详细分析了文化与价值观之间的关系。

2. 关于文化及其作用的研究成果较为丰富

例如,爱德华·泰勒(2005)从民族学意义上对文化进行了定义,他认为文化是"包括全部的知识、信仰、艺术、道德、法律、风俗、以及作为社会成员的人所掌握和接受的任何其他的才能和习惯的复合体"[①]。英国学者齐格蒙特·鲍曼(2009)把文化认同比喻为"一种固若金汤的人工制品"[②],并认为文化对社会认同有重要的作用。法国学者阿尔贝特·施韦泽(2013)研究了文化对人的道德教育、品格形成的影响,认为伦理缺失的文化不仅会削弱人的自由和思想能力,阻碍文化的发展,而且还会使现代人过着浮躁、不完整的人生。美国学者克

---

① [英] 爱德华·泰勒:《原始文化》(重译本),广西师范大学出版社2005年版,第1页。
② [英] 齐格蒙特·鲍曼:《作为实践的文化》,北京大学出版社2009年版,第36–38页。

利福德·格尔茨在其《文化的解释》一书中阐述了文化的成长与人的心智进化关系，认为文化影响人的基本特征和心智的进化。美国学者塞缪尔·亨廷顿和劳伦斯·哈里森（2010）从文化与社会政治、经济发展、文化与性别、文化与美国少数民族、促进变革等几个方面论证了文化价值观对人类进步产生的广泛而深刻的影响。

3. 关于资本主义文化及其对人的影响的研究

针对资本主义社会日益严重的人的存在的"物化"或"异化"问题，西方学者开始重视资本主义文化及其对人的影响的研究。例如，英国文化理论家雷蒙·威廉斯和法兰克福学派的霍克海默、阿多诺、马尔库塞、哈贝马斯等人沿袭了马克思的社会批判理论，从文化批判的视角审视了人的文化命运，现实反思资本主义社会中人存在的文化环境，阐述了大众文化、消费文化等对人的思想和行为的巨大影响作用，他们认为文化工业严重阻滞了工人阶级革命主体性的发扬，成为资本主义制度政治统治、造成人的异化的力量，希望通过文化救赎改变社会普遍异化的现象，拯救资本主义社会无产阶级现世的不幸，分别为后人奉献了《电视：技术与文化形式》《现代艺术与大众文化》《审美理论》《单向度的人》《机械复制时代的艺术作品》等著作。还有，伯明翰学派的霍格特、威廉姆斯、约翰·费斯克，以及美国文化学者尼尔·波兹曼、丹尼尔·贝尔等人，也从资本主义社会文化发展的现实出发，把关注的视角切到人的普遍文化危机之中，深刻反思了现代工业社会的文化危机，表达了对人的生存状况和文化境遇的焦虑，留下了许多著名的作品，如《文化的用途》《文化与社会》《娱乐至死》《理解大众文化》《电视与日常生活》《资本主义文化矛盾》等。

国外的这些研究成果虽然不是直接关于青少年社会主义核心价值观教育问题的研究，其理论意义也不能直接呈现于青少年社会主义核心价值观教育的文化环境研究之中，但它们为青少年社会主义核心价值观教育的文化环境及其优化研究提供了批判的视角和丰富的资源。

（二）国内研究综述

文化潜移默化地影响着人们的生活，对教育有非常重要的作用。20世纪80年代以来，国内许多学者都对教育与文化问题进行过认真思考和研究。但是，直接研究低俗文化对青少年思想和价值观教育影响的成果并不多，通过对与本研究相关文献的大致梳理，可以概括为以下几个方面。

1. 关于文化及其育人功能方面的研究

一是研究马克思主义经典作家的文化思想，探究经典作家关于文化育人功能的思想和论述。学者们一方面对马克思主义关于文化问题研究的脉络及马克思主义文化观形成、发展与完善过程进行了梳理和探究，阐释马克思主义文化观内在理论精神和精髓的一致性；另一方面又立足于马克思主义文化观，探究文化在教育人民群众、促进人和社会发展中的作用，如胡海波（2010）的《马克思恩格斯文化观研究》、杨海波（2014）的《列宁文化理论研究》、徐建龙（2020）的《文化自信：马克思主义文化思想的当代意蕴》等。二是从思想政治教育视角研究文化的价值和功能，如陈秉公（2006）提出，文化对人格素质的形成起着重要的作用，有什么样的文化就会培育什么样的人格和人格素质。沈壮海（2005）认为思想政治教育与文化有着不可分割的紧密联系，离开一定的文化环境，思想政治教育将失去最主要的载体和支撑。陈义平（2008）认为人类社会的各种文化现象都承载着丰富的思想政治教育的信息和内容，应该把思想政治教育内容融汇于文化建设之中，以提高人们的思想认识水平和觉悟水平。韦东雪、闵雪（2021）提出，思想政治教育可以借助中国特色社会主义文化的丰富内涵，以潜移默化的形式，既完善内在道德素质，又不断规范外在道德行为，实现其"以文育人"功能。张宏伟（2015）提出"蕴含感染、凝聚、制约、导向等特质的文化力"，能够"以无形的方式在思想政治教育的过程以及文化环境中运行"[①]，苏振芳（2012）认为在思想政治教育过程中，文化自觉显示出巨大的力量和价值，体现为一种文化信念、文化境界、精神支柱和内在力量。三是以具体的文化载体为研究对象，探究文化的育人功能。该方面的研究主要侧重于某一方面的专题，如红色文化、传统文化、网络文化、革命文化、大众文化、校园文化、宗教文化等，通过探究具体文化内在的价值理念和人的思想文化现状，提出强化以具体文化育人和改进教育的策略，如田丰（2020）、石书臣（2019）、杨建义（2016）、何虎生（2016）、邓伯军（2012）、何静（2015）等。四是从文化哲学的视角研究文化的本质、价值与功能问题，如李鹏程（2010）认为文化的本质是人的自我的生

---

① 张宏伟：《思想政治教育文化环境研究》，辽宁大学博士学位论文，2015年5月，第27页。

命存在及其活动，其价值是人对自己生命存在的文化意义的理解和确定。文化决定人的追求、信念和理想，从而它是人的精神生活的全部内容。五是关于文化与社会主义核心价值观教育之间关系问题的研究。学者们从文化与社会主义核心价值观之间的内在联系，提出了文化认同、文化整合等价值观教育的方法，如方章东和侯惠勤（2009）从文化整合的角度指出："文化就其本质而言，就是价值观，文化的传播就是价值观的传递，并认为实现文化整合对于培育和推动社会主义核心价值观具有重大意义。"① 王雪亚和薛晓阳（2018）认为，核心价值观教育是以历史文化传统为根基的一场社会、政治、文化和教育运动的产物，无论在教育的内容、形式和方法上，核心价值观教育都需要"文化魅力"的支撑，以"文化方式"解决当下面临的诸多困惑和问题是核心价值观教育的方法论课题。赵传珍（2014）认为个体价值观的形成是与一定文化认同相辅相成、密不可分的。脱离文化的关照，单一就教育而论，所开展的社会主义核心价值观教育不可能取得很好的效果。丁恒星（2017）认为红色文化与社会主义核心价值观不仅在时空上具有延续性，而且在价值取向和精神追求方面也高度统一，红色文化为社会主义核心价值观提供了重要的思想资源和精神滋养。

2. 关于低俗文化问题方面的研究

目前的研究主要集中在以下几点。

（1）关于低俗文化的定义、特征、危害及治理等的研究。例如，肖鹰（2013）认为，低俗文化的共同特征是四个"缺少"，即缺少人文的健康价值，缺少艺术的优美品质，缺少精神的坚毅和节操，缺少创造的生气。陈占彪（2015）把"低俗"看成是在某一特定历史条件和社会环境下，与人们"普遍认同的价值观念"相抵触、相悖离的思想和行为。"普遍认同的价值观念"具体体现在风化、物质、美感三个层面。对低俗的内容以非批判性的立场加以表现，不具有艺术性和科学性的文化称为"低俗文化"。凌小萍、周艺（2015）认为，低俗文化主要是指淫秽视频、色情交易、金钱至上、血腥暴力、恶搞、炫富等趣味低级且庸俗，使人萎靡、颓废的内容。孙秋英、涂可国（2020）强调，低俗文化扭曲主导价值观、侵蚀合理的道德观、冲击主流文化、腐蚀人的精神、毒化社会

---

① 方章东、侯惠勤：《文化整合与社会主义核心价值观》，《安徽大学学报》（哲学社会科学版）2009年第3期。

风气和恶化媒体环境，在社会上造成极其恶劣的影响，并从防止人的感性本能欲望过度膨胀，重建人的道德主体性和道德权威，强化价值体系整合，树立崇高理想信念等方面提出了治理的措施。张九海（2015）提出，抵制低俗文化，除了运用政治、法律、经济、媒体、技术方式引导和规制，还需要大众树立核心价值理念以提高国民素质，具有健康合理的文化需求，养成科学的休闲方式，提高网络素养，养成良好的心态。张建民（2013）把低俗文化对我国主流文化造成的危害和影响看成是导致社会是非观念弱化和道德水平下滑的原因，他认为，必须以马克思主义为指导，以社会主义核心价值体系加以抵御和控制。

（2）还有一些学者针对网络文化、娱乐文化、传媒文化、大众文化等文化载体出现低俗化的现象、原因以及对策等问题进行研究。例如，张泽一（2018）认为，网络环境滋生大量的低俗文化，它们消解与侵蚀了社会主义核心价值观和主流意识形态，因此，必须警惕网络低俗文化的"奶头乐"陷阱，并提出网络意识形态治理的措施。徐俊和许燕（2016）从伦理学视角分析了网络低俗文化现象的成因、表现、特征以及改进策略。林建华等（2016）针对影视文化产品低俗化的问题，把提升全民族的文化修养、影视文化市场管理和创新影视文化产品看成是抵制低俗文化的重要方法和途径。张筱荣和朱平（2015）认为，网络文化低俗化现象是当前中国网络文化发展中较为突出的问题，并从健全网络文化管理法律法规、注重中华优秀传统文化价值引导、提高信息技术自主创新能力、倡导网络行业协会自律、培育网络文化人才队伍以及建立政府主导与多元参与相结合的网络文化综合评价体系等六个方面提出治理的措施。

（3）关于低俗文化对青少年价值观教育的影响研究。如仰义方等（2020）提出，网络空间充斥着大量粗鄙低俗的泛娱乐化信息，消解着人们的理性思维、辨识能力和精神状态，给大学生正确价值观的形成带来了一定挑战，并从加强大学校园文化建设等方面提出抵制网络泛娱乐化现象的措施。朱大鹏和梁巧（2019）认为网络低俗文化对青少年价值观教育的危害表现在诱发价值观危机、滋生虚无主义、扭曲劳动观、消解意志品质、污染育人环境等方面，需要国家、社会、家庭和学校通过合作各司其职，共同应对网络低俗文化。董海霞（2016）认为低俗文化使青少年社会主义核心价值观教育面临严峻挑战，加强青少年社会主义核心价值观教育，需要从引导青少年对社会主义核心价值观的文化认同，为青少年创建充满正能量的文化渠道,培养青少年对社会主义核心价值观的文化建构能力等几方面入手。王国新(2015)认为在低俗文化的影响下,一系列不健康、不文明的价值观也在潜移默化地影响着青少年,他们的浮躁风气更加盛行,将会使社会主义核心价值观很难得到落实。刘敏岚和高玉娜(2012)针对娱乐文化低俗化的表现及其对青少年价值观教育的影响,从提高青少年的娱乐素养、平衡育人与娱人的关系、树立社会责任与经济效益双赢的意识及建立综合的娱乐文化监管平台等方面提出了去低俗化的建议。

(三)文献述评

综上所述,目前,学界对低俗文化与社会主义核心价值观教育相关问题都非常关注,并取得了一些研究成果,为本书的研究提供了重要的经验借鉴和资料参考。但低俗文化对青少年社会主义核心价值观教育的影响及对策研究的成果相对较少,这方面的论著目前还没有。可见,如何抵制低俗文化,通过文化引领增强青少年社会主义核心价值观教育的学术研究仍然需要加强。已有成果的不足也是显然的,如关于低俗文化的研究主要集中在对现象的描述和原因分析,且还停留在主观判断的基础上,缺乏深入的理性分析,而针对青少年社会主义核心价值观教育提出的措施也大多是宏观阐述,缺乏具有针对性的可操作方法,即便是专门探讨低俗文化影响下青少年社会主义核心价值观教育的研究,也不够系统和深入,大部分研究仅仅是针对低俗文化带来的危害提出了消解的主张,对其基本内涵、现实路径却缺乏相应的论证与探讨。应该说,在当前强调文化软实力和多元文化并存的背景下,我们的研究要想不仅仅停留在对文化现象的一般描述和对低俗文化进行批判,不仅仅是为解决价值观教育面临的现实困境而做出的应对性策略上,而是希望通过对低俗文化这一问题的深入解析,把握人的本质、人的生存方式和人的发展,挖掘文化的本质内涵和价值追求以及文化育人的意义,从而构建一种新的教育理念,对上述问题做进一步的探讨就是必然的。

三、研究内容与创新

本书从低俗文化及价值观教育两方面入手,以低俗文化的改造为突破口,深入分析低俗文化的表现、特点、形成原因及对青少年社会主义核心价值观教育的影响,归纳和设计基于青少年价值观教育的文化价值评价的依据和各种文化要素有效整合的一般原则，重构青少年社会主义核心价值观教育的文化秩序，其研究内容十分丰富，研究具有一定的创新性。

（一）研究内容

青少年的社会主义核心价值观不是先天就有的，而是在外部环境与主体能动反映的相互作用下逐渐形成发展起来的。马克思曾说："人创造环境，同样环境也创造人"①，在青少年生活的所有外部环境中，文化是对其价值观产生建构效用最为直接和显著的客观存在，能以温和的态度及鲜活多样的方式，实现对青少年潜移默化的价值渗透和影响。因而，"以文化人、以文育人"必然成为青少年社会主义核心价值观教育的重要途径。但文化有先进与腐朽、高尚与低俗之分，低俗文化会对青少年的价值观产生无意识的消极影响，使青少年社会主义核心价值观教育面临严峻挑战。因此，在对青少年进行核心价值观教育过程中，必须要规避和改造低俗文化，重构文化价值和文化秩序，营造文化育人的良好氛围，以增强青少年价值观教育的实效性。这正是本书的核心思想和主旨所在。本书除导论部分分析了低俗文化与青少年社会主义核心价值观教育的研究综述、研究背景、研究意义、研究方法以及创新之处外，正文部分共有五章，它们分别是：

第一章：从青少年的成长特点入手，分析了青少年社会主义核心价值观教育的意义，既包括国家和社会层面的意义、个人和家庭层面的意义，还包括社会主义建设层面的意义。该部分的内容是本研究的起点，为本书的后续研究奠定了基础。

第二章：探讨文化与青少年社会主义核心价值观教育的基本概念，梳理文化与青少年社会主义核心价值观建构的逻辑关联及理论基础，寻找、论证文化具备影响青少年社会主义核心价值观教育的可能性的理论根据，同时阐明青少年社会主义核心价值观教育必须要唤起青少年主体的文化自觉。

第三章：分析低俗文化的逻辑呈现及价值异化与对青少年社会主义核心价值观的权力争夺。探讨文化的存在方式及实现自身力量的重要中介和手段向低俗化转变的历史进程，特别是文化与资本结合—转化—促进的内在机制，深入分析低俗文化的成因、表现、特点及对青少年社会主义核心价值观教育的影响，厘清低

---

① 《马克思恩格斯选集》（第1卷），人民出版社1995年版，第92页。

俗文化与青少年的价值观危机、信仰危机等的关系，揭示低俗文化的价值异化如何导致青少年价值观危机和青少年如何将低俗文化内容认同为自我文化的内在机制，论证低俗文化泛滥、文化价值背离环境下青少年社会主义核心价值观教育的必要性和意义，正视青少年社会主义核心价值观教育面临的各种困难和挑战。这些都是本书关注的问题。

第四章：基于青少年社会主义核心价值观教育的文化价值评价依据及原则设计。青少年社会主义核心价值观教育如何破除低俗文化的影响，从社会文化的宏观系统中寻找社会合理性和未来有效的发展路径？这需要解决文化价值的判断标准，对各种文化的价值做出正确判断。因为人们在价值观上的错位和颠倒，说到底，就是文化判断标准的错位和颠倒。因此，应以马克思主义的历史原则和价值原则为指导，解释价值观教育的文化属性功能，从个人发展和社会进步等方面设计文化评价的原则，解决文化价值的判断标准问题，从更高的价值层面出发对不同文化做出理解和评价，为青少年社会主义核心价值观教育中低俗文化的改造和文化要素整合提供指导。

第五章：确定青少年社会主义核心价值观教育的文化价值体系重建和文化秩序重构的路线图，为低俗文化改造和青少年社会主义核心价值观教育提供合理化的建议对策。低俗文化的价值背离使其不仅不能对人进行正面教化，还成为控制人的枷锁，严重影响着青少年的健康成长。在这种"控制"与"反控制"的斗争中找到有效的破壁之路，是研究关注的要点。本书提出从以下方面进行：第一，汲取"文化低俗化"历史进程中的有益经验并规避潜在的风险，建设中国特色社会主义文化，打牢青少年社会主义核心价值观教育的文化基础；第二，立足青少年生活的文化场域，整合文化力量，形成社会主义核心价值观教育的合力和各种文化教育资源力量的协同效应；第三，提高青少年自身的文化力量，培养青少年的文化自觉、文化自信和文化自强，从客观文化环境和主体文化责任方面进行建设，力求使文化成为国家最有力的教化工具。

（二）本书的创新之处

本书从青少年社会主义核心价值观教育和低俗文化两个方面入手，分析阐述当前低俗文化对青少年社会主义核心价值观教育实践的挑战和影响，探明青少年社会主义核心价值观教育现状，阐释低俗文化与青少年的价值观危机、信仰危机之间的关系,探究文化价值评价的原则和依据,探寻改造低俗文化、以文化增强青少年社会主义核心价值观教育实效性的途径和方法,有一定的创新性。

其一,研究视角的转换。价值观与文化紧密相连,从文化视角研究价值观教育较为普遍,成果也很多。但因社会主义核心价值观教育属于思想政治教育范畴,具有强烈的意识形态属性,因而,多数研究都是以传统文化、红色文化和榜样文化等具有先进性和积极意义的文化,以及中性的大众文化、网络文化等为研究视角。从低俗文化视角进行青少年社会主义核心价值观教育研究的成果虽已零星出现,但对其进行深入系统研究的成果还很少。本书采取逆向思维,从低俗文化视角研究青少年社会主义核心价值观教育问题,通过调查研究,弄清当前低俗文化影响下青少年社会主义核心价值观教育的现状,结合青少年价值观及其社会主义核心价值观教育存在的主要问题,力图突破常规去探寻重构青少年社会主义核心价值观教育的文化秩序、破解青少年价值观教育的低俗文化困境的途径和方法,为青少年价值观教育等思想政治工作回应社会现实,摆脱现有困境提供一种理论参考,为今后青少年社会主义核心价值观教育实践提供策略支持,实现学术、理论与实践的统一。从思维方式与研究视角来说,这是一种创新。

其二,研究内容的丰富。一是系统提出了文化价值评价遵循的原则和理论依据。本书认为人们在价值观上的错位和颠倒,说到底,是文化判断标准的不正确。要改造低俗文化以破解青少年社会主义核心价值观教育的文化困局,首先必须帮助他们确立正确的文化价值判断标准,才能使他们对各种文化现象及其价值做出正确判断和区分,自觉抵制低俗落后的文化。科学的活动必须要在一定的理论和原则指导下进行,因此,本书在对文化及其与价值观教育内在关联、低俗文化影响下青少年社会主义核心价值观教育现状等问题进行深入分析基础上,系统提出了确立正确文化价值评价标准应该遵循的主要原则和理论依据,为低俗文化改造、破解青少年社会主义核心价值观教育的文化困境提供了原则指导和理论支撑。二是提出青少年价值观教育的文化价值体系重建和文化秩序重构的具体路径。本书在借鉴吸收以往研究成果的基础上,结合现实中青少年社会主义核心价值观教育面临低俗文化困扰问题,从传统与当代、主体与客体等方面提出了破解青少年社会主义核心价值观教育文化困境、重构文化价值和文化秩序的途径和方法,从而对新的历史条件下消除低俗文化的影响,增强青少年社会主义核心价值观教育实效性具有一定的指导意义。

但由于针对低俗文化影响下青少年社会主义核心价值观教育方面的研究还不多，参考文献相对较少，加之本人学术水平和能力有限，致使本书的研究相对粗浅，难免还存在一些不足之处。例如，对低俗文化影响下青少年社会主义核心价值观教育影响现状的把握，认识不够充分，对文化价值评价原则的设计还有些笼统。再如，社会实践是不断发展的，社会的文化环境也在不断变化，青少年社会主义核心价值观教育将面临新的问题，对破解青少年社会主义核心价值观教育的低俗文化困境，重构青少年社会主义核心价值观教育文化秩序具体措施的探索，书中也有不完善和没有涉及的方面，有待在进一步调查基础上深入研究。

四、研究思路与方法

（一）研究思路

思路引领行动。做任何一件事情，只有思路清晰才能找准着力点、明确目标方向。理清思路是确保工作取得预期效果的关键，进行学术研究也是如此。本书认为青少年社会主义核心价值观教育的目的不仅是使青少年理解、接受和认同社会主义核心价值观，而且还要将其内化为自身的精神追求、外化为自己的行动。如何通过有效的方法进行社会主义核心价值观的宣传教育，使人们、特别是青少年将其内化于心、外践于行，已成为一个重大而紧迫的社会课题，也是当前广大的理论工作者和思想政治教育工作者要努力思考的问题。目前，青少年社会主义核心价值观教育工作由于党的重视和思想政治教育工作者等多方努力，取得了很大成绩，但也遇到一些困境和挑战，特别是低俗文化现象的滋生破坏了青少年生活的文化生态和环境，影响了青少年对社会主义核心价值观的认知与践行。面对新形势和新任务，迫切需要探寻一种卓有成效的价值观教育方法，增强青少年对社会主义核心价值观的接受与认同，使他们健康成长为社会主义建设事业的合格人才。

因此，本书以马克思主义唯物史观和价值理论为指导，运用马克思主义价值分析等方法，在借鉴以往研究成果的基础上，结合目前中国的现实文化语境，将"问题意识"和思考重心置于低俗文化对青少年社会主义核心价值观教育的影响以及思想政治教育如何回应上，紧紧围绕"低俗文化对青少年社会主义核心价值观教育的影响"这一主题,从低俗文化和价值观教育两方面入手,以低俗文化的有效治理为突破口,从整体上遵循从实然到应然的思路展开,深入分析低俗文化的表现、特点、形成原因及其对青少年社会主义核心价值观教育的影响,归纳和设计基于青少年社会主义核心价值观教育的文化价值评价的依据和各种文化要素有效整合的一般原则,重构青少年社会主义核心价值观教育的文化秩序,希望为教育主管部门、学校等创新价值观教育工作提供参考,进一步丰富和深化价值观教育理论研究。

本书具体从以下方面进行研究。首先,在把握青少年特点和社会主义核心价值观教育意义的基础上,探讨低俗文化、青少年社会主义核心价值观教育的基本概念,梳理文化与青少年社会主义核心价值观建构的逻辑关联及理论基础;其次,深入分析低俗文化的成因、表现、特点及其对青少年社会主义核心价值观教育的影响,正视青少年社会主义核心价值观教育面临的困难和挑战。这是达到研究目标必须予以关注的问题;再次,以马克思主义的历史原则和价值原则为指导,解析价值观教育的文化属性功能,从个人发展和社会进步等方面设计文化评价的原则,解决文化价值的判断标准问题,从更高的价值层面出发对不同文化做出理解和评价,为青少年社会主义核心价值观教育中低俗文化的改造和文化要素整合提供指导;最后,确定青少年社会主义核心价值观教育的文化价值体系重建和文化秩序重构的路线图,为低俗文化改造和青少年社会主义核心价值观教育提供合理化的建议和对策。

(二) 研究方法

研究方法问题是进行学术研究必须要面对的问题。毛泽东曾说:"我们不但要提出任务,而且要解决完成任务的方法问题。我们的任务是过河,但是没有桥或没有船就不能过。不解决桥或船的问题,过河就是一句空话。不解决方法问题,任务也只是瞎说一顿"[①]。科学合理的研究方法是确保研究取得预期效果的必要条件。青少年社会主义核心价值观教育问题作为马克思主义思想政治教育基本理论问题中的一个重要内容,具有鲜明的政治色彩。因此,在方法论上必须坚

---

① 毛泽东:《关心群众生活,注意工作方法》,《毛泽东选集》(第1卷),人民出版社1991年版,第139页。

持以马克思主义的历史唯物主义、辩证唯物主义和价值分析法为基本的方法论指导，对文化的本质、文化的价值等进行分析，对各种文化做出正确的价值判断，以整合青少年社会主义核心价值观教育的各种文化要素，重构青少年社会主义核心价值观教育的文化价值体系。具体研究方法包括实证研究法、比较研究法、文献研究法等。

1. 调查研究方法

一切科学研究都要从实际出发，通过开展有关青少年对低俗文化的认识，低俗文化对青少年核心价值观影响状况及特点等问题的问卷调查、个别访谈和座谈会等形式，获取真实的第一手资料，并对资料进行分析研究，掌握低俗文化对青少年价值观影响的具体表现和青少年在核心价值观构建方面的思想文化需求，做到有的放矢，结合理论开展分析、研究，得出研究结论，提出对策建议。

2. 比较研究方法

运用"实然"存在与"应然"存在的比较方法，立足于马克思主义价值分析和社会文化现实，从实然角度探究低俗文化产生的过程及本质；立足于马克思历史唯物主义的文化史观分析文化的目标指向与价值旨归，在应然角度，探究青少年价值观教育的文化性质和属性功能，在应然与实然的分析比较中，探究青少年社会主义核心价值观教育的文化价值提升、秩序重构的实现路径。

3. 文献研究方法

这是本文采用的基本研究方法。在坚持借鉴吸收与融合创新相结合的原则基础上，对已有的涉及文化以及青少年价值观教育的中央文件，习近平总书记关于社会主义核心价值观教育的重要讲话，中国知网公开发表的相关论文以及近年来有关部门关于低俗文化和青少年社会主义核心价值观教育的文件、报告和规定等文献资料进行搜集、整理和甄别，对与本书密切相关的文献进行了系统的分析和研究，了解与本书相关的研究状况，把握与本书相关的基本理论，这些文献为本书研究积累了坚实、有效的理论依据和指导，这也是本书研究得以顺利开展的基础和重要保障。

4. 多学科综合研究方法

马克思主义唯物辩证法认为，事物都是普遍联系着的，每一种知识体系都与其他学科有相互联系的关系，因而对其进行研究时要吸收和借鉴其他学科的研究方法和成果。对低俗文化与青少年社会主义核心价值观教育进行研究，不但需要以马克思主义文化理论和思想政治教育学作为理论基础，同时还要借鉴吸收政治学、传播学、文化哲学、心理学和教育学等学科的理论成果和研究方法，在综合运用多学科理论和方法的基础上，才能使研究更加深入和系统。因此，本书在分析低俗文化对青少年社会主义核心价值观教育的影响以及以文化建构青少年价值观的必要性与可能性时，综合运用了文化哲学、教育学、传播学和心理学等多学科的理论、方法和成果，为研究的深入开展提供了有力的理论依据。

第一章　青少年社会主义核心价值观教育的理论阐释

研究青少年社会主义核心价值观教育问题，首先要了解为何要进行青少年社会主义核心价值观教育，意义在哪里。众所周知，培育和践行社会主义核心价值观，既是一项事关建设社会主义现代化强国和实现中华民族伟大复兴的重要战略任务，也是一项凝魂聚气、培根铸魂的重要基础工程。青少年时期是价值观形成的关键阶段，培育和践行社会主义核心价值观，必须从小抓起。因此，了解青少年的成长特点，把握其认知规律，是实现青少年社会主义核心价值观教育的前提和基础。

一、青少年的成长特点

青少年是一个按年龄划分的社会群体。关于青少年的准确含义，目前在学理和法律上还没有一个统一的界定。如发展心理学根据我国人口的生理情况和发展特点，将11、12岁到14、15五岁的年龄界定为少年期，14、15岁到25岁的年龄界定为青年期。《张氏心理学词典》（1991年版）则将青少年界定为"由青春期开始到身体渐臻成熟的发展阶段，年龄大概为12—22岁之间"。《大英简明百科》将青少年定义为处于青春期（puberty）与成人期（adulthood）之间，情绪高涨和充满活力、年龄约在12岁至20岁之间的群体（大英百科公司，2004）。我国的《共青团章程》对青少年的认定是年龄大概为12岁至22岁，介于童年和成人之间的群体。本书关注的对象大致与此相同。

（一）青少年的生理发展特点

由于青少年的生理发育非常迅速，所以其生理特征具有突变性，有人称其为"生理大革命"，表现为形体、形态、内分泌等一系列的生理现象较以前均要发生一个迅速而巨大的变化。青少年时期，不仅人的身高和体重加速增长，而且人的大脑发育也逐渐趋于完善。虽然在此之前，其脑重量和体积已接近成人的水平，如6岁孩童的大脑体积已经达到了成人大脑的95%，但大脑的质量和功能，诸如提前计划、解决问题、是非判断等方面的能力，仍无法与成年人相比。所以，在青少年时期，人的大脑发展主要体现在脑功能的完善与质量上的突破方面。此时，大脑的发育主要表现为：脑神经纤维变粗、增长、分支及髓鞘化，脑神经分化机能逐渐达到成人的水平，人的第二信号系统的作用显著增强。同时，随着青少年社会实践活动的日益增多，其脑的内部结构和机能也将不断分化和迅速发展，导致青少年的记忆力、理解力、思维能力得以实质性地提高。除此之外，在青少年时期，他们的心脏也将再次迅速增大，心肌壁逐渐变厚，心功能得到了极大的提高，这又为青少年增加活动量提供了可靠的物质基础，从而使青少年产生了活泼、好动特性。

（二）青少年的心理发展特点

在青少年时期，随着生理上的巨大变化，青少年的心理上也发生了很大的变化，但两者并非同步，一般来说，心理发育较生理发育迟和慢，身心发展的不平衡导致了青少年特殊的心理状态，主要表现在两个方面。

一方面是心理上的半成熟性。由于青少年的心理发展速度跟不上生理发展速度，所以他们身体上的成熟使其产生一种强烈的成人感，而心理发展却在很大程度上还停留和处于幼稚和半成熟状态，导致一些矛盾的心理产生。一是独立性与依赖性之间的矛盾。由于生理发展速度较快，许多青少年自认为已经成人，在思想、言行等方面表现出了极大的独立性，不肯轻易向家人及朋友吐露思想感情和个人秘密，要求自作主张。但由于社会阅历较浅，在很多事情上又难以做出正确的决断，不可避免产生了独立性与依赖性之间的矛盾。二是情感与理智之间的矛盾。青少年往往充满热情和激情，他们的情感又极容易受外界的影响，容易感情用事，有时会因一件小事的成功而欣喜若狂，也会因一次小小的失败而心灰意冷，他们的求知欲非常强，渴望获取一些新知识、新思想，对自己喜爱之事，积极性很高，但对自己不感兴趣之事，则避而远之。由于他们不善于处理理性与情感的关系，社会经验较少，识别力较低，常常不能坚持正确的认识，进行理智的控制，从而成为情感的俘虏，如果不给予其正确的引导，他们很容易误入歧途。

再者是理想与现实之间的矛盾。青少年朝气蓬勃，富有远大的理想和抱负，对未来充满了美好的向往。但是，他们往往不能正确估计其理想在实现的过程中将会遇到的各种各样的困难和挫折，极易遭受打击。一旦遇到挫折，有的人便会悲观失望，严重的会陷入绝望的境地而不能自拔。由于青少年心理上充满着矛盾，从而导致其情绪不稳定，他们常常难以自控，容易躁动，经常会出现一些负面情绪，甚至会形成与社会要求相背离的价值观念和行为。

另一方面是人际交往的自主性。青少年时期，自主意识高涨，他们不再愿意依赖他人，而是希望从交往观念的建立到交往对象和方式的选择等方面都独立地按照自己的想法和标准选择。特别是随着信息技术的发展，在网络媒体环境中生活的一代青少年，不仅希望通过新媒体进行个人意志和需求的表达，而且希望借助新媒体来构建独特的认识图式，实现自我对外部世界和现实生活的认识与理解。随着青少年独立意识的增强，一是他们对父母的优缺点有了更清楚的认识和分辨，不仅不再完全以父母为榜样，而且也不会完全听从父母的意见，甚至反抗父母意愿的情况越来越多。同时，青少年也不再像儿童那样，把自己的老师当成偶像和权威，盲目崇拜，而是根据自己的偏好，选择那些自己喜欢的老师，并努力学习相应的课程，对于那些自己不喜欢的老师或不喜欢的方式则会表现厌倦和不满。二是青少年的交际对象也发生了向同辈群体的转向。从年龄特点来看，随着青少年年龄的增长，他们在生活的各个方面选择同伴作为交往对象的比例呈递增之势。有研究表明，中学生课下与同伴在一起的时间是其与成人在一起时间的两倍。此外，青少年在游乐、倾诉、乐趣分享等方面也同样把同伴放在首要位置。而且，在广泛的同辈交往框架之下，产生了相应的根据不同特征、兴趣爱好甚至利益关系结合而成的"朋友圈"，同辈之间的选择与结合、行为的同化与异化，对处于其中成员的思想和行为会产生很大的塑造作用。

（三）青少年的认知发展特点

青少年正处于身心加速发展的一个高峰期，随着年龄的逐渐增长和学习的不断深入，青少年的认知能力和认知结构也在不断地提高和完善，尤其是他们的抽象逻辑思维也在快速发展，抽象逻辑思维能力不断增强，主要表现为抽象思维与形象思维获得了一定程度的统一。

在青少年初期，个体正处于从形象思维向抽象逻辑思维过渡的阶段，个体的抽象逻辑思维能力较低，且具有充分的假设性、预计性和内省性。由于这一时期的青少年产生了新的认知结构，所以他们开始能够运用理论假设进行思维，并能够按照提出问题、明确问题、提出假设、制订解决问题的方案、实施方案、检验假设的完整过程去解决思维课题；他们开始能够运用预计思维了解事物的内在联系，在解决问题时不仅关注眼前，而且更关注未来，在解决问题之前，他们已经能够形成计划、方案及策略等；他们开始能够运用自我意识和自我监控进行思维，即其思维活动具有内省性，能够调控自己的思维过程，使解决问题的思路更加清晰，判断更加准确。

在青少年中期，个体经常需要了解事物发展的规律和重要的科学理论，其抽象逻辑思维迅速发展起来，如辩证性思维和创新性思维日益增强。在这种思维过程中，既有从个别到一般的归纳过程，也有从一般到个别的演绎过程。同时，青少年还有强烈的求知欲和探索精神，他们喜欢别出心裁和标新立异，有研究表明，"初一、初二学生的求同思维优于求异思维，从初三开始，求异思维的发展速度明显加快，并超过求同思维，等到了高一、高二，求异思维则占据主导地位，且与求同思维协同发展"[1]。在这个阶段，青少年能够从不同的角度思考问题，运用不同的方法去解决问题，小发明、小创作等的数量明显增多，质量也明显提高。但是，从总体上来说，这一阶段的青少年抽象逻辑思维还不够成熟，表现为鉴别能力较弱，易受他人思维的影响，而且意志不坚定，一旦遇到困难，容易动摇。

在青少年后期，如高三和大学一年级的学生，其个体的抽象逻辑思维基本上接近成人，处于成熟水平，达到人的认识的高级阶段。但是，在现实生活中，仍存在各种非科学的思维方式，影响着青少年的抽象逻辑思维能力的提高。首先，由于青少年在长期课堂学习中养成了依赖的思维方式，过于信赖书本和老师给予的答案，不能主动思考，缺乏创新性和批判性，他们满足于现成结论，对别人的意见容易相信、盲从，缺乏独立解决问题的能力。特别是现在混杂于网络文化中的各种信息对青少年的思维方式、思想观念产生了非常重大的影响。其次，青少年缺乏系统性思维，他们不能多层次、多角度地全面认识事物和处理问题，更不

---

[1] 陈庆华：《青少年心理学》，合肥工业大学出版社2011年版，第76页。

能用科学的视角去分析和解决问题，思路狭窄，从而看不到事物的本质，容易受网络上的思想观念影响，思想偏激。最后，青少年还没有完全建立自己的认知结构，虽然所学课程知识的广度不断增加，尤其是从网络等课外途径接受了很多碎片化知识，但由于深度不够，加之心高气盛、心浮气躁，所以无法做到举一反三、触类旁通，思维处于无序的混乱状态。

二、青少年社会主义核心价值观教育的内涵及意义

恩格斯指出："必须先研究事物，尔后才能研究过程。必须先知道一个事物是什么，尔后才能觉察这个事物中所发生的变化。"① 明确概念是深入研究的基础。因此，从青少年社会主义核心价值观教育的内涵入手，进而分析青少年社会主义核心价值观教育的意义，是青少年社会主义核心价值观教育问题研究的前提和基础。

（一）青少年社会主义核心价值观教育的内涵

研究青少年社会主义核心价值观教育问题，首先需要我们深入思考和回答的问题是：何谓价值观？何谓社会主义核心价值观？只有理解和体悟这些问题，才能进一步深入探究青少年社会主义核心价值观教育的内涵，明白其根本意义。

1. 价值观与社会主义核心价值观

价值观是一个既古老又新颖的话题，一直备受思想界关注，学者们的研究分别从哲学、社会学、思想政治教育学、美学、伦理学、经济学等不同学科展开，丰富了价值观概念的研究，使其在这些不同的知识领域中，展现出不尽相同的含义。虽然不同学科对价值观的概念还没有做出统一规范的界定和表述，但从现有成果看，研究者对价值观含义理解的起点基本都在哲学范畴上，路径基本都是指向实践过程中积累产生的具有传袭性的判断意识和行为习惯②。这为我们理解价值观的内涵提供了统一的哲学视角。本书对价值观的理解主要根据马克思主义哲学对价值观的定义。马克思主义哲学认为，价值观是人们对价值本质和价值关系的整体认识和根本看法。从特征上来说，价值观作为价值观念的高级形式，是一

---

① 《马克思恩格斯选集》（第4卷），人民出版社1995年版，第244页。
② 高博：《新中国成立以来中国社会价值观嬗变研究》，吉林大学博士论文，2017年，第30－31页。

定的社会环境和社会实践活动形成和积淀的,并经过理论的系统化提升而形成的发达的价值意识,相对于具体的价值观念,其具有更加稳定的特点,能够渗透进社会意识之中,成为一定民族和时代的思维定式和文化心态,构成一定社会和民族文化的核心和灵魂,成为指导人们社会行为的内心深处最持久、最深层的精神力量。换言之,一个社会、一个国家是在一整套被社会成员广泛接受和普遍认同的价值观念的指导和引领之下,才能得以存续和发展的,价值观也就是这个"社会群体"所共同依循和尊崇的,用以进行价值评价和区分是非、善恶对错等的总体观念。但由于人们主要是从"他们阶级地位所依据的实际关系中——从他们进行生产和交换的经济关系中,获得自己的伦理观念"①,因此,价值观是有阶级性的,不同的阶级有着不同的价值观,超阶级的普世价值是不存在。在现实社会中,由于人们内部存在着多样化的生存条件、多样化的利益差别和多样化的角色分工等情况,价值观多元化是不可避免的。而且在多元化的价值观中必然有正确与错误、先进与落后、科学与庸俗之分,只有科学的、积极向上的价值观才能引导人们走正确的道路,指导人们积极、健康地生产和生活,与之相反,错误的价值观只会把人引入歧途。

社会主义核心价值观。在十八大报告中,中国共产党第一次以党的文件的形式提出"社会主义核心价值观"的概念。从构词法整体的语义综合分析,社会主义核心价值观主要由"核心价值观"与"社会主义"两个词构成。要全面把握社会主义核心价值观的内涵,需要从两方面入手。

一方面要理解核心价值观。核心价值观主要是相对于价值观在整个价值观念体系中所处的地位而言的,由于实践的无限多样性和主体利益需求的多样化决定了价值观是一个多元化、多层次的系统,所以价值观的多样性会产生相互间的冲突,往往带来价值的失序和思想的混乱等问题。因此,要保障社会的有序稳定发展,客观上就要求这些价值观念体系要有一定的主次之分,这也就决定了价值观中的"核心"与"非核心"之分。这一现象是经过人类历史发展的事实证明过的,也是符合唯物辩证法规律的。就如毛泽东所言:"在复杂的事物的发展过程中,有许多的矛盾存在,其中必有一种是主要的矛盾,由于它的存在和发展规定

---

① 马克思、恩格斯:《马克思恩格斯选集》(第3卷),人民出版社2012年版,第470页。

或影响着其他矛盾的存在和发展。"① 因此,从古至今,任何社会都存在着丰富多样的价值观念。但古今中外,任一国家、任何朝代都有一个在社会上占统治地位、起主导作用的核心价值观,这是该社会赖以生存和发展的基础。

一般而言,核心价值观与一般价值观不同,呈现出以下特点。一是崇高性。核心价值观既立足人们现实世界的实践活动和日常生活,又着眼民族和人类的远大理想和长远利益,既反映现实又超越现实,拥有崇高的精神因子和现实性,成为引导人们追求理想和进行价值实践奋勇前进的信仰力量,具有很强的号召力和凝聚力。二是稳定性。一般而言,价值观作为社会实践及其生活价值在人们头脑中反映而形成的社会意识,会随着实践和时代的发展以及社会环境的变化而变化。但核心价值观是社会文化的最深层的内核,一旦其核心地位在社会上确立起来之后,它将会被社会成员广泛接受和认同,成为人们普遍追求和共同遵循的社会化、大众化和日常化的价值准则和行为规范,比较稳定地深藏于人们的思想深处。虽然随着时代的变迁和发展,一个社会具体的思想价值观念会发生一些变化,但核心价值观却大致以比较稳定的状态缓慢变化,是一个国家的重要稳定器。三是民族性。核心价值观是一个民族赖以长久生存的灵魂,任何民族的核心价值观都是由该民族历史文化积淀与民族实践活动结合而成的,离开民族文化载体的核心价值观是不存在的,它必须建立于民族优秀文化传统之上。四是统摄性。核心价值观彰显着一个民族的精神高度和文化理想,是在社会成员普遍接受、认同基础上形成的价值共识,理所当然地成为其他价值观念背后的原则和根据,代表着一个国家或一定社会价值观念体系的总方向和总特征,具有极大的感召力、引导力和凝聚力,在地位上体现着统摄性。

另一方面,要把握社会主义核心价值观中"社会主义"的独特意蕴。社会主义核心价值观中的"社会主义",则表明和彰显该价值观的深层特质是"社会主义"的价值观。社会主义是几千年来人类一直追求的一种公平正义的社会价值理想和美好生活,是在对阻碍人们充分实现人生潜能的资本主义社会制度和黑暗现实进行深入批判和否定之后,人们对更加合理、更加美好的社会价值理想和美好生活的向往和追求。在社会主义五百年的发展历程中,经历了从空想到科学、

---

① 毛泽东:《毛泽东选集》(第1卷),人民出版社1991年版,第320页。

从理论到现实的巨大飞跃。作为一种理论学说，社会主义首先是社会主义价值观的具体展开和体现，又是依据这种理论对社会主义制度的具体设计，"承诺要创造切实的经济和政治条件，使社会变得更加公平正义，使全体人民都能享受更加平等的政治经济权利"①。正是在社会主义理论的指导下，以价值观为核心内容的"社会主义运动"蓬勃开展，社会主义社会不是保护掌权者的利益，也不是用意识形态的合理化来为现实社会做辩护的制度，在那里，人们将获得更大更多的自由和平等。社会主义制度将以"一种令人愉悦的、诗意的诱惑力"引起世界注目②。可见，"社会主义"这一概念，无论从思想理论、社会运动还是社会制度来说，都是始终与广大劳动人民的自由解放及社会公平正义的实现息息相关的一种价值诉求，与资本主义的价值观念和价值选择有着本质上的区别，能够以一种永恒的价值力量和高尚的魅力引导着人类的价值信仰和行为追求。

社会主义核心价值观是对社会主义的价值诉求及本质属性的认识和观点。马克思曾说，"支配着物质生产资料的阶级，同时也支配着精神生产资料"③。在剥削阶级社会中，社会的核心价值观作为上层建筑，是为统治阶级的经济基础服务，实质上是剥削阶级价值意识及意识形态的本质体现，不可能是社会其他价值主体的价值意识和思想观念。而作为社会主义社会存在的根本反映，社会主义核心价值观奠基于社会主义的社会存在和经济基础之上，形成于社会主义建设主体认识和改造世界的实践活动中，既是社会主义制度和思想文化体系及意识形态的内核，也是社会主义的本质内容和灵魂，体现了社会主义建设和发展进程中社会最基本、最稳定的道德原则及社会关系和价值规范系统，是社会主义国家所特有的价值原则、道德标准和精神支撑。由于社会主义核心价值观集中体现了社会主义实践和历史背景下无产阶级的利益和诉求，契合了人民群众创造历史的唯物史观，实现了统治阶级和人民群众利益的根本一致性，既体现了社会发展的科学性，反映了社会主义的发展规律，也显示了统治阶级的权威性。因此，社会主义核心价值观得以在社会上形成普遍性的统摄力量，引领和规范着其他价值观念，成为全社会普遍的价值共识和精神追求。社会主义正是通过核心价值观显示出自

---

① 俞可平：《论维护和实现公平正义》，《北京日报》2007年5月28日。
② 《马克思恩格斯选集》（第3卷），人民出版社1995年版，第699页。
③ 《马克思恩格斯全集》（第3卷），人民出版社1960年版，第52页。

身的特殊性，从而与其他社会形态区别开来，彰显出社会主义独特的价值优势、道义优势和制度品格。可以说，社会主义核心价值观成为我们认识和把握社会主义的基本概念和中心线索，没有对社会主义核心价值观的深刻思考和主体自觉，我们就不能从本质上理解社会主义。

社会主义核心价值观是一个历史范畴。由于不同历史时期社会实践和时代环境不同，导致社会主义核心价值观有着不同的内容。党的十八大从我国所处的社会主义初级阶段的基本国情出发，立足于中国人民建设社会主义的伟大实践，综合马克思主义价值观和中国传统文化中优秀的价值观念，吸收人类文明的优秀成果，创造性地从国家、社会和个人三个层面提出社会主义核心价值观的具体内容，即"富强、民主、文明、和谐，自由、平等、公正、法治，爱国、敬业、诚信、友善"，这24个字简明扼要，切中要领，不仅对我国应该建设什么样的国家、什么样的社会进行了说明，而且对培养什么样的公民也做出了明确的规定和回答，在目标指向上体现了国家建设、社会发展和个人行为的有机统一，有着最广泛的社会共识和统摄性。习近平总书记在党的十九大报告中指出，"社会主义核心价值观是当代中国精神的集中体现，凝结着全体人民共同的价值追求"[①]，从更高的层面指出了社会主义核心价值观对推动中国特色社会主义事业繁荣发展和对培养时代新人以及提升国民素质所具有的价值引领和精神支撑作用。

2. 青少年社会主义核心价值观教育

在风云变幻的当今时代，意识形态领域的斗争异常激烈，以美国为首的发达资本主义国家，利用各种手段向国外输出其意识形态和价值观，冲击着其他国家和民族长期崇尚和遵循的社会价值观念，对其民众特别是青少年的价值取向和道德理想产生很大影响，威胁着这些国家的稳定和社会发展。因此，为了有效防范和抵御西方思想文化和价值观念的进攻和渗透，使本民族共同遵循的社会价值和理想信念得以坚守，各国政府都开始高度重视对其民众、特别是青少年进行社会核心价值观的教育。于是，价值观教育作为各国维护国家思想文化安全和社会稳定的重要手段，成为一种思潮并流行起来，并成为学术领域研究的一个重要话题。当然，学术界对"价值观教育"问题的梳理、探讨和研究都是建立在人的

---

① 习近平：《习近平谈治国理政》（第三卷），外文出版社2020年版，第33页。

"价值观"是可教育的这一前提之上的。

价值观作为一种高级的社会意识,是一定的社会关系和价值现象在人们头脑中的反映,属于人类认识论范畴。人的认识是一个由浅入深、由现象到本质不断发展深化的过程。同理,人的价值观的形成也要经历由不成熟、不稳定向相对稳定和不断成熟发展的过程,这既不是一种自发生成的过程,也不是自我觉悟的过程,而是在后天实践活动过程中通过实际的价值活动和社会文化的教化和塑造,而逐渐获得相对的稳定性和成熟,就如美国著名社会学家英克尔斯所言,在大规模纷纭复杂的社会系统中,教育是一种强有力的力量,"没有任何一种个人属性能比它所受到的教育更能一贯地、强有力地预言他的态度、价值和行为"[①]。事实也确实如此,纵观古今中外历史,任何朝代、任何国家无不把"教育"作为促使民众、特别是青少年接受、认同并形成社会共有价值观的主要方式和途径。

究竟应当对社会主义核心价值观教育作何种界定和理解呢?要深入了解社会主义核心价值观教育的内涵,先要知道什么是"教育"。教育既是培养社会成员准备从事社会生产生活的整个过程,也是人类社会生产生活经验得以传承的关键环节,教育一词在我国古代就已出现,许慎的《说文解字》的释义是"教,上所施下所效也;育,养子使作善也",教育的目的是使人向善。在西方文化语境中,教育也是一个合成词,本义为"引出"或"导出",意指运用一定的方法引发人内心的潜能,不断地超越自我。尽管在西方社会发展进程中教育概念历经变迁,意蕴不断丰富,但基本上是与中国古代一样,把教育看作一种掌握知识和完善美德的过程。如美国新品格教育运动的倡导者托马斯·里克纳认为,"纵观历史,世界上的任何一个国家,都为教育树立了两个伟大的目标:使受教育者聪慧,使受教育者高尚"[②]。因此,综合中西方关于教育的释义,《中国大百科全书·教育卷》给出的具体定义是:凡是人类有意识、有目的地开展的影响人的身心发展和增进技能的社会活动,都是教育。教育以其系统性、规范性和科学性的特征,以及传播、解释和接受的教化机制,能够对教育对象产生直接持久的影响和感染。而青少年社会主义核心价值观教育实践活动作为政治实践和思想政治教

---

① [美]英克尔斯、史密斯:《从传统人到现代人》,顾昕译,中国人民大学出版社1992年版,第197页。

② 托马斯·里克纳:《美式课堂——品质教育学校方略》,海南出版社2001年版,第4页。

第一章　青少年社会主义核心价值观教育的理论阐释

育的一种特殊形态，是由中国共产党领导和推动的，教育对象是社会成员中的青少年群体。由此，青少年社会主义核心价值观教育就是指党有目的、有组织、有计划地向青少年社会成员施加影响，促使其形成社会主义的价值观念和价值信仰的社会实践活动。但仅从这句话还不能对社会主义核心价值观教育作出彻底清晰的认识了解。概念已经不是事物的现象、片面和外部联系，而是抓住了事物的本质、全体和事物的内部联系，要想全面地弄清楚社会主义核心价值观教育的深刻内涵，还必须从价值观教育的实质入手进行分析。

　　社会主义核心价值观教育不是简单地让青少年掌握核心价值观的内容，其实质在于引导并帮助青少年通过理论思维与感性体验的结合，理解社会主义核心价值观的精神意涵和本质规定，把核心价值观内化为稳定的品格和信念，形成社会主义的价值目标和价值取向，并最终固化为自己的日常行为习惯。如前所说，社会主义核心价值观虽然只有24个字，其理论的表层逻辑并不深奥难懂，但其内在的原则性和方法论包含着深厚的思想和价值意蕴。一般而言，这些理性的价值意识不会从青少年的头脑中自发产生，"学生要想在价值领域取得进步，学校必须向他们传授一定的价值内容……不牢固地吸收各种论点和观点，学生就没有适当的基础来发展他们的价值观"[①]。因此，在青少年社会主义核心价值观的养成上，必须要发挥教育的重要作用，要发挥教育者积极的主导作用，通过开展自觉理性的教育活动，综合运用感性因素和理性因素价值性互动的方法，有意识地对青少年进行价值引导，使其实现对社会主义核心价值观的理解、接受和认同，并转化为思想和行动上的自觉，实现知行合一。可见，社会主义核心价值观教育作为一种有意识的活动，是人为的，也是为人的，其根本目的是以社会主义核心价值观影响青少年，促使其身心健康发展，成为担当民族复兴大任的时代新人。这种教育对象和教育目的的特质，是与教育活动的性质完全一致的，说明教育活动是青少年社会主义核心价值观形成的必要途径。就如学者所言，核心价值观教育"是在浓缩当前社会的、文化的、制度的以及意识形态的等主流价值观的基础上，将能够提升人格、陶冶德性、教化意境、培育精神的合理的、先进的价值文化、价值规范、价值态度、价值判断内化为人的灵性和人性，并能在日常行为和价值

[①] Beak Clive. etal. *The Moral Education Project*（*Year* 3）. Toronto：Ontario Ministry of Education，1976：3.

动机上集中体现的教育活动"①。因此，遵循教育规律，创新教育的方法，是理解价值观教育的必然要求。

同时，从价值观教育的对象而言，是现实的从事实践活动的人。马克思主义认为，人是一种现实的、感性的存在，实践是人所特有的一种物质性的活动。在认识和改造世界的实践活动中，人发展自己的想象与思维，形成自己的观念与思想，人的创造能力和主体意识逐渐形成和增强，人在实践活动中形成的主体的观念和认识的接受图式以及微型机能系统，为接受教育提供了条件，使教育活动成为可能。同时，随着实践的深入推进，主体也不断生产出人自身的全面性，实现从自在自发走向自由自觉的存在。这是一个不断发展的过程，在这一过程中，主体为了尽快改变自身的片面性和不成熟性，促进自身的完善，以便能够更好地适应社会发展需要，也具有内在的"接受教育"的要求和动力。而且，"从实质上来说，青少年社会主义核心价值观教育也是一个实践的活动和过程。青少年是实践的主体，价值观教育离不开青少年主体能动性的发挥，没有青少年主动的接受和内化，价值观教育活动就会成为无效劳动而失去意义。因为，从教育的实效性来说，只有当学生把科学的理论与知识变成自己的思想观念，并自觉地用其指导自己的行为和实践活动时，其教育才是有效的。学生对传授的思想政治教育的相关知识和理论内容接受、理解与信服的程度如何，也只能通过其在实践过程中对理论的具体运用及其行动结果来得以确证。学生是实践的主体，马克思主义意识形态的真理价值必须通过广大学生的实践活动才能展现出来。思想教育只有建立在现实的实践活动的基础之上，这是人之生命存在的实践本质的内在要求，也是马克思主义理论的本质要求。偏离了人的实践要求的思想教育只会失去应有的生机与活力，最终导致僵化而低效"②。因此，社会主义核心价值观教育必须要立足于青少年及其生活的现实土壤，对价值观教育的对象进行关照，根据青少年的特点及其生活的现实环境进行价值观教育方法的创新是必须要考虑的内容。

进入新时代，建设社会主义现代化强国和推动实现中华民族伟大复兴的进程，需要形成共同的精神力量，凝聚全国人民的价值共识，为实现民族伟大复兴

---

① 田发银：《文化多元时代境遇中的核心价值观教育》，《山东社会科学》2012年第3期。

② 刘维兰：《高校思想政治理论课创新的实践向度之思》，《北华大学学报》（社会科学版）2018年第2期。

而共同勠力。积极培育和践行社会主义核心价值观,确立价值观的"最大公约数",是培养担当民族复兴大任的社会主义时代新人的现实需要。作为国家未来和民族希望的青少年群体,正处于学习文化知识、培养人格品德、树立价值观的关键时期,这一时期其思想观念变化较快,又处于易受影响的不稳定阶段,迫切需要给予关心、引导,通过开展有组织、有计划和有目的的引导和教化,促使青少年形成符合社会主义核心价值观要求的思想品德、政治态度和价值取向,成长为符合时代要求的社会主义建设先锋力量,这是当前社会主义核心价值观教育工作的重中之重。

(二)青少年社会主义核心价值观教育的意义

思想是行动的先导,有怎样的价值观念,就会有怎样的行动。社会主义核心价值观是我国文化最具决定作用的内核,是中华民族精神的灵魂。青少年是国家、民族的希望和未来,是家庭幸福的重要组成部分,青少年时期也是一个人成长和价值观形成的重要阶段和关键时期,抓好了青少年的核心价值观教育,也就抓住了未来、管住了长远。因此,以社会主义核心价值观教育帮助青少年形成正确的价值意识、道德规范和理想信念,建构起青少年的精神家园,引导他们锚定正确的人生前进方向,不仅对青少年个人成长有着重要意义,而且对实现社会主义现代化强国和民族复兴有着深远的影响。

1. 有助于促进和实现国家的富强和民族的复兴

习近平总书记指出:"实现中华民族伟大复兴是近代以来中华民族最伟大的梦想。"[①] "中国梦"作为14亿中国人民的共同理想,凝聚了中国人民对中华民族伟大复兴的憧憬和期待,关乎着中国未来的发展方向。然而,实现这个"伟大梦想"不是轻而易举、一蹴而就的,需要一代代中国人前赴后继、锲而不舍为之努力和奋斗。青少年是祖国的未来和民族的希望,实现中国梦离不开青少年的主体作用和力量的发挥。因此,习近平总书记在不同场合多次指明了青少年的历史使命,如在2013年5月《在同各界优秀青年代表座谈时的讲话》中指出:"中国梦是我们的,更是你们青年一代的。中华民族伟大复兴的中国梦终将在广大青年

---

① 习近平:《习近平谈治国理政》(第三卷),外文出版社2020年版,第11页。

的接力奋斗中变为现实。"① 在 2014 年 5 月 30 日于北京市海淀区民族小学主持召开的座谈会上发表的讲话指出,"少年儿童是祖国的未来,是中华民族的希望","新陈代谢是不可抗拒的历史规律,未来总是由今天的少年儿童开创的","为了中华民族的今天和明天,我们要教育引导广大少年儿童树立远大志向、培育美好心灵,让少年儿童成长得更好"②。少年强则国强,新时代的青少年肩负着建设现代化国家和实现中华民族伟大复兴的职责和使命,是实现国家富强、民族复兴、人民幸福伟大事业的重要依靠力量,他们能否树立正确的价值观,心系国家、关心社会,关系到现代化强国建设和中国梦能否实现。当前,青少年的理想信念状况总体是积极的、健康的,但由于全球化、市场化和信息化社会环境的变化,社会现代性的发展及西方意识形态的冲击,部分青少年开始把目光投向了难以言说的相对性的深渊,不再追问精神家园和精神寄寓,精神生活展开为从自然世界中的后撤,出现了理想信念模糊、精神虚无等问题,价值观崇高性的失落化和庸俗化,这必然会对社会主义现代化建设和中国梦的实现产生极大的阻滞。有鉴于此,以核心价值观对青少年进行精神性的积极引领与教导,促进其价值观的成熟和完善,把青少年培育成具有崇高理想信仰和价值取向的人,增强其正确认识世界和改造世界的才能和智能,高涨其建设中国特色社会主义事业的热情,为民族复兴积蓄主体和后备力量,成为当前教育的首要任务。

社会主义核心价值观涵盖了全面育人的德育标准。社会主义核心价值观是中华民族精神的血脉和灵魂,既体现立足于现实生活对共产主义的崇高理想和信仰,也体现以科学理论为指导在改造现实世界中形成的对中国特色社会主义的坚定信念,是中华民族立于不败之地的力量源泉。因此,习近平总书记强调,要把培育和弘扬社会主义核心价值观作为推进中国特色社会主义伟大事业、实现中华民族伟大复兴中国梦的一项重要战略任务,要将青少年作为培育和践行社会主义核心价值观的重点人群之一,要求"用社会主义核心价值观教育学生,引导他们扣好人生的第一粒扣子"③,加强青少年社会主义核心价值观教育,促使其在青

---

① 中共中央文献研究室:《习近平关于青少年和共青团工作论述摘编》,中央文献出版社 2017 年版,第 14 页。

② 习近平:《从小积极培育和践行社会主义核心价值观》,《人民日报》2014 年 5 月 30 日。

③ 中共中央文献研究室:《习近平关于青少年和共青团工作论述摘编》,中央文献出版社 2017 年版,第 38 页。

少年心灵中落地生根，茁壮成长，让他们树立起民族自豪感和自信心，自觉传承和发扬中华民族的精神信仰和价值理想，积极接受时代精神的召唤和引领，坚定对中国特色社会主义的"四个自信"，在众多的思想文化和价值理念中坚定社会主义核心价值观的主导地位，并能够以身践行，以坚定昂扬的姿态展示于世界，这不仅是中华民族复兴的题中之义，而且也是社会主义现代化强国的伟力之源和强盛之基。

2. 有利于社会和谐有序发展

英国经济学家哈耶克曾言："如果不存在秩序、一贯性和恒常的话，则任何人都不可能从事其事业，甚或不可能满足其最基本的需要。"① 社会和谐稳定、有序发展是人们从事生活和事业的基本条件。一个社会的和谐有序不但要有国家法律、法规和制度等刚性的保障，更离不开人民群众文化水平的提升以及品行、自律和德性的完善健全。青少年是引领社会风气之先的力量，一个民族、一个国家的文明程度和社会风尚及价值信仰状况，很大程度上体现在青少年一代的道德水准、价值取向和精神风貌上。就目前来看，新时代的青少年总体在精神上是振奋的、昂扬向上的，他们有理想有抱负，奋发有为，积极地在为社会和谐和国家发展贡献着自己的力量。但不可否认，由于各种因素的影响，也有部分青少年精神颓废，崇尚色情、暴力的网络游戏，违法犯罪现象屡屡出现。据最高人民检察院联合公安部于2019年12月20日召开的新闻发布会通报，2018年1月至2019年10月，有近7000人因校园暴力犯罪被起诉。据《2019年中国禁毒报告》，截至2019年底，全国现有吸毒人员214.8万名，其中18岁以下的吸毒人员有7151名，占0.3%，虽然占比较2018年有所下降，但仍然处于高位。青少年违法犯罪现象频发，不仅对社会风气产生危害，也给社会和谐稳定带来很大影响。

思想是行动的先导。之所以出现青少年犯罪屡见不鲜的问题，从根本上来说，是由于部分青少年的思想意识和价值观念出了问题。常言说："近朱者赤，近墨者黑"。这就迫切需要外界给予青少年教育、关心和引导，以主流的社会价值观对青少年进行积极教育，使他们能对各种不同的价值观念和思想意识进行甄别、批判和选择，形成正确的价值观，树立社会主义核心价值观自信。因为，社

---

① 哈耶克：《自由秩序原理》（上），三联书店1997年版，第273页。

会主义核心价值观代表着最大多数人的利益和目的，从国家、社会、个人三个层面科学地回答了人生的价值和意义，帮助青少年厘清了规范和自由互不僭越的关系，能够使他们在交往互动、共同参与和反思中构建自我管理和自我约束的生活习惯，形成正确的价值原则，在对社会价值观的认同中形成内在的美德，并促进社会美德的养成。而且，青少年作为社会朝气蓬勃的一代，有着重要的先锋作用，其对核心价值观的普遍态度必定会影响着社会民众对社会主义核心价值观的态度和认同，决定着整个社会未来的价值取向。因此，习近平总书记在2013年5月4日在同各界优秀青年代表座谈时提出要求，广大青年要把正确的道德认知、自觉的道德养成、积极的道德实践紧密结合起来，自觉树立和践行社会主义核心价值观，带头倡导良好社会风气。要加强思想道德修养，自觉弘扬爱国主义、集体主义和社会主义思想，……始终保持积极的人生态度、良好的道德品质、健康的生活情趣。要倡导社会文明新风，带头学雷锋，主动承担社会责任，热诚关爱他人，……以实际行动促进社会进步①。总之，榜样的力量是无穷的，通过对青少年社会主义核心价值观的教育，使青少年不仅成为社会主义核心价值观的信仰者和践行者，而且成为社会主义核心价值观的传播者，成为信仰和践行社会主义核心价值观的典范，有利于整个社会的价值认同和社会主义核心价值观的确立，推动形成健康积极的社会风气，降低社会良性运转的成本，从而保障社会的和谐有序运转。

3. 有利于促进青少年的全面发展

社会主义核心价值观教育事关青少年的健康成长和全面发展。以社会主义核心价值观引领青少年的思想信仰，不仅事关国家民族的未来和社会的和谐稳定，而且也事关青少年的健康成长和全面发展。青少年时期是人生正值身体和心理发育速度加快的时期，在这一时期"三观"开始逐渐形成，但又处于不稳定阶段，是非观念还不成熟，容易受到周围环境和外在因素的影响，因此，心理学家把这一时期称为"心理断乳期"，需要外界给予丰富的营养，辅助其健康成长。习近平同志也提出，青少年时期对一个人的成长发展有至关重要的作用，加强这一时期的价值观养成非常重要。如果在这一时期不加以正确的引导，就如同扣扣子，

---

① 中共中央文献研究室：《十八大以来重要文献选编》，中央文献出版社2014年版，第280页。

第一个扣子扣错了，人生就可能走歪。而要使人确立生活的意义和价值，规范和引导自己不走歪路，其中最根本的东西，就是要使"作为整体的人类精神对于自身作为、目的以及推测所具有的意识"① 发挥作用。个人成长发展的核心就是价值观的构建、塑造和发展过程，个人的全面发展体现在以社会的价值观为核心的思想道德和行为修养所达到的文明程度和进步状态。因此，必须以社会的核心价值观引领青少年的思想意识，使其将生命成长的意义和社会核心价值规范体系内化为自己相对稳定的精神性格，这是青少年健康成长与全面发展的内在要求。

社会主义核心价值观作为国家、社会和个人三个层次价值的统一，具有促进青少年健康成长和全面发展的内在属性。马克思指出："个人的全面性不是想象的或设想的全面性，而是他的现实关系和观念关系的全面性。"② 人是处在一定关系之中的社会性存在，它不仅具有个人属性，还具有社会属性。个人属性反映的是人生的自我价值和意义，是个体的人生活动对自己的生存和发展所起的作用和具有的价值，主要表现为满足自身物质和精神需要的程度和效果。社会属性反映的是人生的社会价值，是个体的人通过自己的人生生活对他人和社会所具有的作用和价值，衡量人生的社会价值的标准是个体对社会和他人所做出的贡献大小。也就是说，人通过劳动和创造，一方面满足自己的各种物质和精神需要，另一方面满足他人和社会的各种需要。个人和社会是相互依存、相互作用的关系，一个人既要关注个人自我需要及从社会所获得的人格尊重和需要的满足，又要强调个人对社会进步所起的作用及贡献，人生价值和意义正是从这种双向需要和满足的互动关系中产生和确定起来的。由此也说明人的全面发展需要一种统筹个人价值和社会价值的新发展观来引领。而社会主义核心价值观兼具个人价值本位和社会价值本位，实现了国家、社会和个人意志和价值的统一，不仅体现了中国特色社会主义的发展要求和社会进步理想，体现了中华民族的整体利益和党的价值追求的结合，而且还体现着"每个人的自由而全面发展"这一"目的因"。社会主义核心价值观从国家、社会和个人三个层面科学地回答了人生的目的和意义，与党对青少年成长发展的要求与期望是一致的，为青少年健康成长和全面发展提供了引领与航标。因此，习近平同志要求，要加强对青少年进行社会主义核心价

---

① H. P. 里德曼：《狄尔泰》，中国社会科学出版社1989年版，第88页。
② 《马克思恩格斯全集》（第46卷），人民出版社1980年版，第36页。

值观教育,"使社会主义核心价值观的影响像空气一样无所不在、无时不有"①。社会主义核心价值观教育,为青少年的思想和行为实践提供了科学正确的价值导向,能够使他们坚定中国特色社会主义理想和马克思主义信仰,明确人生的价值和意义,增强学习的动力,形成积极向上的理想和富有理性的激情,培养他们在复杂的社会环境中辨别是非善恶的思维和应对人生挫折及社会矛盾的能力,产生自觉抵制不良思想侵蚀的免疫力,从而保障青少年在成长的道路上不会偏离方向,在现代化的道路上不断实现精神和自我实现的充分发展和完美统一。

本章小结

核心价值观是一个国家、一个民族价值体系中最本质和最具决定作用的部分,它影响和支撑着该社会所有的价值判断,引领着社会思潮的方向,因而是对整个社会进步和发展的总指导和总概括。每个时代都有每个时代的价值观念和精神,在当代中国,中华民族应该坚守什么样的核心价值观?在党的十八大报告中,对社会主义核心价值体系和社会主义核心价值观提出了新的认识和要求,既包括国家层面的价值目标,即"富强、民主、文明、和谐",又包括社会层面的价值取向,即"自由、平等、公正、法治",以及公民个人层面的价值准则,即"爱国、敬业、诚信、友善"。分别从国家、社会和个人三个层面回答了建设什么样的国家和社会,以及培养什么样的公民的重要问题。但从社会主义核心价值观的内在意蕴来说,这三个方面又是内在统一的,倡导社会主义核心价值理念,既能体现社会主义国家、社会主义制度的优越性,又能体现公民个人及其家庭道德价值的高尚性。

青少年是民族的希望、国家的未来。中国的现代化建设事业和实现中华民族伟大复兴需要道德健全、将来一定能担负起复兴中华大任的时代新人。从目前看,青少年总体的价值观发展是积极向上的,他们有理想抱负,有担当作为。但也不可否认,少部分青少年的价值观存在一定问题,对价值观教育来说情形并不乐观。因此,对青少年进行社会主义核心价值观教育,是非常必要的,也是极其重要的。但生长在全球化、信息化和网络化环境下的一代青少年,不是只会考试

---

① 习近平:《习近平总书记在十八届中央政治局第十三次集体学习时的讲话》,《人民日报》2014年2月25日。

的做题机器和分数奴隶,而是有着开阔的思路和活跃的思维,青少年的成长特点决定了其不同于成年人。因此,必须根据青少年的生理和心理特点,采取切实有效的方法,培育和践行社会主义核心价值观,引领青少年的思想道德发展,坚定其对主流价值观的认同和信仰,这不仅有利于青少年的个人健康成长和全面发展,而且还对社会的和谐稳定及民族伟大复兴的实现具有奠基性功能。

第二章 文化与青少年社会主义核心价值观教育的关系

"马克思研究任何事物时都考察它的历史起源和它的前提,因此,在他那里,每一单个问题都自然要产生一系列的新问题。"① 探究事物产生的根源,是马克思主义的科学研究方法。社会主义核心价值观是当代中国精神的集中体现,凝结着全体人民共同的价值追求。在纪念马克思200周年诞辰大会上,习近平总书记提出,"国家之魂,文以化之,文以铸之"②。基于深层和审慎的理性思考,我们不禁会问,文化为何能进入青少年社会主义核心价值观教育系统并发挥重要作用?为更好地回答这一问题,必须着眼于"文化"与"青少年价值观教育"之间的深层联系。从价值观的发生、建构和发展与人的文化主体性生成两个方面,挖掘文化与青少年社会主义核心价值观教育之间内在的关系,说明社会主义核心价值观教育必然要依托于社会主义文化及其环境,同时,社会主义核心价值观教育又促进了青少年的文化主体自觉。

一、文化的内涵、特征及其功能

"文化"是一个历史悠久且蕴含丰富的词语,虽然我们每天都在谈论和享受着文化,但要问其具体的含义,或许大多数人都不能准确地说出。即使是文化的研究者,给出的文化含义也有很大的差异。因为文化作为与人类社会相伴而生的一种社会现象,既没有固定的形状,也不是具体的对象,而是一种历史和逻辑融会贯通生生不息的系统。不同时代、不同地区或同一时代不同群体的人们,由于

---

① 《马克思恩格斯全集》(第22卷),人民出版社1965年版,第400页。
② 习近平:《在纪念马克思诞辰200周年大会上的讲话》,《人民日报》2018年5月5日。

生活方式和习惯的不同,他们对文化的理解和定义也都不一样。正所谓有多少个读者,就有多少个"哈姆雷特"。同样,有多少人研究文化,就能够产生多少种文化的定义。有学者认为世界上关于文化的定义已经超过10000种以上[1]。由于文化的定义过于庞杂,人们对文化的含义"必须有一个比较合理因而比较统一的理解,这是文化研究和文化建设必须首先解决的前提"[2],否则,文化及相关问题的研究将难以取得实质性的进展。因此,面对浩如烟海的文化研究资料,要给文化下一个精确定义,必须对文化概念进行梳理和厘清,这是研究文化及相关问题的前提。

(一) 文化的内涵

从"文化"一词的最初使用和历史变迁来看,无论在中国,还是在西方,文化的内涵都随着社会历史发展经历了重大变迁。在西方文化典籍中,文化一词是一个派生的与自然相对的概念,原意指土地耕种、栽培和种植。随着历史的发展变迁,文化的内涵也得以扩充,逐渐从一个表达物质性活动的概念演变为对人的精神世界进行培养和教化的词汇。爱德华·泰勒在其著作《原始文化》中给出的定义,"文化或文明,就其广泛的民族学意义来讲,是一复合整体,包括知识、信仰、艺术、道德、法律、习俗以及作为一个社会成员的人习得的其他一切能力和习惯"[3],是迄今为止西方学术界所普遍接受的概念。此后,随着学科分类的发展,各国学者们分别从不同视角对文化进行了较为全面系统的研究,形成了文化的纷繁多样的内涵。在20世纪50年代,美国学者克罗伯和克拉克洪综合学界关于"文化"的界说,在《文化概念和定义的批评评述》一书中,对文化的概念进行了界定:"文化是由各种外显和内隐的行为模式构成的,这些行为模式是通过符号习得和传播的,它们构成了人类群体的独特成就,其中包括体现在人工制品方面的成就。文化的本质内核是由传统的(即历史衍生的和选择的)观点,尤其是其所附带的价值观构成的。文化体系从一方面来讲,可被视为进一

---

[1] 转引自周德海《对文化概念的几点思考》,《巢湖学院学报》2003年第5期。
[2] 黄楠森:《论文化的内涵与外延》,《北京社会科学》1997年第4期。
[3] 泰勒:《原始文化》,上海文艺出版社1992年版,第1页。

步行动的制约因素"①。这是 20 世纪最受学界重视和最有影响的文化定义。自 20 世纪 60 年代开始,西方学者大多是从精神层面来释义文化,如英国马克思主义理论家特瑞·伊格尔顿提出,"文化是一种道德教育学,它将会解放我们每个人身上潜在的理想或集体的自我,使得我们能够与政治公民的身份相称"②。这一时期的苏联理论界则开始从主体方面来研究文化,提出人是文化创造的主体,并从人活动的特点和方式来说明文化的能动性和社会性等特征,显示出追求文化发展的主客体统一的方向。而大英百科全书对于文化的定义是:"人类社会由野蛮至于文明,其努力所得之成绩,表现于各方面的,如科学、艺术、宗教、道德、法律、学术、思想、风俗、习惯、器用、制度等,其综合体,则谓之文化。"

在中华传统文化的语境中,从文化的起源来看,"文"和"化"是甲骨文中出现的最古老的汉字,二者有着不同的释义。据文字学考证,中国最早的甲骨文的"文",其基本结构为四条线相交,故原始含义是交错,本义是指各色交错的纹理,后来,人们从纹理之意中又延伸出治理、规划和文物典籍、礼乐制度之义。"文"和"化"两个字连接起来使用最早见于战国的《周易·彖传》,如"(刚柔交错),天文也。文明以止,人文也。关乎天文,以察时变;关乎人文,以化成天下",其主要含义是与武力相对的"以文教化"之意。因此,在古汉语中,文化主要是指以封建礼乐制度、法令条文等对民众进行教化和品德培养。

在现代汉语中通用的"文化"一词,其意义和理解与中国古代的文化概念相比,已经发生了很大的变化。主要是近代以来,随着西学东渐,即受到西方思想的影响,文化不再作为动词使用,人们对文化的理解逐渐产生了新的认识,开始指向考试、教育水平等含义。新文化运动之后,学者们则从更广泛的意义上理解文化,虽说法不一,但多是把文化看成是人类创造的事物,如梁启超(1922)在《什么是文化》一文中提出,文化是"人类心能所开积出来之有价值的共业也"③。梁漱溟在《东西方文化及其哲学》中也说:文化是人类"生活的样法",进一步解释,就是生活中解决问题的不同方法。也就是说,文化涵盖物质生活、

---

① Kroeber and Kluckhohn. *Culture*: *a Critical Review of Concepts and Definitions* [M]. 1963: 120.
② 特瑞·伊格尔顿:《文化的观念》,方杰译,南京大学出版社 2003 年版,第 8 页。
③ 转引自朱谦之《文化哲学》,商务印书馆 1990 年版,第 3 页。

社会生活和精神生活三大领域。精神生活方面，如宗教、哲学、科学、艺术等；社会生活方面，如家族、朋友、社会、国家、世界等以及它们之间的生活方式；物质生活方面，如饮食起居、器物享用等①。梁漱溟先生对文化的定义得到了其同时代多数学者的认同。从定义上来看，都肯定了人的活动对于文化产生的作用和文化在人类活动过程的地位，但其局限性是只是把文化理解为一种静态的活动结果，没有从动态过程来进一步说明文化对人类实践和认识各方面的重要意义。进入20世纪90年代以后，随着认识的逐步深入，国内对文化概念的界定力图克服之前的局限性，开始从结果和过程两个方面进行解释，如冯天瑜在其《中华文化史》中提出"文化的实质性含义是'人类化'，是人类价值观念在社会实践过程中的对象化，是人类创造的文化价值，经由符号这一介质在传播中的实现过程，而这种实现过程包括外在的文化产品的创制和人自身心智的塑造"②。这个定义可以说触及了文化的实质，即人与文化的互生性，人创造文化，同样文化也塑造着人自身。不过，这是广义上的文化含义，文化还有狭义上的解释，主要是指精神文化或精神，它包括精神领域里的一切，如思想、意识等主观活动及其成果。如《中国大百科全书》的哲学卷将文化狭义定义为：精神生产能力和精神产品，包括一切意识形式，有时专指教育、科学、文化、艺术、卫生、体育等方面的知识和设施，以及世界观、政治思想、道德等与意识形态相区别的（方面）。

经过上述梳理，笔者发现，不论是在西方还是在中国，"文化"一词都突出了"人为的"和"为人的"性质。从我国1986年版的《辞海》、1982年版的《现代汉语词典》以及1987年版的《中国文化词典》上来看，人们对文化概念的解释逐渐趋向统一，即把文化广义地解释为：人类社会历史实践过程中所创造的精神和物质财富的总和，包括四个方面内容，即精神文化、物质文化、行为文化、制度文化。其中，精神文化处于文化的核心地位，也被称为狭义的文化。精神文化是人类在改造客观世界和主观世界的过程中所取得的精神成果的总和，其核心是价值观。价值观是指人们在周围客观事物及其价值问题上所持的立场、观点和态度的总和，它直接决定着精神文化的性质和方向。

---

① 梁漱溟：《梁漱溟全集》（第1卷），山东人民出版社1989年版，第399页。
② 冯天瑜：《中华文化史》，上海人民出版社1990年版，第78页。

(二) 文化的特征

文化是相对于经济、政治而言的人类全部精神活动、物质活动及其产品，是人类社会特有的现象，或者说，是人类区别于其他动物所特有的生活方式。文化的本质取决于人的本质，通过人的本质反观文化，其特征主要包括：实践性、民族性、社会性、传承性、系统性、时代性等。

文化是继承性与发展性的辩证统一。马克思主义认为，文化是人类在进化及社会发展过程中，通过实践活动创造出来的，是人类实践活动的产物。而人的实践活动必然是在一定的时间与空间中，以及一定的历史条件下进行的活动，这决定了所形成的文化内容、形式、规模和水平具有特定历史时代的特征，每一时代人们的实践活动形成了具体历史时期的文化。同时，每一时代人们的活动又都是在"从过去承继下来的条件下创造"，在继承前人实践成果的基础上开展自己的活动，人的实践过程及其结果的不断凝聚、积累和升华形成了现有的文化及其样态。所以，从文化的实践本质来看，文化既是一定时代条件和特定社会环境的产物，又是一个连续不断从低级到高级动态发展过程。李宗桂指出，"文化的发展既有历史的连续性和稳定性，又有时代的变动性和现实性。任何民族的文化，就其内容而言，都是前后相继的历史精神的延续，都是现实的时代精神的体现"[①]。文化的继承性与发展性的辩证统一，说明我们必须尊重自己的历史，决不能割断历史。只有历史的延续和积淀，才会促进文化的发展，如果一种文化失去历史的传承性，也就不存在文明史发展的连续性，那么该文化将难以生存和发展。同时，文化作为一种随实践发展的历史范畴，它反映的是特定历史时代的经济和政治条件，它必须要随着时代和实践的发展不断完善和创新。因此，必须以马克思主义实事求是的科学态度对待历史文化遗产，批判地继承，扬弃地发展，赋予传统文化新的样态和精神，这样才能赋予文化发展强大的生命力。

文化是民族性与世界性的辩证统一。文化的民族性，主要是指文化在产生、发展过程中由于受到民族独特因素的影响所表现出来的特殊性。不同的民族有不同的生活方式、实践方式和生存环境，任何一种文化都是某个民族在特定地域和

---

① 李宗桂：《传统与现代之间：中国文化现代化的哲学省思》，北京师范大学出版社2011年版，第51页。

社会历史条件下进行实践活动所创造的，它决定了文化所具有的民族个性或特色，反映和体现的是特定的、具体的民族生存与发展的理念以及具体的生活样态和活动方式。换言之，每一民族的文化都是独特的。文化的民族性极大地影响着一个社会的面貌和生活于该社会中的人的发展。它一经形成和确立，就能够构成该民族共同的行为规范和活动方式，凝聚成为该民族共同的价值观念和理想信念，从而维系和支撑着该民族的生存与发展。文化的民族性不仅是一个民族凝聚力形成的根据和纽带，是一个民族的灵魂，而且也是民族中每一个人形成价值追求及获得归属感的根据。文化的世界性是指"民族文化通过普遍化或相互融合而形成的、为各民族普遍接受的统一的世界性的文化"[①]。但要说明的是，文化的世界性不是指一种具有全球性的普世意识形态，而是在世界各民族文化相互交融互渗、优势互补的过程中所表现出来的世界性。在漫长的历史进程中，没有一种文化是封闭、隔离和不相往来的，由于实践的共同性，各民族文化在发展的过程中互相学习、互相借鉴，优势互补、平衡发展。这也说明了，并不是所有的文化都具有世界性，只有那些优秀、先进的民族文化才能被世界所普遍接受，成为世界文化。文化的民族性与世界性的辩证统一，要求在文化建设过程中既要继承民族文化的优秀基因，保持文化的民族特色和民族独特的精神标识，又要以更加开放的胸怀和包容的姿态，加强各种文明之间的对话和交流，吸收、借鉴人类一切优秀文化，丰富和发展自身。

　　文化是动态性与稳定性的辩证统一。文化的动态性是指文化随着社会发展不断变化的一种属性。文化结构学认为，文化是由相互联系、相互作用、相互依赖的若干部分和要素结合而成的，并具有特定功能的有机系统。该有机系统结构层次分明，不同维度的指标处于不同层级，同层级指标之间、指标层与指标层之间具有清晰的逻辑关系。不仅其内部各种要素之间会相互作用和相互影响，而且其与外部诸多因素之间也是一种相互交织和互动互融的关系，文化的系统性强调这些文化构成部分的整体功能，使作为系统的文化具有相对稳定的生存力和保持自我维持的惯性，成为一种稳定性的存在。同时，由于文化是人们实践活动的结果，实践活动是以一定的主体运用工具作用于客观对象的现实活动，实践作为连

[①] 陈新夏：《唯物史观视域中文化民族性与世界性》，《河北学刊》2013年第4期。

接主体与客体的中介和桥梁，是文化系统的基础。实践的社会历史性决定了文化是一种变化性的存在。就如学者冯天瑜所言，文化"是一个有机的生命过程，是一种可以传承、传播、分享和发展的动态体系"①。文化作为一种系统性的存在，既有若干要素的非线性相互作用形成的动态性和开放性，又有自身结构达到的稳定和平衡状态，从而体现为动态性与稳定性的辩证统一。

（三）文化的功能

功能一词，在传统典籍中是效用、功用和功效的意思，在西方语言中，主要是从"关系"角度来认知的，也含有有利、效用之意。因此，综合中西方的观点，功能一般是指有利的作用和效果。文化的功能，是指文化作为社会系统中的要素，在社会整体中以及与社会其他要素相互作用中所表现出来的功用和效能。根据不同的标准，文化的功能有不同的类别。鉴于本书从文化视角研究青少年社会主义核心价值观教育的问题，因此，本书主要从文化功能的性质来划分文化的功能。主要有以下几种功能。

一是教化功能。文化教化功能是指文化所具有的对个人塑造和对社会引导的作用。文化虽然是由人所创造的，但它一旦被创造出来，就渗透于人的活动范围内的自然物质和生活方式之中，以其内容、方式和环境影响和制约着人，对人的成长起着潜移默化的教育作用。马克思曾指出："要改变一般的人的本性，使他获得一定劳动部门的技能和技巧，成为发达的和专门的劳动力，就要有一定的教育或训练。"② 文化与教育是不可分割的，教育是教育者通过一定的教育方法，在一定的教育环境下，将一定的教育内容施加给教育对象的过程。教育者、教育对象、教育内容、教育方法、教育环境等构成了教育的基本要素。提升教育质量不仅要调动教育者和教育对象的主观能动性，而且还要在教育方法、内容、环境等要素上下功夫，文化恰恰贯穿于这些要素之中，教育的实质就是"文化育人"。表现为：教育者巧妙地营造一种文化环境，将一定的文化内容，施加给教育对象，引导其参与社会文化的过程。采用以文"化"人的方法，使教育对象置于教育主客体所营造的积极向上的文化场域之中，以向上有益的文化熏染他们

---

① 冯天瑜：《文化守望》，武汉大学出版社2006年版，第81页。
② 《马克思恩格斯全集》（第23卷），人民出版社1972年版，第195页。

的意识，培养他们的习惯，使其掌握人类积累的先进经验、知识体系和价值观念，从而成为符合共同价值规范的社会化的人。

二是规范功能。所有文化都提供具有约束性、起普遍制约作用的行为规范。每个社会都会通过家庭启蒙、学校教育、社会示范、公众舆论等文化手段，将社会规范加之于个人，以实现文化的规范和约束作用。文化的规范功能主要体现在民俗、社会道德和法律法规上。民俗是起源最早的一种社会规范，其规范功能表现为它对社会群体中每个成员的行为方式所具有的约束作用。人生活在民俗之中，民俗的作用在于根据特定条件将某种方式予以肯定和强化，使之被群体成员所共同认可，成为一种群体的标准模式和公共的道德，从而使社会生活有规则地进行。民俗是一种约束面最广的行为规范，它就像一只看不见的手，于无形之中支配着人们的所作所为，从衣食住行到婚丧嫁娶、从社会交际到精神信仰等，无一例外，人们在不知不觉中遵从着民俗的"安排"。作为文化的民俗，是一种"软控"，但却是一种最为有力的深层控制。作为文化的法律法规，其本身就是一种行为规范，它明确地告诉人们哪些事可以做，哪些事不可以做，以及应该怎么做才不违法。因此，法律法规对人们的行为起着指引、评价、教育、预测、强制等作用。除了法律法规这种特殊的文化形式对人们强制性的规范之外，在现实生活中，文化往往借助于风俗习惯、社会道德以及文艺作品等形式，对人们的思想和行为以及社会生活起着无形的规范与引导作用。

三是传递功能。文化的传递功能是指文化能够传递人类的创造、思想、信仰、风俗、习惯等，使之世代沿袭，并在空间上得到普及，促进文化的累积与继承，推动人们创造新的文化。文化的传递功能有两种：纵向传递功能和横向传递功能。文化的纵向传递功能表现为异代之间的文化传递；文化的横向传递功能表现为同代之间的文化传递。在传统社会中，文化的纵向传递功能起主导作用，但随着社会的发展，尤其是到了现代社会，它的重要性相对减弱，文化的横向传递功能逐渐增大。通过观察可以发现，文化变化的平均速度不断加快，文化的进化愈来愈快。对于一个民族来说，文化的纵向传递功能意指人类世代之间文化传授和承接的活动，是存活在几代人中广泛的文化联系，它能够使一个民族的文化得以保留和发展。任何民族文化特性的留存，都离不开世代之间的文化传递，一方面是对心灵智慧积淀文化的直接感受和接受；另一方面是对物化积淀文化的直接理解和吸收。文化的横向传递功能发生于两个或者多个具有文化源差异显著的关系之间的交流。文化的横向传递功能能够促进人们互通有无，促进文化发展与丰富。如果没有文化差异，没有因文化差异产生的"势差"，就不会产生文化的横向传递。例如，先进文化和落后文化之间最容易产生文化横向传递。在不同的文化圈层中，也能产生很好的文化横向传递，但其前提条件是各文化主体之间必须有很强的文化生产力和自己独特的文化，必须有文化自主权。这种文化的横向传递一般只会发生在各自尊重对方的前提条件下。此外，文化入侵现象，强势文化压制弱势文化现象，都不是文化的横向传递功能。文化的横向传递须有起始点和机会的平等。

四是凝聚功能。文化的凝聚功能是指一种建立在社会成员信仰之上的共同的价值观。文化中的价值观一旦被组织成员共同认可，就会成为一种向心力，像黏合剂一样从各个方面把其成员凝聚起来，从而产生一种巨大的合力。文化的凝聚功能源自社会成员共同创造的群体意识，寄托了社会成员的理想、希望和要求。文化的凝聚功能主要表现在三个方面：同化作用、规范作用和融合作用。文化的同化作用能够使一个社会不再是一个为了相互利用和个人得到满足而聚集起来的群体，而且使其成为一个具有共同价值观念、精神状态和理想追求的"生命共同体"。文化的规范作用是指文化中的共有价值观念一旦发育成长到习俗化的程度，就会像其他文化形式一样产生强制性的规范作用，这种强制的规范大大加强了一个社会的内部凝聚力。文化的融合作用是指社会成员总是积极主动地与社会文化氛围协调，努力使自己的言行、思想同社会的共同价值观念一致，而对新进成员来讲，这种共同价值氛围较难融入，他们往往先适应制度强制，然后才适应文化强制。同时，文化的融合作用能够形成一种潜移默化的力量，使新成员接受异质文化的渗透，融合到这个社会的文化氛围中来。从本质上来说，文化的凝聚功能是以人为本，通过尊重人的感情，从而在社会中营造一种团结友爱、相互信任的和睦气氛，强化了集体意识，使社会成员之间形成强大的凝聚力和向心力。共同的价值观念形成了共同的目标和理想，社会成员把其所在社会看成是一个命运共同体，把社会成员看成是实现共同目标的重要组成部分，于是整个社会步调一致，形成一个统一的整体。

五是导向功能。文化创造了社会的精神追求与价值需要，同样，文化也引导着人们的精神需要和价值选择。文化的导向功能是指文化能够为人们的价值观和行为提供方向和可供选择的方式，引导着社会的精神追求与价值需要，主要表现为社会的价值取向和社会目标。一个社会的价值观决定了该社会的价值取向，而社会成员的价值观在个人的头脑中，并非与社会的价值观完全一致，引导社会成员接受并认同社会的价值观，文化发挥着强有力的导向作用。因为，文化一旦形成，就建立了自身系统的价值和规范标准。如果社会成员在价值和行为的取向上与社会文化的价值和标准出现不一致，那么社会文化就进行纠正，并将其引导到社会的价值观和规范标准上来，指引人们自觉地接受社会文化，并将其转化为个人的意识和行为，实现对社会价值观的内化，达到知与行的统一，实现社会价值和意义，从而使社会成员形成价值共识，凝聚起社会发展的精神合力。因此，发挥文化对社会成员的导向作用对社会发展和创新至关重要。社会的发展是建设社会文化的根本目标，只有社会的价值观被社会成员所接受和认可，进一步内化，社会文化才能落地生根，真正成为推动社会发展的动力。

二、文化世界是青少年社会主义核心价值观教育的天然依托

人生活在一个文化的世界中，人的价值思想是由文化模塑的。文化世界对人的价值意识的构建就是"通过无数'文化场'、'行为场'、文化环境、情境、生活细节，在人的心理机制上不断发生意义、意识、知识的过程"[①]。文化作为人类的生存方式和知识意义系统，是人类不懈追求文明进步和走向文化自觉的历史展示，既体现着人对自然本能的超越，又体现为一种特定社会的发展图式和文化精神。文化既是人为的，也是为人的，文化的主体性特征，说明了人的本质与文化价值的内在统一，决定了文化成为青少年社会主义核心价值观教育的天然载体和依托。

（一）主体性文化是青少年社会主义核心价值观教育文化依托的哲学依据

经过前文对中西方文化内涵发展的历史梳理，我们可以发现，在不同的历史时期和时代条件下，人们对于"文化"一词具有不同的理解和认识，文化的基本内涵有着不同的方面和丰富的层次。从总体上来说，无论是中国，还是西方，

[①] 司马云杰：《文化价值论》，陕西人民出版社2003年版，第8页。

对文化概念的界定，或是采用历史性的定义和现象性的描述，或是从主体性意义和功能性上进行界说和阐明，"文化"变成一个包含着杂多规定而又综合统一的具体范畴。应该说，每一种概念都具有一定的合理性，提供了界定"文化"内涵的必要线索和视角。但概念的内涵绝不只是现象的罗列和功能的经验描述，而应该是事物的本质联系。正如毛泽东所说："概念这种东西已经不是事物的现象，不是事物的各个片面，不是它们的外部联系，而是抓着了事物的本质，事物的全体，事物的内部联系了"[①]。只有深入文化的本质内涵，才能从根本上解释文化被传承以及对人和社会发展作用的深层机理。如何理解文化的本质？通过梳理分析中西方文化概念的内涵，笔者发现两者在对文化的理解上有一个共同点，即文化无论是作为活动的本身还是结果，其主体都是人。文化作为伴人而生的一种特殊的社会存在，不管有多少种状态，其基本的特性应该是一致的，形态迥异的文化背后隐藏着可统一概括的内容，即任何文化都离不开人及其活动，文化的本质是在"'文化—人—活动'这种联系中显示出来"的[②]，也就是说，文化作为人类社会特有的现象，是与人密不可分、对人而言的，人既是文化的创造者，也是文化的需要者，文化的产生和发展离不开人本身，文化只能在人身上才能得以体现，文化的本质归根到底要由人的本质来说明，离开了人及其本质，就无法把握文化的本质，人及其本质成了理解文化及其本质的出发点和关键。只有从能动的、现实的人本身出发，对人做出正确的界说和科学的理解，才能彻底说明文化产生和发展的根据，真正解释文化为何能对人和社会的发展起作用。从人与文化的关系审视文化的本质，发现文化必然地展现出主体性，这是文化的根本属性，马克思讲的文化与他者不同，正是基于这种主体性文化的概念。

主体性文化，指的是文化的性质，这是理解文化何以成为青少年社会主义核心价值观教育天然载体的关键。要认识文化的主体性，就要先理解主体，正确理解主体是认识和把握主体性文化的前提。从词源学的角度看，"主体"（subject）这个词，来自拉丁文的"subiectum"，意即"在前面的，作为基础的东西"。从哲学视角而言，"主体"这一概念是在对人与世界关系的探索和认识中产生的，

[①] 《毛泽东选集》（第1卷），人民出版社1991年版，第285页。
[②] ［苏］B. 几安德鲁先科：《精神文化与人》，罗长海、陈爱容译，华东师范大学出版社1989年版，第15页。

主客体二元分立是其必要的前提。在古代社会,由于生产力水平和生产能力低下,人类匍匐在自然脚下,处在依赖性的社会关系之中,受外在力量统治,人的主体性以及人作为主体的地位都没能得到充分的表现和展示,那时"人们比较习惯于运用认识'物'的观点和方法去认识人,甚至可以说人们从来都是这样认识人的,即总是试图运用与物相同的观点和方法,从人的身上寻找与物不相同的特征和特点,人们以为这样就抓住了人的本质了"①。思维方法决定认识结果,用与物相等同的方法和观点去认识人,结果必然是把人等同于物,于是便有了人与物是同源的概念和结果。于是人被置于与其他事物同等的地位,任何事物都能够作为主体而存在。因而,这样的主体也就无异于亚里士多德所谈论和强调的"实体"。近代以来,随着科学技术与工业革命的发展和推进,人类改造自然的能力得到了极大的增强和提升,人的主动自为性和能动创造性得到突出,这改变了人类对自然的隶属关系,人在与自然的关系方面也逐渐上升为主体。随着人的主体地位的确立,主体概念才开始真正与人统一起来。但与近代工业文明相伴而生的形而上学唯物主义的主体性理论,虽然把人作为了主体,但忽视了人的实践意义,导致对人的理解只局限于意识,把主体看作是"经验中的人",或是"某种先验的纯形式"②,形而上学唯物主义的主体性理论以抽象的理性湮灭了人的现实性,主体不再是人的现实性描述,而是一种与现实毫无关联的抽象理性和精神的彰显。与形而上学唯物主义离开人的现实性谈论主体性不同,马克思主义哲学回归到人的生活世界,立足现实生活去寻求人生存的价值和意义,就如马克思所言,我们开始要谈的前提,"是一些现实的个人",是他们的物质活动和他们的现实生活条件,"包括他们已经和由他们自己的活动所创造出来的物质生活条件"③。人是实践的存在,通过实践及其活动结果,即"现实的、感性的对象"不断展示和表现着自己生命存在的本质和力量。马克思主义的主体性哲学从现实的物质实践活动出发,把人作为主体看作是一个随着实践不断发展的历史过程,在人与自然、人与社会的多重形式的相互作用中,在人成为主客体关系的积极建

---

① 高清海:《高清海哲学文存》(第2册),吉林人民出版社2005年版,第3页。
② 李广昌:《哲学的主体性追问及其时代意义——兼论马克思主义哲学中国化的主体性问题》,《社会科学辑刊》2009年第2期。
③ 《马克思恩格斯选集》(第1卷),人民出版社1995年版,第66—67页。

立者与推动者的过程中,以及在复杂的社会历史条件的变化中去认识和看待人和人作为主体的地位和作用。把社会历史看作是由人及其活动所创造的,"正是人,现实的、活生生的人在创造这一切,拥有这一切并且进行战斗。并不是'历史'把人当做手段来达到自己——仿佛历史是一个独具魅力的人——的目的。历史不过是追求着自己目的的人的活动而已"①。因此,依据马克思主义哲学的观点,从人的实践生存与价值意义视域进行界定和把握,主体是相对于客体而言的,是处于与客体相互作用、互为前提的对象性关系之中,依照自身的目的进行实践活动的人。而且,在马克思主体性哲学中,人作为主体存在,并不仅仅在于他的"现实性",而在于他是一个能动的从事实际活动的人,其在与世界的关系中处于一种自主创造性的地位,成为主客体关系的积极构建者和推动者。由此,主体性就不是如形而上学和一般意义上所理解的与生俱来或永恒不变的抽象主体性,而是主体在实践活动中生成和发展的主体性,具体表现为在对象性活动和行为中的人,突破了本能的形式,形成了自身结构和规定性的一致,在价值意义上,实现了人的主动自为和为我倾向以及自律与他律的统一,这是一个主体由自发走向自觉的过程。

主体性文化体现为人的实践活动创造和发展文化。实践是人的本质,但自从苏格拉底提出"认识你自己"这一命题以来,"人的本质是什么"这一斯芬克斯之谜,就成为思想家们一直追问与探究的问题。在马克思主义产生之前,唯心主义者从社会意识决定社会存在的基本观点出发,把感性的东西变成一种抽象的精神东西,把"抽象的精神看作人的真正本质",使现实的人成为意识的附属物,对人的本质做了颠倒的认识和理解。而费尔巴哈旧唯物主义由于不了解人类实践活动及其意义,只是从客体的或者直观的形式去理解,把人的本质等同于神的本质,对人做出了抽象的理解。与黑格尔和费尔巴哈不同,马克思主义哲学立足于人的实践活动对人的存在做出了科学回答,即人不是抽象地蛰居于现实生活和物质世界之外的存在物,也不是单纯的只有肉体欢欲的动物式的一般存在物,而是一种通过实践活动不断进行自我认识、自我创造、自我超越和自我实现的存在物。社会生活在本质上是实践的,实践是人的生命活动特有的方式和人的最本质

---

① 《马克思恩格斯文集》(第1卷),人民出版社2009年版,第295页。

的方面,是人类文化产生和形成的基础和源头。马克思说:"'一个种的全部特性、种的类特性就在于生命活动的性质,而人的类特性恰恰就是自由的自觉的活动','这种活动、这种连续不断的感性劳动和创造、这种生产,是整个现存感性世界的非常深刻的基础'。人首先是一种自然的存在,为了维持自己的生存,就必须进行生产实践,正是能动的有意识的实践活动把人同动物生命的本能活动直接区别开来,在这种能动的创造性的活动中,人不仅满足了自己的物质需要,还能将自己的本质力量对象化,把自己的目的、愿望和需要客体化到劳动对象上,并按照美的规律去打造劳动对象,在自己所创造的世界中复现自己,确证人的对象性本质,现实地创造着人的生活世界,使自然界表现为他的作品和他的生活,实现着对象世界的人化,创造出与自然世界不同的文化世界。"① 正如马克思所说:"周围的感性世界决不是某种开天辟地以来就直接存在的、始终如一的东西,而是工业和社会状况的产物,是历史的产物,是世世代代活动的结果"②,"工业的历史和工业的已经生成的对象性的存在,是一本打开了的关于人的本质力量的书。"③ 实践在改造客观世界使自然界打上人的印记,实现人化的同时,也深刻改造着人的主观世界,人的精神世界不再是如唯心主义所说的那种孤立的、抽象的、与现实生活无关的理性观念,而是与人们的物质活动、物质交往相适应,与现实生活相交织的。"正是在长期的物质生产和社会交往活动中文化逐步形成,不仅以器物形态存在的物质文化是实践活动的结果,而且思想、观念、意识等精神现象也是在生产实践中产生,并受生产规律的支配。马克思从人与动物的本质区别来说明人的劳动本质,并从人的劳动(实践)本质出发,来阐明文化的本质及其产生发展的过程,揭示了思想、观念、意识等精神现象的现实物质基础,说明了思想、观念、意识等精神现象不是凭空产生的,而是人类生产生活及其方式在思想观念中的反映和精神体现。没有人的现实生活,没有人的社会生产实践和物质交往,就不可能有人的思维和思维的产物。就如马克思在《政治经济学批判序言》中所言:物质资料的生产方式制约着全部社会生活过

---

① 刘维兰:《马克思文化批判思想及其当代启示》,《三峡大学学报》(人文社会科学版)2021年第1期。
② 《马克思恩格斯选集》(第1卷),人民出版社2012年版,第155页。
③ 马克思:《1844年经济学哲学手稿》,人民出版社2000年版,第88页。

程,'不是人们的意识决定人们的存在,相反,是人们的社会存在决定人们的意识。'可见,在马克思的思想中,不论是人们的政治、经济与社会交往等社会实践活动建构起的物质世界及社会结构,还是科学、哲学、艺术等所建构起的自觉的精神世界,都是人的'自由自觉'类本质活动的对象化,都是人的文化创造。正是在劳动实践过程中,人类实现了对自然的改造和超越,实现了文化的生成和发展,文化的创造和生成正是人的本质的历史生成和展开,同时也是特定时期的人们改造自然和从事社会生活的能力彰显、精神表征与符号反映。而且文化作为人的实践活动结果这种客体化的存在方式,能够使文化成果积淀、固定和保存下来,在个体之间、不同民族和地域之间跨越时空的阻隔,进行理解、传递和交流成为可能。实践作为人的一种创造性的生活方式和类本质对象化的活动,构成了文化的实质和核心"[1]。因此,从文化的内在本质而言,无论是广义的文化,还是狭义的文化,都是人的创造性的实践劳动及其结果。一部文化世界发展的历史,从根本上说就是人类本质力量实现和发展的历史。

主体性文化体现为文化塑造和发展人。文化的本质不仅仅是人的实践活动的结果,从价值上说,其内在生命在于通过"创造和实现人的价值"促进人的本质力量的提升,实现人本身的发展。把文化的创造性活动过程和结果与人的存在和发展有机地联系起来,使人与文化的关系表现为一种互动关系,从而形成文化与人相伴而生的发展图景。"这是他们本身不停顿的运动过程,他们在这个过程中更新他们所创造的财富世界,同样地也更新他们自身"[2],在这种不停顿的周而复始的实践过程中,人的文化创造活动及其结果不断地提升着人的本质力量和创造能力,而人的本质力量和创造能力的增强又进一步外化为一种更高级的生活样式和文化模式,表现为不同民族具有其特定的生活方式和文化样态,生活于不同文化模式和文化样态下的各民族会有不同的价值取向和生活指向,每一个人都有属于自己的具有一定文化特质的生存方式和思维习惯,这种文化世界和具体的文化生存方式一旦形成,就成为一种不以人的意志为转移的客观力量,对人的生命活动发生着潜移默化的作用和影响。在这个世界上,人一出生便面临着一个业

---

[1] 刘维兰:《马克思文化批判思想及其当代启示》,《三峡大学学报》(人文社会科学版) 2021年第1期。

[2] 《马克思恩格斯全集》(第46卷下),人民出版社1980年版,第226页。

已存在的文化和经验世界,从日常生活的饮食习惯、婚姻习俗和丧葬礼仪,到思想意识中的是非观念、思维方式和审美标准,再到哲学和宗教等意识形态,可以说,人类的所有的生活和内容,都是由文化决定的。因此,美国学者怀特曾说,不是按照我们的思维方式和行为方式解释我们的文化,恰恰相反,却能够用我们的文化解释我们的思想、感觉和行为[1]。通过文化的教化、熏陶和文化实践,并在对自身所处的文化情境的感受理解和内化外化的不断矛盾运动过程中,人开始逐渐认识自身的价值需要和外部世界对自身的意义,生发出一种完全不同于动物本能的全新生活和发展方式,建构起主体和价值意识,塑造人的主体性和形成人性本质,从模仿性的人变为创造性的人,从自在的人变为自为的人,不断促进人的社会性生成、创造力的提高和精神世界的提升。正是由于人的文化创造与文化对人的塑造的双向互动过程,人才开始逐渐形成丰富的本质内涵及其特征。而且,在这互动生成的过程中,文化给予人类一种附加的控制力以制约某些自然力量,增进了人类对环境和自然力量的控制和驾驭,促进了人的体力与智力发展,创造出一种比本能和反射的适应能力更为灵活有效的方式,即以组织和习惯再适应的新的发展方式,使人获得的发展空间越来越大,人的自由度也得到更大程度上的提升。就如恩格斯所言,"文化上的每一个进步,都是迈向自由的一步"[2]。可见,文化是人为的,也是为人的,世间并没有纯粹的自然人,"人的社会化的过程就是文化化的过程,人性的由来就是在于接受文化的模塑,文化作为人的主导性的生存方式,作为社会和历史运动的内在机理,从心理上规制着人们的价值趋向和行为方式,约束着人的思维方式、价值选择与审美情趣,人类正是通过文化力量和作用的内化支持,才能清楚地意识到自身的存在,才能成为拥有具体人格的人。也就是说,文化的本质和功能就是促进人的全面发展"[3]。从人的实践来理解主体性文化,便是指人的本质与文化价值的统一。这种统一为从文化视阈来审视青少年社会主义核心价值观教育,增加文化内涵,树立文化育人理念,提供了内在依据。

---

[1] [美]怀特:《文化科学——人和文明的研究》,曹锦清译,浙江人民出版社1988年版,第76页。
[2] 《马克思恩格斯选集》(第3卷),人民出版社1995年版,第456页。
[3] 刘维兰、黄明理:《马克思主义大众化之"文化化"问题思考》,《甘肃社会科学》2013年第2期。

(二)社会主义先进文化与社会主义核心价值观的内在契合

从文化视域研究青少年社会主义价值观教育问题,关键是要正确认识和理解文化与价值观的关系,把握中国社会主义文化与社会主义核心价值观的共同属性,这样才能说明社会主义文化对青少年社会主义核心价值观教育的载体和依托作用。

1. 价值观是文化的核心,文化是价值观的表现形式

在长期的社会实践与历史发展过程中,文化形成了层次分明的结构要素。从文化本身和系统学角度来看,文化是一个由一定的层次和结构组成的综合有机体。但由于研究的视角不同,关于文化的层次和结构,学界还没有统一的认识,众说纷纭,有物质文化和精神文化两分说,有物质文化、制度文化和精神文化三层次说,还有物态文化、制度文化、行为文化和心态文化四层次说,等等。其中最通常的划分是"二分法","器物和习惯形成了文化的两大方面——物质的和精神的。器物和习惯是不能缺一,它们是互相形成及相互决定的"①,即文化是由物质文化和精神文化两部分构成,物质文化作为一种社会存在,是指人类实践活动创造的物质产品体现出的文化,包括饮食、服饰、建筑和器物等各种具体文化样态,是人类实践活动的物质结果和人类智慧知识的物化反映。精神文化是人类在从事物质文化生产基础上产生的社会意识和社会心理,包括意识形态、价值观念和道德理念等。物质文化的主要功能是满足人们的生物性需要,精神文化的主要功能是为了社会调适的需要,其对社会发展和人类生活起着建构和主导作用。物质文化和精神文化是一个辩证统一的有机整体,两者不可分割。

在"物质文化、制度文化和精神文化"三层次论中,最有影响力和最具代表性的是马克思主义的文化哲学观点。马克思和恩格斯虽然没有对文化进行专题阐述,但在创立唯物史观的过程中,对文化及其构成要素进行了深入的揭示和分析。马克思和恩格斯认为,文化是人的实践活动创造的,实践活动涵盖了人与自然、人与社会、人与人之间的关系,根据这几方面关系,马克思恩格斯将文化分为物质文化、制度文化和精神文化三个部分。在《哲学的贫困》一文中,马克思在批判普鲁东唯心主义历史观时,对文化的基本构成进行了具体分析和阐释,

---

① [英]马林诺斯基:《文化论》,费孝通译,平夏出版社2001年版,第6页。

第二章 文化与青少年社会主义核心价值观教育的关系

"人们是在一定的生产关系中制造呢绒、麻布和丝织品的。……这些一定的社会关系同麻布、亚麻等一样，也是人们生产出来的。社会关系和生产力密切相联。随着新生产力的获得，人们改变自己的生产方式，随着生产方式即谋生的方式的改变，人们会改变自己的一切社会关系。……人们按照自己的物质生产力建立相应的社会关系，正是这些人又按照自己的社会关系创造了相应的原理、观念和范畴"①，清楚地阐明了文化的三个组成部分是物质文化、制度文化和精神文化。其中，物质文化是物质生产及其结果，如呢绒、麻布和丝织品等劳动产品；制度文化是一定的社会关系，制度是"各个人之间迄今为止的交往的产物"②，是与生产力发展的一定水平相适应的交往形式和政治活动的规范化及其结果。制度文化的产生是由于在社会交往过程中，为了合理地解决社会及人们之间各方面的利益关系、实现和保障人们各种利益和需要，导致产生了各种不同的社会组织和制度，对人们的活动和行为进行规范和引导，由此形成了"制度文化"，如婚姻制度、赋税制度、社会经济制度、政治制度、教育制度和法律制度等等，这些制度的确立主要是为了实现和保障人们的交往秩序和利益需要，其实质就是一种由价值观念和价值标准组成的价值评价体系，集中体现着人类不同群体的价值观。精神文化是由原理、观念和范畴所构成的意识形态和思想观念。在现实生活中，人们通过制度来反映、保障和实现主体多方面的利益需要和价值追求，但制度作为政治上层建筑，其得以实施和发挥功能又要依赖于社会的物质文化基础和社会结构，制度文化连接着物质文化和精神文化，是沟通二者的桥梁，物质文化、制度文化和精神文化三者是相互依存和相互渗透的辩证统一关系。

由于文化是人的实践活动创造的结果，必然会通过人的行为和精神风貌来表现，所以，在文化"三层次论"的基础上，行为文化日益受到学者重视，他们提出了物态文化、制度文化、行为文化和心态文化的文化结构"四层次说"。行为文化是人们在日常生活实践中表现出来的特定行为方式和行为习惯。其受到价值的引导和主宰，同时又要受到制度的约束和规范。在文化生态学看来，文化系统是由物态文化、制度文化、行为文化和心态文化组成的一个同心圆结构。物态文化处于文化生态系统的最表层，容易发生变化，而文化心态处于最核心的位

---

① 《马克思恩格斯选集》（第1卷），人民出版社1995年版，第141－142页。
② 《马克思恩格斯文集》（第1卷），人民出版社2009年版，第574页。

置，是最为稳定、难以改变的。

由以上分析来看，从文化结构的视域分析，无论是二分论、三层次说，还是四层次说，价值观始终居于文化的最深层结构，贯穿文化的各个层面，是文化最本质、最核心的内容。因为，"文化是人创造的，而人从来不创造和自由欲望无关的东西"①。人是自由的有意识的存在物，人与动物的根本区别之一就是人有意识。人的一切活动都是在自己的目的驱使下进行的，其目的就是在认识自然规律的基础上改造自然，不断实现自身的需要、价值和意义。需要、价值和意义是人类活动的原动力。在社会历史进程和实践发展中，人不断地寻找、实现和创造着价值，满足人的多层次、多方面的需要，实现着人生的价值和意义。可以说，人类的文化成果正是人类利益和需要的产物和表现，是人的价值的外化和实现。人在创造和实现价值的过程中，通过自我意识把握自身的需要，并以此来评价客体，形成了对周围客观事物意义和重要性的总体看法及评价，这就形成了价值观，它反映着人们的认知和需求状况以及价值取向，左右和调控着人的价值心理，引导和规范着人的行为，进而展现为一个国家和民族的思维方式和精神面貌。张岱年先生就认为，不同民族的文化体系的差异，主要在于价值观的差异。所以，当我们进入到文化的深层结构分析，会发现核心价值观与文化是紧密联系的，价值观是文化最核心的内容，在一定意义上来说，任何一种价值观都是特定文化的具体体现，文化事实是价值观事实，各种文化的不同和区别主要是价值观的不同。另一方面，就价值观而言，任何一种价值观都不是无源之水、无本之木，它必然要存在于一定的文化样式和文化生态中，受文化的影响和熏陶，并伴随文化的发展而逐渐形成。

2. 中国社会主义先进文化与社会主义核心价值观的共同属性

从上述文化结构的分析可知，一个社会的核心价值观是该社会所特有的文化与文明的精神实质和显著标志，也是该社会赖以维系的精神血脉和社会决策的动机目的所在。社会主义核心价值观是社会主义社会的灵魂和支柱，是社会主义先进文化区别于异质文化的基本价值理念。在当代中国，先进文化实质上就是中国特色社会主义文化，是中华民族英勇奋斗不断前进的文化延续和历史实践逻辑的

---

① 杨善民、韩锋：《文化哲学》，山东大学出版社2002年版，第167页。

新创造，这种新就在于它内蕴着社会主义核心价值观的基本内容。因此，在党的十九大报告中，习近平同志指出："必须坚持马克思主义，牢固树立共产主义远大理想和中国特色社会主义共同理想，培育和践行社会主义核心价值观，不断增强意识形态领域主导权和话语权，推动中华优秀传统文化创造性转化、创新性发展，继承革命文化，发展社会主义先进文化。"① 由此可以看出，社会主义先进文化与社会主义核心价值观有着共同的属性，这种共同属性为依托文化开展青少年价值观教育提供了内在的必然性。

马克思主义是中国社会主义先进文化与社会主义核心价值观共同的理论指导。马克思主义深刻揭示了历史发展的客观规律，并在一百多年来世界历史发展进程和中国人民改造世界的历史实践中得以证明，蕴含着真理的魅力和信仰的力量。马克思主义作为科学的世界观和方法论，自觉地实现了科学性与人民性的辩证统一，为无产阶级认识世界、改造世界提供了强大的思想武器。时至今日，虽然时代之大变局带来了人类世界的大变化，但马克思主义仍散发着伟大思想的磅礴之力。坚持以马克思主义为指导，绝不是一个概念上的问题，而是社会主义文化发展过程中举旗定向的关键性问题，如果背离马克思主义的指导，社会主义文化发展就会失去灵魂和方向。站在新时代的历史起点上，面对百年未有之大变局的国内外形势，我们只有更加坚定马克思主义信仰，在中国特色社会主义文化建设的壮丽航程中才不会迷失方向，才能行稳致远。同样，马克思主义也是社会主义核心价值观的指导思想，"社会主义核心价值观的根本特性在于其具有社会主义性质，社会主义不管是作为社会形态，还是价值观，抑或是国家制度，都是以马克思主义为指导的"②。因此，建设社会主义先进文化与培育社会主义核心价值观都离不开马克思主义的指导，这是二者的共同选择。

优秀传统文化是中国社会主义先进文化与社会主义核心价值观共同的文化基因。中国特色社会主义文化植根于中华优秀传统文化，"历史唯物主义的文化观认为，一个民族的文化是一个整体，有源也有其流。中国传统文化是社会主义文

---

① 习近平：《习近平谈治国理政》（第三卷），外文出版社2020年版，第18页。
② 李继兵、陈顺伟：《社会主义先进文化与社会主义核心价值观建设》，《广西师范学院学报》（哲学社会科学版）2018年第1期。

化之源"①。在漫长的历史岁月中，中华民族创造了丰富灿烂的民族文化，表现出文化发展的独特风貌，其中的优秀传统文化是社会主义先进文化的源泉。中国特色社会主义文化绝不是失去民族传统和本色的全新文化，而是中华民族英勇奋斗不断前进的文化延续和历史传承，离开了传统文化的滋养，中国的社会主义先进文化就会干涸、枯竭。同样，牢固的核心价值观，都有其固有的根本，必须同其国家和民族的历史文化相契合。中华民族的价值观是根植于传统文化之中的，中华民族之所以历经磨难而屹立于世界的东方，就得益于中华优秀传统文化的精神滋养，如果丢掉根本，抛弃传统，就等于割断了自己的精神命脉，因此习近平总书记要求，"培育和弘扬社会主义核心价值观必须立足中华优秀传统文化"②。可见，社会主义先进文化与社会主义核心价值观有着一脉相承的传统文化基因和渊源。立足于优秀传统文化的根基和土壤，借鉴吸收人类文明成果，不断实现传统文化的现代化发展，是社会主义先进文化建设和社会主义核心价值观教育的共同要求。

中国特色社会主义是中国社会主义先进文化与社会主义核心价值观共同的理想目标。理想信念是人类特有精神现象和精神生活的内在需求，决定着人的精神状态、价值观念和现实行动。纵观古今中外，坚定的理想信念，对于任何民族、国家与政党而言，都是其生存发展的精神动力和攻坚克难的制胜法宝。相反，如果一个社会没有共同的理想目标，没有共同价值观，那就什么事也办不成，就很难长久维持下去。改革开放以来，党带领全国各族人民历经千辛万苦，不断探索，付出了巨大代价，形成了中国特色社会主义理论体系，建立了中国特色社会主义制度，发展了中国特色社会主义文化，走出了一条中国特色社会主义道路，实现了中华民族从富起来到强起来的伟大跃迁。在党的十九大报告中，习近平总书记指出："中国特色社会主义是改革开放以来党的全部理论和实践的主题"，全党要"始终坚持和发展中国特色社会主义。"③ 在当代中国，中国特色社会主义是引领社会进步发展的旗帜，是党带领全国各族人民为之奋斗的共同理想。中国特色社会主义不仅为社会主义先进文化建设实践提供了明确的奋斗目标和精神

---

① 陈先达：《中国传统文化的创造性转化和发展》，《前线》2017年第2期。
② 习近平：《习近平谈治国理政》，外文出版社2014年版，第163页。
③ 习近平：《习近平谈治国理政》（第三卷），外文出版社2020年版，第13－14页。

力量，也为社会主义核心价值观教育实践提供了使命任务和时代主题。在中国特色社会主义共同理想引领下，社会主义核心价值观成为中国特色社会主义先进文化的外在表现形式和主要特征，是对社会主义先进文化丰富内容的集中展示和科学实践，也是中国社会主义先进文化区别于人类其他文化的个性特征和精神标识。正是因为有了中国特色社会主义共同理想，中国社会主义先进文化与社会主义核心价值观才有了共同的理论与实践主题及目标使命。

以人为本是中国特色社会主义先进文化与社会主义核心价值观共同的价值追求。以人为本，实现人的全面发展，是马克思主义理论的基本价值追求，也是马克思主义的核心和魅力所在。以马克思主义为指导建立的社会主义文化，其先进性不仅体现于建立在唯物主义文化史观基础上的真理性，也体现为培养社会的人的一切属性，实现人的全面发展为目标的价值性。党的十九大报告提出，社会主义文化建设要坚持人民主体地位和以人民为中心的发展思想，不断促进人的全面发展。可见，以人为本不只是社会主义文化区别于资本主义文化的外在标签，更是社会主义先进文化的根本属性和价值追求，贯穿于社会主义文化建设的全过程和各方面。而生成于中国人民伟大实践中的社会主义核心价值观，体现了千锤百炼的民族精神和改革创新的时代要求，无论是国家层面的价值目标、社会层面的价值取向，还是个人层面的价值准则，都是以马克思主义的"以人为本"核心价值为基础的，其目标指向也是增加人民福祉和最大限度满足人民的利益诉求。在国内外形势纷繁复杂和多元化的文化氛围下，社会主义先进文化之所以能够赢得民众的广泛接受和认同，正是因为其站在了广大人民的价值立场上，回应了党和人民的根本利益和文化需求，并通过宣传教育和文化实践等感性因素和理性因素的价值性互动方法的综合运用，引导民众广泛树立了社会主义核心价值观，增强了人民的文化自信和价值观自信，为中华民族伟大复兴提供了强大的精神力量。

3. 中国特色社会主义文化建设与青少年社会主义核心价值观教育目标的一致性

人创造文化，文化影响人，任何人的生存和发展都在一定的文化中进行，人正是通过文化去适应他们所处的社会环境，实现从自然人走向社会化的过程。但历史唯物主义告诉我们，经济基础决定上层建筑，一定的文化是一定政治经济的反映，并给予政治经济以伟大影响。在实践中，一定社会的文化生产必然受到社会生产方式和经济结构的制约，文化的性质和方向必然受特定阶级或某些群体利益的支配和引导，"在为阶级矛盾所分裂的社会中，任何时候也不可能有非阶级或超阶级的思想体系"①。在阶级社会中，文化作为现实社会生活的呈现和结果，其存在样态、交流模式、展现形式及其内容表现等都是某种意识形态在特定社会历史条件下的具体反映，文化脱离不了其特定的阶级属性和社会属性，代表不同阶级属性的文化所宣扬和秉持的主流价值观念具有很大差异性，也就是说不同的文化价值理念旨在培养不同阶级属性的社会人。如"美国给教育部门下达的重大任务就是把每一个人都变成说英语的美国人，在他们的主要价值观和政治态度方面浸透美国的政治文化"②，其根本目的是以资产阶级的文化培养符合资本主义主流政治要求的"合格公民"。与之相反，苏联文化教育学者 B. 几安德鲁先科认为，社会主义文化的崇高目的和最重要的使命，是全面完善和提高劳动者，把科学的马克思列宁主义的世界观变成每个社会成员的自觉信仰，并用它来培养人高尚的道德品质、培育和提高人的精神需要及成熟的政治才能，从而丰富人们的精神世界，积极地影响个人的思想政治与道德面貌③。中国特色社会主义文化不同于资本主义文化，它是建立在生产资料公有制基础之上的，是以马克思主义思想为指导，从根本上反映和促进生产力的发展要求，代表和维护广大人民群众的根本利益的，大众的、科学的文化形态和文化制度，其发展的目的就是"化人"，就是要丰富人们的精神世界，实现人的全面发展。

社会主义核心价值观作为中国特色社会主义文化的核心，是中国特色社会主义文化建设的根本内容，是以文化人的基本取向和核心内容。以文化人最核心的维度，就是在文化建设过程中要用各种文化形式蕴含和体现社会主义核心价值观，并以之去教育和鼓舞人民前进。因此，习近平总书记在十八届中央政治局第十三次集体学习时发表讲话指出，要"努力用中华民族创造的一切精神财富来以

---

① 列宁：《列宁选集》（第1卷），人民出版社1995年版，第326-327页。
② ［美］阿尔蒙德等：《当代比较政治学——世界视野》，杨红伟等译，上海人民出版社2010年版，第840页。
③ ［苏］B. 几安德鲁先科：《精神文化与人》，罗长海、陈爱容译，华东师范大学出版社1989年版，第40页。

文化人、以文育人"①。在 2020 年教育文化卫生体育领域专家代表座谈会讲话中，习近平总书记又强调，要"坚持以社会主义核心价值观引领文化建设，……加强社会主义精神文明建设，繁荣发展文化事业和文化产业，不断提高国家文化软实力，增强中华文化影响力，发挥文化引领风尚、教育人民、服务社会、推动发展的作用"②。当前，社会主义核心价值观有了更为丰富的时代精神和内涵，是我们在新时代坚持和发展中国特色社会主义文化的基本指导原则，培育和践行社会主义核心价值观是中国特色社会主义文化建设的重点。青少年是国家的未来、民族的希望，对他们进行社会主义核心价值观教育，更是重中之重。进行青少年社会主义核心价值观教育，使其接受、认同和践行社会主义核心价值观，不仅要依靠显现教育的作用，还必须要以文化人。我们要进行青少年社会主义核心价值观教育，必须努力追求和创造健康积极的文化环境氛围。中国特色社会主义文化建设也给青少年社会主义核心价值观教育提供了更加广阔的历史空间。中国特色社会主义先进文化与青少年社会主义核心价值观教育在实践中所表现出的这种"互渗互润、共同促进"的辩证关系，使二者在育人的目标上具有高度的一致性。

培养担当民族复兴大任的时代新人是中国特色社会主义文化建设与青少年社会主义核心价值观教育的共同目标。习近平总书记指出："人才是实现民族振兴、赢得国际竞争主动的战略资源。"③ 人是社会发展和建设的主体，中华民族伟大复兴的重要使命和责任最终也要落在"人"的肩上。当前，各个国家之间实力的竞争，说到底是人的竞争，而最核心的是人的道德观念、思维创新能力及人的知识技能等之间的竞争。实现中国的现代化发展和民族的伟大复兴，首先必须做好人的工作，把人培养好、教育好。因此，培养什么人和如何培养人，就成为关系到中国走向现代化强国和实现民族伟大复兴的关键问题。对这一问题，习近平总书记在党的十九大报告中做出了明确的指示，即"培养担当民族复兴大任的时代新人"④，作为担当民族复兴大任的时代新人，既要在有自信、遵道德、讲奉

---

① 习近平：《习近平谈治国理政》，外文出版社 2014 年版，第 164 页。
② 习近平：《在教育文化卫生体育领域专家代表座谈会上的讲话》，《人民日报》2020 年 9 月 23 日。
③ 习近平：《习近平谈治国理政》（第三卷），外文出版社 2020 年版，第 50 页。
④ 习近平：《习近平谈治国理政》（第三卷），外文出版社 2020 年版，第 33 页。

献、重实干和求进取等方面,展现出新的风貌、新的姿态和新的作为,也要有为实现中华民族伟大复兴的中国梦而不懈奋斗的自觉和能力。一个精神上"缺钙"、失去理想信仰的人,不可能承担新时代赋予的历史重任。在当前多种思想文化激荡和网络化的形势下,要把青少年培养成担当民族复兴大任的时代新人,面临诸多挑战,是一项极其艰巨复杂的历史任务。在2018年全国宣传思想工作会议上,习近平总书记就如何"培育时代新人"提出了具体的要求,即"要坚持立德树人、以文化人,建设社会主义精神文明、培育和践行社会主义核心价值观,提高人民思想觉悟、道德水准、文明素养,培养能够担当民族复兴大任的时代新人"①。这就从更高的视野和维度,把发展社会主义的先进文化、培育社会主义的核心价值观同"培养担当民族复兴大任的时代新人"紧密结合起来,不仅明确地阐明了中国特色社会主义文化与社会主义核心价值观有着共同的育人目标,也对育人的实践路径选择指明了方向。

党的十八大以来,中国特色社会主义文化建设与社会主义核心价值观教育都把"培养担当民族复兴大任的时代新人"作为根本目标和着眼点。在党的十九大报告中,习近平总书记着重从牢牢掌握意识形态工作领导权、培育社会主义核心价值观、加强思想道德建设和繁荣发展社会主义文艺以及推动文化事业产业发展等五个方面规划布置文化建设和价值观培育的战略部署。第一,明晰意识形态工作的极端重要性,要通过推动马克思主义中国化时代化大众化和哲学社会科学的发展,加强网络内容建设与管理,深化马克思主义及其中国化理论的学习、研究和宣传以及创新传播手段等措施,扩大和巩固马克思主义的思想阵地,牢牢掌握党对意识形态工作的领导权,巩固意识形态安全。第二,注重培育和践行社会主义核心价值观,要"强化教育引导、实践养成、制度保障,发挥社会主义核心价值观对国民教育、精神文明创建、精神文化产品创作生产传播的引领作用。……坚持全民行动,干部带头,从家庭做起,从娃娃抓起。深入挖掘中华优秀传统文化蕴含的思想观念、人文精神、道德规范,结合时代要求继承创新,让中华文化展现出永久魅力和时代风采"②,通过内化养成与外在引领的多措并举,促进民众对核心价值观的接受和认同,使社会主义核心价值观在人们心中自觉生

---

① 习近平:《习近平谈治国理政》(第三卷),外文出版社2020年版,第312页。
② 习近平:《习近平谈治国理政》(第三卷),外文出版社2020年版,第33页。

根，并转化为行为追求。第三，加强全社会的思想道德建设，要通过开展广泛深入的理想信念教育和科学精神的培养，以及实施公民道德建设工程和创建精神文明活动等措施，提高全民族的精神风貌和道德素养，夯实全社会的思想道德基础。第四，繁荣发展社会主义文艺。文艺是人们经过提炼和升华对日常生活的表达，属于上层建筑。任何文艺作品都承载和表达着一定思想观念和价值追求，要推动文艺繁荣发展，使其承担起建设文化强国的使命，最根本的是文艺创作要坚持以"中国精神"为灵魂和以"人民为中心"的导向，创作出反映时代主题和人民心声的文艺作品，以其内蕴的精神价值引领社会风尚，陶冶民众灵魂。第五，推动文化事业产业发展。要通过"完善公共文化服务体系"和"实施文化惠民工程"等措施，确保为人民群众提供丰富的精神文化产品，滋养民众灵魂。以文化人是中国特色社会主义文化建设和社会主义核心价值观教育共同的目标指向和实践路径，这种教化的方式以潜移默化的方式起作用，渗透到社会生活的方方面面，没有了硬性的说教和约束，更易于为青少年所普遍地接受和认同。所以，青少年社会主义核心价值观教育要真正取得实效，使社会主义核心价值观被青少年接受和认同并成为信仰，还是要立足于其所生存的文化及其环境。

总之，人生活在一个文化的世界中，人是文化创造的主体，文化的主体性特征说明了人的本质与文化价值的内在统一。从这个观点出发，人在社会中的自我生产与自我创造的一切实践活动，都可以由文化来充分展现。由此，社会主义核心价值观教育的问题就转化为文化的问题，转化为人在文化的作用下受教育与发展的问题。但文化有先进与落后之分，价值观教育的文化载体绝不是漫无目的自发形成的，也不是空穴来风的价值虚无体，青少年社会主义核心价值观教育作为一种文化现象，它与中国特色社会主义先进文化在本质上是一致的，青少年社会主义核心价值观教育实质上是以中国特色社会主义先进文化育人。

三、主体文化自觉是青少年社会主义核心价值观教育的自觉追求

正如前文所述，人是文化的存在，价值观是文化的核心，人的核心价值观的形成和建构，离不开人生活于其中的文化及其环境，更离不开主体能动的"文化自觉"。青少年是国家的希望、民族的未来，他们不仅要有健康的身体素质和心理素质，更要有良好的政治思想道德素质。在当今多元文化价值冲突激荡的时

代,青少年学生容易被迷惑、被诱导,显得无所适从,难以抉择。通过青少年社会主义核心价值观教育,开启他们的文化自觉意识、人格意识,推动他们在对外部世界以及对自身的领悟上由"未觉"走向"自觉",以实现人的自由全面发展,是青少年社会主义核心价值观教育的现实诉求。

(一) 主体文化自觉的意义阐释

从构词学来看,主体文化自觉是由主体和文化自觉两个词组成的,在现实社会中,主体就是人,也只有人才能成为主体。就如黑格尔所言:"动物就不能说出一个'我'字。只有人才能说'我',因为只有人才有思维"[①]。当然,作为主体的人不是纯粹意义上的自然人,而是处在一定的社会关系中进行生产实践的人。

关于文化自觉,1997年费孝通先生在其《反思·对话·文化自觉》一文中认为:"文化自觉表达了思想界对经济全球化的反应,是世界各地多种文化接触中引起人类心态的迫切要求,它要求知道:我们为什么这样生活?这样生活有什么意义?这样生活会为我们带来什么结果?"[②] 文化并不仅仅是人的对象化活动的结果,而是个人思考自我完善的理想,也是人类发展程度的体现以及历史的见证,它的内在生命力在于通过"创造和实现人的价值"而使人成为人本身。因此,文化自觉的主体只能是人,主体性指向是文化自觉的逻辑起点和前提,这是文化自觉的必然性。因而,从人与文化的关系来说,文化自觉本质上是人的主体性自觉,是人作为主体对生活于其中的文化世界及对人自身文化属性的认知、反思和觉醒,这是人在实践活动的过程中形成的有别于动物的一种积极能动的态度,是人通过文化来确证自身主体性的表现和过程。这种主体性的文化自觉,不仅使人类精神回溯自身,开始自觉地意识到自我的文化存在,而且还通过对自我文化的反思和主体意识的增强及实践活动的深入,自觉地实现文化的内化,提升和深化人的自我精神,并构建起一个适合主体自身发展的新的思想文化体系,从而达到精神和理性上的自由本真状态和行为上的积极主动和自觉。由此可知,主体文化自觉的内涵至少包含以下两方面的内容:

---

① 黑格尔:《黑格尔小逻辑》,商务印书馆1980年版,第72页。
② 费孝通:《反思·对话·文化自觉》,《北京大学学报》(哲学社会科学版)1997年第3期。

主体文化自觉是一种觉醒的"理性精神"。文化自觉与人的理性自觉有着密不可分的关系,文化是人给予觉悟和理解的意义世界,文化自觉是主体对文化的自觉,体现为人的思想、精神和理性思维的能力,它是人自我认知、自我教育和自我发展的一种内驱力,"对于人来说,这就是以理性为根据的生活,因为它才使人成为人"①。人类之初是与动物同一的,但当人形成之后便与动物有明显的不同,在人那里有一种在动物世界所没有的特殊类型的关系思维,并发展出一种分离和抽象各种关系的能力,这是人所特有的理性思维能力,主体正是借助于理性思维能力自觉地认识自己和了解世界,使人从动物界超越出来成其为人。理性思维的主体性对文化自觉有着逻辑的先在性,文化自觉只能根植于具有理性思维的主体性中。

主体文化自觉是人的理性自觉的集中反映。理性不仅是人有目的和有意识自由活动的前提,也是文化产生的依据之一。文化之所以能够与人的社会交往活动和生产力发展相契合,并不断地实现着主体的价值追求和奋斗目标,正是由于人的理性的存在。"在一个有理性的存在者里面,产生一种达到任何自行抉择其目的的能力,从而也就是产生一种使一个存在者自由地抉择其目的之能力的就是文化。"② 文化进步的根源是人类对自身现实生活状况的批判性思考,以及优化和提升人自身的意向和需求的产生。一个具备了理性精神的人,就具有了清醒的理性智慧和力量,他不会再简单地以感觉器官去认识和判断文化现象和文化成果,不会毫无批判地接受别人的思想,而是时刻保持用理性思维所具有的批判和怀疑精神对待一切文化现象和文化过程,积极观照社会现状,进行深入调查、分析、反思和建构,在此基础上探求事物的真相及解决问题的合理途径,澄明自身的发展方向,构建起自己的人生观、价值观和世界观,不断增进自觉,形成对历史、现实和未来的深沉的文化自觉意识。

主体文化自觉是一种实践活动。文化自觉不仅是一种文化意识和理性精神,而且是主体的一种文化实践活动。从源头来看,实践是主体文化自觉的生成根据。文化自觉作为主体主观建构的一种文化意识,不是自发产生的,而是在社会化的实践活动过程中产生、形成并逐渐得以实现的,就如高清海教授所言,"人

---

① 吴国盛:《科学与人文》,《中国社会科学》2001年第4期。
② 康德:《判断力批判》(下),商务印书馆1985年版,第95页。

的实践活动是物质和精神、主体和客体、主观和客观、感性和理性、目的和结果、必然和自由在相互规定和转化中的现实统一活动。人在实践活动中不但创造了人的生活、人的生存世界，也创造了人本身"①。从文化自觉的认识论逻辑来说，文化自觉是人在追问自身存在的合理性，以及对自身存在进行理性思考的过程中产生的，是主体在实践基础上自我探索和自我发展的价值追求和价值建构，它以提升和深化人的主体价值选择和自我的精神存在、实现人积极而自由的生存状态为思想和行动的目的和最高准则。在人与文化世界交互作用的过程中，实践逻辑和思想逻辑是相互交织、相互作用的，即在实践活动中，主体对自身的需求与现实世界经由经验感官上升到理性自觉，然后再落实到具体的实践活动，这是一个过程。当现实的文化世界所蕴含的价值与工具不能满足人不断提升的价值需求时，人的思想意识就会根据自身的标准对现存的文化世界重新进行评估、反思和建构，形成对客观对象和自身新的认识，并按照自己的目的进行新的文化创造。在这一过程中，人类有目的的实践活动不断地把人的思想意识客观化，又不断地把对客观世界的认识凝练、升华为人的思想，形成一个具有辩证意向的文化生成和发展过程，随着实践的深入发展，人的文化性也得以不断增强和提升，借助文化增进自觉，不断超越传统和自我，并通过对既有文化传统和文化成果的批判性的反思，以及以新的视角和方法进行创造性的整合和建构，从而发现新的意义和世界。同时，随着人的认识能力的提高，人的文化自觉程度也不断增强，与此同时，人的本质力量也得以不断发展壮大。文化自觉作为人自身的文化能力和文化素养的外在显露和拓展，既汇聚和凝结了以往人们实践活动的能力、知识和经验，同时也为人们的未来实践活动提供了认识的前提。因此，它是手段和目的、必然和自由的统一。

（二）主体文化自觉是青少年社会主义核心价值观教育的本质要求

在传统社会里，价值权威的生成是"自然天成"的，就如董仲舒所说的："道之大原出于天，天不变道亦不变。"（《汉书·董仲舒传》）而在现代社会，核心价值观念的建构是与人类对自身的"文化自觉"紧密联系在一起的。如前文

---

① 高清海：《哲学的创新》，《高清海哲学文存》（第1册），吉林人民出版社2005年版，第86页。

所说，文化自觉作为人的理性自觉在文化领域的具体反映，是人对自身前途命运的理性认识和把握，也是人摆脱外在力量的束缚，自己规定和自我主宰创造自己的历史和未来、走向自由全面发展实践征程中最好的清醒剂，成为人在现实生活中能够深化认识、规范实践和构建人生信仰的重要指导。一个具有了充分文化自觉的主体，当他面临复杂的价值观念和文化现象时，既能够以一种辩证批判的态度对待各种文化现象和价值观念，又能对文化和价值内容做出全面的、个性化的理解和解读，并能根据自己的理解迅速地做出最适当合理的选择，然后基于这种自觉的认识去积极主动地践行自己选择的文化准则和价值观念，并对自己的行为及其结果负责。反之，一个缺乏文化自觉的主体，会失去自觉的理性思考、判断和选择的能力，对外界传递的信息和知识只会作出简单的反应或复制，盲目地接受和被动地服从，这必然制约其自由全面地发展。

众所周知，社会主义核心价值观教育作为一种教育实践活动，目的是使青少年掌握和领会社会主义核心价值观的内容和精神实质，并把它转化为自己的信念和行动准则，用社会主义核心价值观引领青少年健康成长和全面发展。当然，这离不开宣传教育和示范引导等显性灌输手段的综合运用，因为青少年不会自发产生社会主义核心价值观的意识，必须要通过教育者的教育宣传等灌输方法，才能使他们掌握社会主义核心价值观的具体内容和精神内蕴。一般而言，青少年对"社会主义核心价值观"知识内容体系的学习记忆，会为核心价值观教育能力目标和价值目标的实现夯实基础，对于青少年思想道德意识培养和社会主义核心价值观认同具有一定功能和意义。但是，以"教"的方式进行社会主义核心价值观教育，对青少年而言，更多的是关于价值观知识的接收和传递，并不能必然地引导其对社会主义核心价值观的"接受""内化"和行动自觉。

任何有效的教育都始于信息的"接受"，虽然从字面上看，"接收"和"接受"只有一字之差，但意义却有着非常大的不同，"接收"对主体而言，更多的是缺乏主体意识的被动接受和传递外界的知识信息，而"接受是个体适应外界事物的一种行为特征，是个体对外界信息的接纳、吸收，并内化为自我的过程"[①]，是源自主体的"自我认识"做出的理性的行为，体现了主体对待外界信息和作

---

① 徐永赞：《学校思想政治教育接受规律研究》，河北人民出版社2016年版，第28页。

用的态度，含有自觉、自愿和积极主动的意味，突出了人的主体性、能动性和创造性。恩格斯曾说：在社会历史领域内进行活动的，都是在一定的意识指导下追求自己目的的人①。在价值观教育活动中，青少年不是机械地接受教育的被动客体，而是具有强烈的自我意识和自主意识的文化主体，其思想品德和正确价值观的形成和发展虽有外部教育的影响和作用，但更离不开青少年主体有意识的自觉活动，离不开青少年能动性和积极性的发挥。但从另一方面来看，青少年的"主体意识自觉"又往往表现出一定的自发性和盲目性，因为青少年的目的、追求和需要具有多样性，不同的青少年在文化的实践活动中有着不同的目的需要，这决定了青少年在文化的实践活动中价值取向的多元性。而每一种价值观念都会对青少年产生指导作用，都希望青少年能够按照它所指引的方向前进，这就不可避免地会造成青少年文化判断和价值选择上的困惑与盲从。如何使青少年在价值意义选择上避免这种困惑与盲从，并能够在众多的思想体系中自觉选择、接受社会主义核心价值观呢？从根本上来说，这就需要一种真正意义上的"文化自觉"。

从青少年价值观的选择和形成过程来看，他们不仅要对所处社会的文化现象持一种怀疑、批判和反思的态度，而且还要对各种文化所包含的价值体系和意义做出理解、领悟以及正确的判断和选择，才能对正确的文化内容和价值观念产生接受和认同的自觉意识，并在这种意识的指导下将其外化为自己的实践行为。这种自觉意识总是借助文化活动逐渐形成的，"文化的本质不是物质成就，而是个人思考人的完善的理想，个人思考民族和人类的社会和政治状况改善的理想，个人信念始终和有效地为这种理想所决定"②。现实的文化生活是价值意识的支撑系统，价值意识是依靠人的现实的文化生活而存在、发展和成熟起来的。因此，从实质上来说，青少年社会主义核心价值观形成的过程就是其文化自觉的过程，青少年基于自身生活的文化环境所形成的价值判断能力和价值认知，以及在自身实践活动中进行价值选择、判断、反思和重塑的价值意识自觉和自主建构是社会主义核心价值观教育的立足点，青少年文化自觉的形成与健康发展既为其正确的思想活动和实践活动提供了前提基础，也是社会主义核心价值观教育的本质

---

① 《马克思恩格斯全集》（第21卷），人民出版社1965年版，第341页。
② ［法］阿尔贝特·施韦泽：《文化哲学》，陈泽环译，上海世纪出版集团2008年版，第115页。

要求。

因此,在当前多样文化的价值选择境遇中,要想增强青少年社会主义核心价值观教育的实效性,不能单纯注重从外部"灌输"的教育方式,简单地把社会主义核心价值观作为一种理论或文字实体加以"口号化"或"标语化"来教育宣传,必须从激发青少年的文化自觉意识入手。一方面,要高度尊重青少年的文化主体性,通过唤醒和树立青少年的主体意识和文化自觉来培育青少年对社会主义核心价值观的自觉精神,促使青少年正确认识中国特色社会主义的文化世界,并通过对社会主义核心价值观文化价值的思考和领悟,使他们从心理机制上达到对社会主义核心价值观的接受和认同,并自觉地将其作为自我进行价值判断的标准,实现从自发到自觉、从外在强制到内在需求的转变,从而实现对核心价值观意义自觉的自主建构,真正将其转化为自身的道德追求和行动指南。另一方面,要实现社会主义核心价值观教育的实践转向,社会主义核心价值观教育实质上就是教育者和被教育者之间的精神交往活动。因此,价值观教育不应停留在静态的知识层,而要立足于实践,让青少年在实践中还原、反思和理解社会主义核心价值观的文化意义,实现对文化价值的内在精神感悟和自主建构,实现文化教化中价值德性主体的主体性生成。

本章小结

社会主义核心价值观是中华民族精神的灵魂,青少年社会主义核心价值观教育的目的,是使青少年掌握和领会社会主义核心价值观的内容和精神实质,并把它转化为自己的精神信念和行动自觉,使青少年健康成长和全面发展。如何实现这一目标?在纪念马克思200周年诞辰大会上,习近平总书记提出,"国家之魂,文以化之,文以铸之"。文化之所以能进入青少年价值观教育系统并发挥不可替代的重要作用,是因为文化与人有着密不可分的关系。文化是人类创造性的本质力量对象化的结果,已经形成的文化,又作为客观存在的现实成为人不可选择的生存环境。人生活在一个文化的世界中,文化作为人类的生存方式和知识意义系统,对生活于其中的人进行着模塑和规训,使人的社会性和创造能力逐步提升,不断走向文明进步和全面发展。文化既是人为的,也是为人的,文化的主体性特征,说明了人的本质与文化价值的内在统一,决定了文化必然成为青少年社会主义核心价值观教育的天然载体。但马克思主义唯物史观认为，文化是有阶级性的，有先进与落后、低俗与高雅之分，不同的文化具有不同的价值内容，对人产生的意义和影响不尽相同，甚至截然相反，因此，价值观教育的文化载体绝不是漫无目的自发形成的，而是要进行先进文化的建设。青少年社会主义核心价值观教育作为一种文化现象，与中国特色社会主义先进文化有着内在的契合性，说明社会主义先进文化对于青少年社会主义核心价值观教育的载体和依托作用，青少年社会主义核心价值观教育实质上是以中国特色社会主义先进文化育人。同时，通过青少年社会主义核心价值观教育，开启他们的文化自觉意识和人格意识，推动他们对文化世界以及对自身的领悟由"未觉"走向"自觉"，实现全面发展，是青少年社会主义核心价值观教育的现实诉求。

第三章 青少年社会主义核心价值观教育面临低俗文化挑战

人是文化的存在，人类生活的基础不是由自然安排的，而是由文化形成的形式和习惯决定的，人的行为是靠人自己曾获得的文化来支配的。"文化作为人的主导性的生存方式，以及社会和历史运动的内在机理，从心理上规制着人们的价值趋向和行为方式，约束着人的思维方式、价值选择与审美情趣，从而影响着人的价值观和信仰的产生。因而我们说，社会文化的发展在很大程度上影响着生活于其中的人的价值观和信仰的建构。"① 党的十八大以来，习近平总书记多次强调，文化对培育和弘扬社会主义核心价值观具有不可替代的作用，要以中华民族所创造的优秀文化铸魂育人。在党中央的高度重视和全国人民的共同努力下，改革开放以来，我国的社会主义文化建设得到了繁荣发展，取得了巨大成就。但不可否认，由于受市场逻辑、全球化、网络化以及西方意识形态入侵等因素的影响，一些文化产品及其文化形态出现了庸俗化和低俗化的现象，丧失了文化本有的高雅旨趣，与社会主义核心价值观背道而驰，对人们的精神世界，特别是对青少年的思想造成严重污染和影响。低俗文化现象的存在及其蔓延的状况，构成当前青少年社会主义核心价值观教育的基本问题。

一、低俗文化的涵义

文化是维系国家灵魂和民族精神的纽带和血脉，是构成并促进社会主义核心价值观教育的精神资源和原动力。但近年来，由于各种因素的影响，部分文化作

---

① 刘维兰：《马克思主义大众化实现路径研究》，中国社会科学出版社2015年版，第172页。

品和文化生产却出现了"庸俗、低俗和媚俗"的现象,而且,"三俗"文化借助于新媒体和传统媒体持续发酵,已成为青少年树立正确人生价值取向的瓶颈,严重影响着社会主义核心价值观教育实践的效果。要解决这一问题,首先必须引发对低俗文化及其社会责任之失的反省与思考,分析低俗文化给青少年社会主义核心价值观教育带来的挑战,然后才能据此寻求解决问题的对策。

何谓低俗文化?对此,目前还没有明确的定义和界定。在没有相对清晰概念的情况下,若不能客观清醒地认知低俗文化,则无法恰如其分地对其进行规避和批判。因此,要开展低俗文化对青少年社会主义核心价值观教育的影响研究,就必须要搞清楚低俗文化的含义。在此基础上,才能对其给青少年社会主义核心价值观教育带来的影响和挑战进行分析,为进一步探索推动青少年社会主义核心价值观教育的新路径提供科学指导。所以,界定与理解低俗文化,就成为立言之本。

1. 低俗的含义

低俗文化是由"低俗"和"文化"两个词合成的。要理解"低俗"的含义,首先,必须对"低俗"的本质特征或"低俗"概念的内涵和外延做确切而简要的说明,然后才能准确地理解低俗文化。可见,"低俗"是本书得以立论的一个"关键词"。恰恰是在这里,人们的认识最容易停滞。之所以如此,主要是因其词义看似浅显,无须说明,但在现实中却是混沌芜杂,很难分辨。以往人们很少使用它,但现在由于社会上出现的一些文化低俗化现象及其引发的批判热潮,它成为时下学术研究的一个热点。因此,对"低俗"做本质意义的探讨,深刻把握"低俗"的含义,就成为研究的首要工作。

定义是"对于一个事物的本质特征或一个概念的内涵和外延的确切而简要的说明"[①]。由于"低俗"是个新生词汇,像《辞海》和《辞源》这类常用工具书对其均未有收录,至少20世纪80年代以前的版本如此。而《说文解字》对"低俗"的解释是"'低,下也。从人、氐,氐亦声。都兮切。''俗,习也。从人,谷声。似足切。'"凡相效谓之习,系水土之风气。据此,低,有低下之含义,带有一定的贬义。俗,作民族习俗解,或具有通俗的意思。把两者结合,"低

[①] 《现代汉语词典》,商务印书馆1978年版,第252页。

俗"主要是指低级、庸俗。中国社会科学院语言研究所编辑的《现代汉语词典》给"低俗"作出的定义与《说文解字》相类似："低俗"即"低级庸俗"，而"庸俗"即"平庸鄙俗；不高尚"，贬义色彩更浓。而在国外，"低俗"对应的英文单词是 vulgar，意为"庸俗的、粗俗的、粗野的、不雅的、下流的"。可见，古今中外对"低俗"的理解和界定，都把它作为一个贬义词，大多指"低级和庸俗"之意。如果仅看它的释义，低俗即"低级庸俗"，采用的是最简单的叠屋盖楼式构词之法，实际上是一种"兜圈子"式的同义反复，大致无须界说，其义自明，但这显然不能使我们深刻理解和把握"低俗"一词的本质内涵。就如朱光潜先生所言："从抽象概念出发来对本质下定义的方法是形而上学的。要解决问题，就要从具体情况出发"①。从具体情况出发，就要进行调查研究，根据本书围绕"低俗"所做的调研，即"什么是低俗""低俗有什么属性"以及"低俗有没有标准"等，笔者发现"低俗"是随着主体以及社会条件和环境的变化而变化的，所获得的答案，包括《现代汉语词典》对"低俗"条目所做的解释在内，几乎都是不确定的，是开放的。列宁指出："概念不是直接的东西……概念不是'仅仅意识中的东西'，而是对象的本质"②，事物的本质，是通过其属性反映出来的。因此，要对"低俗"做属于本质意义的界定和理解，不能仅仅从"定义"方面来认识，需要将问题进行深入研究，从定义和属性两个层面进行探讨。

从属性上看，"低俗"是一个涉及人的品质和意义的概念。人的活动方式与思想行为由于其品质内容不同，便体现出对主体的不同价值意义，因而被分为不同的层次和等级。"俗"是社会上长期形成的风尚、礼节、习惯等公共的道德准则。由于低俗与这些公共道德规则相抵触、相悖离，对人们的身心健康和思想行为具有不可逆转的负面作用和消极影响，因此，它受到民众和社会的广泛拒斥。这正是一段时间以来中国社会所出现的由"低俗"引发的批判热潮的原因。

低俗是一个相对的概念。恩格斯曾说："我们拒绝想把任何道德教条当作永恒的、终极的、从此不变的伦理规律强加给我们的一切无理要求，这种要求的借口是，道德世界也有凌驾于历史和民族差别之上的不变的原则。相反，我们断

---

① 朱光潜：《谈美书简》，湖南师范大学出版社2011年版，第50页。
② 列宁：《哲学笔记》，人民出版社1993年版，第311页。

定,一切以往的道德归根到底都是当时的社会经济状况的产物"①。"低俗"作为一个蕴含着评价性认识的概念,与道德概念有着同样境遇。由于不同的国家、民族、不同的历史时代和社会文化所形成的价值准则是不同的,甚至在同一时代的不同社会文化背景下,人们的价值观也各不相同,即每个人都有着自己对"低俗"的认识,也即有自己评价低俗的标准。其结果是,对于一个具体的思想观念或者行为,在某些时代或某些人看来是合乎人们普遍认同的价值观念的,是理所当然的,而在另一时代或另一些人那里却可能会被认为是有伤风雅,是"低俗"的。可见,"低俗"是一个相对的概念,只能把它放置于特定的历史条件和社会环境中进行探讨才有意义。因此,本书比较赞同学者陈占彪的观点,"低俗"就是"在某一特定历史条件和社会环境下,与人们普遍认同的价值观念相抵触、相悖离的思想和行为"②。

2. 低俗文化的定义

马克思主义认为,"文化是人类在处理人和世界关系中所采取的精神活动与实践活动的方式及其所创造出来的物质和精神成果的总和"③。文化是人的活动方式与其活动成果的辩证统一,是一种由思想观念、意识信仰、文物制度、风俗习惯等内容组成的多元、复杂、动态的有机系统,其有"雅""俗"之分。如前所说,"俗"既有通俗之意,又有庸俗和低俗之分,与此相适应,"俗文化"也就有了多种意思。一种是指通俗的文化,通常是指反应大众日常生活的文化,即浅显易懂、内容符合普通大众习惯,能为大众所接受的日常化、生活化的文化。另一种理解是庸俗、粗俗的文化,指文化形式简陋、粗俗不堪、境界不高、品位低下。这两种"俗文化"还是中性的。而"低俗文化",从字面上理解,就是低于"俗文化"的文化。但对于具体如何具体界定低俗文化,目前国内学术界还存在一些争议,还未达成共识。一些学者将低俗文化纳入道德范畴,如国务院新闻办公室网络局原副局长、国家互联网新闻研究中心主任刘正荣先生认为,凡是

---

① 《马克思恩格斯文集》(第9卷),人民出版社2009年版,第99页。
② 陈占彪:《"低俗化文化"的三种错误认识》,《科学发展观与青少年和青少年工作研究报告(第五届中国青少年发展论坛暨中国青少年研究会优秀论文集)》2009年。
③ 张岱年、程宜山:《中国文化精神》,北京大学出版社2015年版,第2页。

具有"对青少年构成毒害,以及危害社会公共道德或者民族优秀文化传统"[①]等内容的,都可以界定为低俗文化。而文化学者、曾担任《人民日报》副总编辑和国家新闻出版署副署长的梁衡先生则认为,从人的物质欲望出发,刺激并满足人的贪占、享用要求;从人的行为层面需求而言,刺激并勾起人的欲望、满足人的动物性的最低档需求,是一切黄色、凶杀类低俗作品的心理根源和市场基础,因而,纯刺激性的作品应归于低俗文化之列[②]。也有些学者将低俗文化并入法律范畴,如认为"低俗文化是不符合法律法规的,主要包括暴力、凶杀、恶意谩骂、侮辱诽谤他人等信息以及容易诱发青少年不良思想行为和干扰青少年正常学习生活的内容"[③]。西方学者对低俗文化的理解也大抵如此。如英国社会学家戴维·英格利斯在其著作《文化与日常生活》中提出,"低俗文化"既可能是那些不符合"伟大艺术"标准和规范的文化产品,也可能是违背"高雅文化"准则的价值观和行动。从这些表述中可以看出,无论是把低俗文化归入道德范畴还是法律范畴,无论是归入思想还是行动,实际上都是强调低俗文化是逾越了社会道德和法律所能承受的底线,宣扬与社会进步意义和价值内容相违背的文化产品及价值观念和行为,其本质是对社会假、恶、丑等消极因素的宣扬和肯定。社会中存在的各种低俗文化现象,是由种种不良风气汇聚而成的,其格调低下、品味拙劣、责任感缺失,污染了社会的文化生态,是对现代文明的严重亵渎。

二、低俗文化产生的原因

文化作为人的实践活动的结果是不能脱离特定的社会背景而存在的,低俗文化现象的出现也不例外。在文化的汪洋大海之中,低俗文化只是一个醒目的岛屿,社会环境的风云变幻牵动潮起潮落,时刻形塑着这座岛屿的版图。因此,研究低俗文化必须要分析其滋生和蔓延的社会背景和环境。20世纪90年代是中国社会重要的转型期,随着改革开放的进一步推行,计划经济开始向社会主义市场经济转型,加上在全球化的国际形势下对外交往的频繁以及互联网的不断普及,

---

① 转引自凌小萍、周艺《低俗文化对大学生的影响及对策探究——以桂林高校为例》,《新疆社科论坛》2015年第4期。
② 梁衡:《如何区分低俗、通俗和高雅》,《人民日报》2010年8月19日。
③ 转引自凌小萍、周艺《低俗文化对大学生的影响及对策探究——以桂林高校为例》,《新疆社科论坛》2015年第4期。

给低俗文化的滋生提供了一定的环境和土壤。

(一) 文化生产的唯商业逻辑是低俗文化产生的经济根源

马克思曾指出,市场是解构传统意识形态最有力的力量。改革开放以来,中国文化出现了繁荣发展的大好景象,这一定程度上得益于社会主义市场经济的确立解放和发展了文化生产力。但不可否认,市场经济在给文化带来繁荣发展的同时,也带来一些负面影响,使文化发展产生了一定的困境。低俗文化现象的滋生和扩张如迷雾般萦绕在中国社会之中,导致这一现象出现的一个重要原因就在于市场经济以追求利润为唯一的功能诉求。正如马克思在批判资本主义制度及其管制之下的市场经济弊端时所指出的:"它无情地斩断了把人们束缚于天然尊长的形形色色的封建羁绊,它使人和人之间除了赤裸裸的利害关系,除了冷酷无情的'现金交易',就再也没有任何别的联系了。它把宗教虔诚、骑士热忱、小市民伤感这些情感的神圣发作,淹没在利己主义打算的冰水之中。它把人的尊严变成了交换价值,用一种没有良心的贸易自由代替了无数特许的和自力挣得的自由"①。因为在市场经济条件下,人们的活动从根本上都要受到利润原则及其衍生的金钱逻辑的支配,市场的金钱逻辑成为生活本身的逻辑,即使是在社会主义制度下以社会效益为先导的文化产业,也概莫能外。一些人把追求商业利益最大化的市场经济原则毫无保留地带到了文化生产、文化消费领域中来,在巨大的利益诱惑下,部分文化商品的生产者与传播者,常常容易发生价值取向的偏离,于是"文化工业的全部实践就在于把赤裸裸的赢利动机投放到各种文化形式上"。"文化工业带来的新东西是在它的最典型的产品中直截了当地、毋庸乔装地把对于效用的精确的和彻底的算计放在首位"②。单纯追求文化的经济效益,必然带来文化的低俗化。在商品意识和金钱利益的影响下,部分地方政府及官员发展理念不当,片面追求GDP增量,文化被当成经济的附庸和陪衬,以至于出现几个地方争抢"西门庆"的低俗现象。同时,某些文化创作者和生产者受经济利益驱使,也迷失了文化生产的正确方向,缺乏社会责任感,从引领大众的文化传播者转变为迎合大众的商品供应者,只注重文化产品的市场价值和商业价值,特别

---

① 《马克思恩格斯文集》(第2卷),人民出版社2009年版,第34页。
② 陶东风等:《文化研究》(第1辑),天津社会科学院出版社2000年版,第22、23页。

是无视社会主义文化思想与价值体系的指导作用,以经济效益取代社会效益,使文化的高雅旨趣开始受制于生产过程与金钱逻辑,并把少数人某些低俗化的需求当作社会大众全部的需求,为了获取点击量、收视率、发行量和票房上座率等不择手段,弱化甚至抛弃文化产品特有的人文价值、审美形式和崇高意义,以"败德劣行""窥探隐私""炫富恶搞"甚至一些凶杀暴力、色情肉欲和封建迷信等文化垃圾,以及简单、粗糙的表现手法去迎合某些消费者的个人偏好,撩拨其感官的愉悦,去争取市场,赢得消费,造成文化生产与传播中的媚俗化和低俗化的现象、甚至反文化倾向的出现,给文化生态环境造成了严重污染。

(二)大众文化的兴起是低俗文化现象形成的文化根源

毛泽东曾说,一定的文化是一定社会政治经济的反映。社会政治经济环境的变化必然引起文化结构和形式的变化。20世纪80年代以后,随着中国社会由计划经济向市场经济转型,其反映在思想文化上的一个凸出的表现,就是社会文化结构由之前的一元主流文化逐渐转向主流文化、精英文化与大众文化等的鼎立并存。并且,随着市场经济的深入发展,大众文化得以蓬勃发展,在人民群众的文化生活中占据越来越重要的地位,"大众文化已经开始成为中国当代文化中最具规模和活力的部分,无论在市场化的程度,还是流通的范围,或是受众的人数,以及对大众的吸引力和娱乐性等方面,大众文化都远远地超过了其他文化"[①]。必须承认,大众文化推动了社会主义文化的繁荣发展,并以平民化、生活化和娱乐化的方式,把商品意识、开放意识和民主观念等现代思想观念渗透到人民大众的精神世界,改变了人们旧有的思维方式,推动了人的思想观念的现代化,成为推动社会发展的重要精神力量。然而,任何事物都具有两面性,大众文化在促进社会进步和文化繁荣的同时,也表现出其先天固有的困境和矛盾。就如 C. A. 冯·皮尔森在《文化战略》一书中所言:"文化发展决不会必然地导向一个更好的事态……它在作为进步的同时又联系着这样一个事实,即每个阶段都有一种消极的成分。"[②] 从文化价值品位角度来看,大众文化是"在工业社会中产生、以都市大众为消费对象、通过现代传播媒介传播的、按照市场规律批量生产的、集

[①] 周宪:《中国当代美学文化研究》,北京大学出版社1997年版,第17页。
[②] C. A. 冯·皮尔森:《文化战略》,中国社会科学出版社1992年版,第7、8页。

中满足人们的感性娱乐的文化"①。大众文化是一种消费文化,本质上是以娱乐消遣和追求感性的愉悦为本位,以获取利润为目的的文化。"遵循享乐主义,追逐眼前的快感,培养自我表现的生活方式,发展自恋和自私的人格类型,这一切,都是消费文化所强调的内容"②。由于其缺乏对传统文化精髓和现代人文精神的深刻体悟与真正弘扬,仅以感官经验的视觉形象和纯粹欲望的快感满足迎合一些受众畸形的、不正当的需要和猎奇心理,以获取高额的价值利益,这就难免使大众文化跌至庸俗无聊和低级趣味的水准。于是"娱乐有理"就成为一些大众文化领域旗帜性的口号,大众也开始在最大化的娱乐消费中把寻求感官快乐作为自己的追求。而"对于人们的道德和品味来说,无拘无束的娱乐完全是一种幼稚的东西。幼稚的东西就是堕落的东西"③。至此,狂热开始代替激情,肉麻成为有趣。随着崇高的退场,消解主题和道德良知、消解人性深度已成为许多大众文化作品的共性。而且,这种文化由于得到大众特别是处于中下阶层大众的青睐而需求量颇大。市场是培育出来的,当低俗成为卖点和风气时,一些文化生产者和创作者就会不断地提供更加低俗的内容去满足这个市场。而且,由于娱乐化、低俗化的潜移默化影响,造成人们所有思考逻辑联系的"断裂",大众对完美艺术认识和正确社会观念的审美情趣和思考能力逐渐被瓦解,人们的价值和信仰体系出现不同程度的混乱,丧失了基本的反思和文化批评意识,开始以娱乐的方式对待一切事物或活动,实现在麻痹已久的精神世界的狂欢,不可避免地容易忽视自身精神世界的建设。这就出现了如德国学者古茨塔克·豪克所说的"如果一个时代陷入了肉体和精神上的堕落,缺乏把握真正而朴素的美的力量,而又在艺术中享受有伤风化的刺激性淫欲,它就是病态的。这样一个时代喜欢以矛盾作为内容的混合的情感。为了刺激衰萎的神经,于是,闻所未闻的、不和谐的、令人厌恶的东西就被创造出来,分裂的心灵以欣赏丑为满足,因为对于它来说,丑似乎是否定状况的理想。围猎、格斗表演、淫乐、讽刺画、靡靡之音、轰响般的音

---

① 邹广文:《私人时间与当代中国大众文化的崛起》,《吉林大学社会科学学报》1998年第6期。
② 转引自廖杨等《人类学与现代生活》,现代教育出版社2012年版,第115页。
③ [德] 西奥多·阿道尔诺、马克斯·霍克海默:《启蒙辩证法》,上海人民出版社2006年版,第129页。

乐、文学中充满淫秽和血腥味的诗歌为这样的时代所特有"①。在这种情况下，社会对于低俗文化也就变得十分宽容，也就更加助长了大众文化的过度娱乐化和低俗化。

（三）西方文化的侵蚀是低俗文化产生的外部环境

当今时代，经济全球化已经成为一种不可阻挡的趋势和潮流。信息技术的发展更是大大加快了全球化的步伐。众所周知，全球化推动了世界经济的发展和各民族文化的交流融合。但是，全球化的危险也是现实的，因为全球化是以美国为首的主要资本主义国家主导的，"如果不考虑到资本主义在全球范围内的胜利，就无法理解全球化。……文化冲突现在比过去更明显地体现在一种意识形态和机构的领域里，而这恰恰是欧洲中心主义的现代化的一个产物"②。在全球化的背景下，美国等文化帝国主义国家利用各种手段，尤其是互联网、多媒体和卫星电视等方面的强大优势，打着自由贸易的幌子，向我们输入其生活方式、价值观念和文化产品，包括电影、电视、电脑软件和书刊、唱片等，这虽然在一定程度上丰富了我国民众的日常生活，但其实质和主要目的是为了瓦解和颠覆我国的主流意识形态的话语权。就如约瑟夫·耐所言：在世界联系不断加强的背景下，如果动用制裁或军事打击等传统的强制性手段对抗敌人，则无异于"用导弹打自己的投资"，比较而言，运用文化、意识形态、社会制度等软实力，特别是文化传播的巨大力量，在观念、情感和心理方面施加无形的影响，则可能会收到事半功倍的效果③。英国的约翰·汤普森也说："意识形态最有效的场域并不是官方所定义的'政治'的领域，而是日常生活的领域——家庭、工厂、学校、媒体"④。于是，各种西方不良意识形态以及具有危害性的非马克思主义思潮开始渗透在所谓的经济活动、文化生产和交流以及以互联网载体为中介的娱乐消费之中，并堂而皇之大量涌入，一些现代文化的"洋垃圾"开始侵蚀着我国文化生态系统肌

---

① ［德］古茨塔克·豪克：《绝望与信心》，中国社会科学出版社1992年版，第161期。
② ［美］阿里夫·德里克：《全球性的形成与激进政见》，载王宁等主编《全球化与后殖民批评》，中央编译出版社1998年版，第2、3页。
③ 花建：《软实力之争——全球化视野中的文化潮流》，高等教育出版社2001年版，第4页。
④ ［英］约翰·B.汤普森：《意识形态理论研究》，社会科学文献出版社2013年版，第86页。

体的健康。从美国中央情报局发布的针对中国的"十条戒令"的内容来看,大部分内容都涉及了当前中国社会存在的"低俗文化"的内容,如在网络和自媒体平台上传播的恶搞国家领袖、民族英雄、红色经典、革命歌曲等低俗化行径,以及各种歪曲历史、消解革命、贬低英雄和伟人、否定崇高的奇谈怪论、漫画和视频等等,其背后均潜藏着西方敌对势力的身影。它们或把自然人性论进行文化包装,通过所谓大片,刺激人的自然情欲,张扬物欲,"替他们(中国青年)制造对色情奔放的兴趣和机会,进而鼓励他们进行性的滥交","一定要把他们青年的注意力,从以政府为中心的传统引开来。让他们的头脑集中于:体育表演、色情书籍、享乐、游戏、犯罪性的电影,以及宗教迷信"①,于是以"枕头"和"拳头"为主题的低俗文化漫延在网络上,颂扬自我满足和物质享受,鼓励性乱行为,视强暴和野蛮行为为正常现象,使大众原有的价值观念和社会构成在不知不觉中受到了极大的冲击。据统计,网上超过九成的色情网站服务器都在国外。事实上,改革开放以来我国社会出现的文化"三俗"、享乐主义、信仰危机以及道德虚无等现象,除了社会转型这一客观原因之外,无不与西方帝国主义的文化侵蚀有着密切的关系。

(四)新兴媒介技术的滥用为低俗文化的产生提供了技术条件

文化的生成和发展离不开特定的社会时代条件和语境,并受社会物质技术条件的影响。从技术方面来讲,互联网和新兴媒介技术的出现与使用,为文化低俗化的出现和蔓延创造了条件。正如马尔库塞在《单向度的人》中所言,"以往取决于人类无法掌控征服的未知向度、已知的狭隘领域以及反对一致性的硬核,在技术行为的干预下被不断削弱。也正是如此,技术领域的深刻变革促使了意识形态的精神变化"②。当今时代,世界已经进入一个技术泛化的互联网时代,信息网络技术以难以意料的方式融入社会生活的方方面面,成为人们的一种生活方式,并为思想文化的传播提供新的便利。网络传播以其特有的开放性、即时性和平等互动性等特征,吸引着大量的民众投入其中,并赋予他们空前强大的私人化话语表达权,活跃了大众的文化生活,改善了民主参与的技术手段。但"网络技

---

① 黎宅:《美国制定歹毒的对付中国的〈十条诫令〉》,《政工研究动态》2000年第15期。
② [美]马尔库塞:《单向度的人》,上海译文出版社2008年版,第61页。

第三章 青少年社会主义核心价值观教育面临低俗文化挑战

术的发展给传统世界带来的最大冲击,在于它对传统常识中现实与虚拟的区分以及相应地建立在这一区分之上的一系列价值判断和行为规范的动摇"[①]。因为,互联网是一个开放的空间,网络传播瓦解了单向度的话语传播体系和社会舆论的内在生发机制,人人都是"麦克风",不论是国家大事还是日常小事,都可以随心所欲、畅所欲言,千年的宁谧被无边无际的网络取代了。于是乎,不同目的、不同旨趣、不同阶层、不同年龄段和知识背景的人齐聚在网络空间,由于网络世界的隐蔽性和匿名性,对其监管存在一定的困难,导致部分网络媒体使用者道德人格的异化,不能区分私人化话语表达与公共性信息传播的边界,开始毫无节制地滥用语言,随意地处置思想,依据自己的旨趣和需要发布和传播信息,使得网络文化低俗化问题由此产生。在虚拟的网络空间,"醉生梦死"的享乐文化、鲜廉寡耻的审丑文化、落后腐朽的封建文化等通过各种网络媒介载体大行其道,"质疑生活的终极意义,享受当下,娱乐眼前,把玩感觉,轻松心态,成为网络玩家很普遍的精神生态。'拼接凡俗'、'脱冕快慰'、'讥嘲崇高'和'渎圣思维'成为网络文化基本表现特征"[②]。而且网络的多维性特点,使低俗文化的触角无孔不入,尤其是一些"兴风作浪"之人,出于政治的或是经济的目的,利用微博、微信、QQ、论坛、陌陌等交流工具,刻意对一些低俗的东西进行炒作,增强了低俗文化的杀伤力和震撼力的作用半径,使一些低俗的不健康的文化像病毒一样在网络上呈蔓延趋势。社会科学文献出版社与湖北大学曾联合发表《文化建设蓝皮书:中国文化发展报告(2013)》,其中认为,当前中国的网络游戏、网络文学、网络社交等网络文化产品都不同程度地存在着一些低俗内容[③],给民众,特别是青少年的价值观念造成极大的影响。客观地说,新兴媒介技术本身并不存在高雅与低俗之分,作为一种信息技术工具,它既可以为高尚精神的生长提供养料,也可以为精神垃圾的产生和蔓延培植沃土。对当前网络文化低俗化现象的蔓延,如果不进行有效整治,则网络沦为制造精神垃圾土壤的可能性很大。党的十八大以来,政府和有关部门加大了网络先进文化建设和对网络空间的整治力

[①] 刘维兰:《网络传播境遇中思想政治教育话语权提升问题研究》,《云南农业大学学报》(社会科学),2020年第2期。

[②] 高建华:《互联网时代我国意识形态面临的机遇与挑战研究》,南开大学博士学位论文,2012年,第38页。

[③] 转引自张筱荣、朱平《网络文化低俗化论析》,《甘肃社会科学》2015年第2期。

度，使得"低俗文化"蔓延的势头得到了有效遏制。但是，由于一些主客观的原因，网络文化的监管尚存在一些"真空"地带，"低俗文化"仍然存在一定的生存空间。

（五）不良文化的心理走向是导致低俗文化产生的主体心理因素

一个国家的民众既是文化活动的参与者，也是文化的生产者和传播者。低俗文化的产生和传播不是偶然现象，低俗文化之所以滋生蔓延、屡禁不止，除了受到市场经济负面效应、西方文化侵蚀以及技术滥用的影响之外，参与低俗文化流通过程的部分民众的不良文化心理走向也发挥了推波助澜的作用。事物间往往相辅相成，有什么样的文化就有什么样的国民。反过来，有什么样的国民就有什么样的文化。没有需求就没有市场，民众的"不逾矩"能够理性和理智地生产文化内容和参与文化活动，规范和节制地使用文化技术，积极、健康地传播文化内容等，也就是说民众健康的文化心理素质是构建有序、良性发展的社会文化生态环境的前提和保障。当前，从整体上来看，我国民众的文化心理素质是进步的、积极的和健康的，但不可否认，由于一些民众不能正确地看待一些社会现象和自身出现的一些问题，感到前途迷茫，不知所措，从而失去了人生信仰和继续奋斗的目标，导致了实用主义、功利主义和拜金主义的盛行，玩世不恭、及时行乐的思想侵占了他们的头脑。于是，把浅薄当时尚，把粗俗当流行，把追求和享受低俗的"文化垃圾"作为每天最钟爱的事情，沉浸其中。久而久之，这种文化弥漫开来，成为常态文化，充斥着人们的茶余饭后时间，导致不良社会风气盛行。在不良社会风气盛行文化生态圈的背后，正是人性的堕落。恩格斯曾说过："人来源于动物这一事实已经决定人永远不能完全摆脱兽性，所以问题永远只能在于摆脱得多些或少些，在于兽性或人性的程度上的差异"[①]。由于人是从动物进化而来的，在社会文化生态中进行活动的每一个人，首先都是一个独立的自然机体，追求物质肉欲是人的自然本性，但每个人又不是纯粹的自然人，是一种社会的存在物。对人来说，其自身的人性由生物性（或曰自然性）和文化性（或曰社会性）两部分所构成，"人性应该是感性与理性的互渗，自然性与社会性的融合。这种统一不是二者的相加、凑合或混合，不是'一半是天使，一半是魔

---

① 《马克思恩格斯选集》（第3卷），人民出版社1995年版，第442页。

鬼',而应是感性(自然性)中有理性(社会性),或理性在感性中的内化、凝聚和积淀,使两者合二为一,融为整体"①。不过,社会属性对人而言更为本质和重要,在社会文化活动中的各行为主体,正因为从自然性上发展出人的社会性,人类才有可能形成与动物截然不同的理性品质和道德情操,在从自发走向自觉中实现自身的进步。当今社会,人性得到了极大张扬,使得一些行为主体在现实的社会文化生活中脱离了人的社会关系这一人的本质属性,一味地强调所谓超历史、超现实、超理性和超社会的人性,抑或将自身的人性降格为纯粹的动物性,过度地追求物质利益和放纵自我的原始本能,扩大了人性的负面特质、低俗品质与卑污内涵。失去理性管束的欲望,可能会使人堕落,使人疯狂,于是猎艳、观奇、攻击、偷窥、刺激和放纵等自然本能的需求和心理就转化为部分人的爱好和特长,卢梭曾说:"大城市里必须有戏剧,而精神败坏的观众必须有小说。"② 如果说西方文化侵蚀、市场经济的负面效应影响以及网络技术的滥用为滋生低俗文化提供了可能,那么部分民众道德意识淡薄和不健康的文化心理需求就使得低俗文化的产生成为一种必然。"我们可以管制互联网靠低俗内容博取点击量的行为,却管制不了人性中复杂的欲望。况且,当物质性的富足不能弥补精神性的财富缺失时,低俗之风还会像幽灵般在我们身边游荡。"③ 正是部分民众弥漫着一种骚动的欲望的不健康文化心理需求催生了低俗文化,"放纵的肉体,迷失的心灵",进一步促进了低俗内容的生产与再创造,并加速了其蔓延的步伐。

三、低俗文化的现实表征

如前所说,随着改革开放和文化市场化的深入推进、网络媒体技术的滥用,以及部分民众不良的文化心理需求,使得低俗文化发散在社会生活的各个方面、各个领域,呈现出纷繁复杂的样态。因此,对当前中国社会出现的低俗文化的表征,很难用简单的描述加以概括。在讨论当前中国社会文化生态中出现的低俗文化的表征时,首先要对低俗文化表现在哪些维度做出界定,并厘清其主要维度,对低俗文化的特征进行进一步的分析,然后重点分析低俗文化对青少年社会主义

---

① 李泽厚:《批判哲学的批判》,安徽文艺出版社1994年版,第459-460页。
② [法]卢梭:《新爱洛依丝》,郑克鲁译,上海译文出版社1997年版,第1页。
③ 陈方:《"净身运动"无力为民众习惯性流俗净身》,《中国青年报》2009年1月13日。

核心价值观教育产生影响的基础。

(一) 以暴力和色情等假恶丑信息为主要内容

内容低俗化是低俗文化的主要表征。从本真的意义而言，文化的内容应该主要在于表现社会生活中真诚、美好和善良的东西。但是，低俗文化却丧失了文化最本质的内涵，走向了相反的方面，以虚假、丑陋和邪恶为主要表现内容。于是就出现了各种打着现代科学旗号和弘扬传统文化幌子进行招摇撞骗的虚假文化，如网络算命、道教养生和气功食疗等，将现代互联网技术与伪科学、封建迷信等嫁接在一起，使封建迷信以一种全新的方式进入到人们的生活中。同时，微信朋友圈、QQ 群和网络上弥漫着各种荒诞不经的谣言和假新闻，部分人为了追求粉丝数和攫取经济利益，无视事实和良知，随意发布或转发虚假信息，包括养生八卦、虚假慈善、政务人员的负面消息和群体性事件等等，混淆视听。一些媒体将新闻报道的内容加以极尽渲染，在标题的制作上危言耸听，一些地方性电视节目也如上海电视节目主持人曹可凡所说："过去节目追求真诚，现在节目就要假，要编剧编，要演员演，更像情景剧了"[①]。可见，在利益驱使下，虚假文化正呈现蔓延之势。

除了充斥着虚假文化之外，还存在大量的丑恶文化，如各种表现或传播淫秽色情的小说、音视频内容在网上几乎随处可见，一些网络游戏、婚恋交友节目、都市电影、电视剧也竭力打"审丑牌"，展示不健康的两性关系，宣传不良的婚恋家庭观，在一些偏远农村地区出现的艳舞团表演，网络上的各种艳照门事件，等等，无情地将人性中的阴暗面、龌龊面展示给大众观赏，光怪陆离、丑态百出，可以说丑陋的色情文化信息几乎渗透到各种文化艺术形式之中，成为文化的"调味剂"，使人们在"审丑"中获得刺激、宣泄和狂欢的力量。

与色情相裹挟，暴力文化也大行其道。刀光剑影、血肉横飞充斥着影视剧以及网络媒体，图片、视频、音乐、小说、广告、电影、动画和网络游戏，既有家庭暴力，也有街头暴力，既有个人暴力，也有群体暴力，既有肢体暴力，也有语言暴力，既有对人的暴力，也不乏对动物的虐待，等等，五花八门，应有尽有。

---

① 张波、陈晓楠：《"三俗"文化泛滥的原因及媒体的责任》，《河北师范大学学报》(哲学社会科学版) 2012 年第 1 期。

那些畸形的、暴力的行为方式恰好迎合了一些人发泄和阴暗的心理期待，进一步演变为其对恶俗的主动趋附。

总之，虚假、色情和暴力等丑恶文化，单纯追求"眼球"效应，刺激人的感官欲望，以丑为美，以恶为善，颠倒常态，价值观念扭曲，严重腐蚀着我国社会的文化生态，成为文化健康发展的一大"毒瘤"和诱发犯罪的"加速器"。党的十八大以来，虽然国家加大了对虚假、色情和暴力等低俗文化的治理力度，但当前一些文化产品还是不同程度地存在着低俗内容，整治低俗文化仍然是一项长期和艰巨的任务。

（二）以戏谑和粗俗为主要话语表达方式

人是活在语言中的，美国语言学家爱德华·萨丕尔认为，"现实世界在很大程度上是无意识地建立在一个社团的语言习惯基础上的……我们看到、听到以及我们经历、体验的一切，都基于我们社会的语言习惯中预置的某种解释"①。语言作为人与人之间交往的"工具"，是一种社会现象，它承载着人们的思维与价值，是文化的表征和传播媒介。人们在表达思想和文化的同时，也塑造着表达者和社会的思想文化。因而，在某种程度上，语言本身就是一种含有世界观、人生观、价值观的文化，是一种信仰，其像一面镜子，能够折射出时代的风尚以及社会的世相和百态。近年来，随着低俗文化的滋生蔓延，承载着一定思想和价值的语言也出现了一些不良倾向。如部分电影、电视剧、网络空间讲黄段子、说脏话的现象频频出现，个别曲艺节目把弱势群体的言谈举止当作笑料，农民进城、残疾人等成为取笑对象，甚至成为"时尚"；"一些嘻哈歌手纵情恣肆地宣泄自身的非理性情感，拜金、享乐、侮辱女性乃至描述'犯罪'的粗俗化语言频频出现在嘻哈歌词中"②。网络聊天本是人与人之间的便捷交流方式，但也成为一些人脏话粗口的发泄通道，小到一句随口而出的三字经，大到旷日持久的网络骂战，形式各异。网络"弹幕"，是目前备受年轻网民喜欢和追捧的参与评论的一种新方式。然而，仔细观察就会发现，网络"弹幕"充斥着大量的脏话、色情

---

① ［美］爱德华·萨丕尔：《萨丕尔论语言、文化与人格》，高一虹等译，商务印书馆2011年版，第93页。
② 李净、谢霄男：《媒介生态学视野下网络文化低俗化的表征、成因及对策探究》，《新疆社科论坛》2019年第2期。

挑逗等粗鄙的语言,如"我靠""苦逼""狗带""撩妹""叫兽""傻叉""你妹""屌丝"等,这些本身包含低俗粗鄙表述的流行语,从网络空间逐渐蔓延到现实生活中,甚至还频繁出现在部分媒体的新闻标题中,对大众的表达水平以及人文素质都产生了不良影响。如"屌丝"本是一个不雅之词,却备受年轻人追捧,越来越多的年轻人甘愿自贱其身,称自己是"屌丝"。网络流行语"国民老公"更是毫无掩饰地表达了部分网民对名声和金钱的崇拜与饥渴。这些颓废、不雅、粗鄙的语言在社会上肆意传播,极大地污染了语言和文化环境,不仅妨害了主流话语体系的构建,而且会助长社会的低俗浮躁之风。当这些低俗粗鄙的网络流行语渗透到青少年群体现实生活的方方面面时,会对他们产生潜移默化且不容小觑的恶劣影响,由此引发颓废堕落的情绪、龌龊病态的心理、不良示范的行为等一系列后果,势必会对青年一代的成长造成重大阻碍。

(三) 以泛化的娱乐满足人暂时性的愉快为主要特征

文化不仅具有构筑价值观念、涵养审美情趣和形塑思维方式等作用,而且还具有精神娱乐的功能。娱乐是人类修身养性的一种天然需求,任何时代都不可或缺。弗洛伊德说:"我们整个的心理活动似乎都是在下决心去追求快乐而避免痛苦,而且自动地受唯乐原则的调节"[1]。而在马克思看来,娱乐作为人在闲暇时的主要活动,"不被直接生产劳动所吸收,而是用于娱乐和休息,从而为自由活动和发展开辟广阔天地"[2],指明了娱乐不仅仅是简单地使人获得肉体上短暂的快乐,作为人在自由时间内进行劳动之外的创造性活动,其最根本的要义是通过娱乐能够不断确证与发展人的本质力量,促进人的全面发展。

在日常生活中,人们为了缓解生活、学习和工作压力,需要一种轻松的消遣和娱乐,以形成对紧张生活的调剂和补偿。从表面上看,任何一种低俗文化都能带给人们一种暂时性的愉快感受,但由于低俗文化以低劣和荒谬为手段,以单纯感官和肉体上的愉快和体验为根本追求,放纵自我,把一切当作娱乐,一切只为娱乐,虽然满足了部分人群消除疲劳、释放压力的基本需求,但却使文化丧失了其本真的意义,失去了其在教化民众、塑造价值和指导审美等方面的功能,使人

---

[1] [奥] 弗洛伊德:《精神分析引论》,高觉敷译,商务印书馆1984年版,第285页。
[2] 《马克思恩格斯全集》(第26卷),人民出版社1974年版,第281页。

们日渐放弃主体的理性自觉,丧失对价值的判断能力。于是人们开始尽情地享受"娱乐"狂欢的盛宴,并毫无自知地沉浸在低俗文化娱乐性带来的刺激和麻痹之中,但在短暂的情感和肉体的宣泄和释放之后,带来的还是停留在人们内心深处挥之不去的空虚、孤独、焦虑或迷茫,并没有使人的精神变得更好。不仅如此,低俗文化近几年在教育领域也有所表现。例如,有些教师为了增加课堂教学的趣味性,不恰当地运用网络流行语,尤其是一些低俗化的网络流行语,给学校的思想政治教育带来了诸多挑战。由于青少年的价值评判标准尚未成熟、生活阅历尚不丰富、对新鲜事物的辨别能力不强,网络流行语传递的不良的信息、扭曲的价值标准、消极的思想观念极易对青少年的思想造成不良影响,从而削弱了社会主义核心价值观教育的功能和效果,增加了学校开展社会主义核心价值观教育的难度。因此,北京师范大学艺术与传媒学院教授周星曾言:娱乐文化若替代文化娱乐将变得十分危险。事实也确是如此,长期浸淫在这样的氛围中,"一切公众话语都日渐以娱乐的方式出现,并成为一种文化精神。我们的政治、宗教、新闻、体育、教育和商业都心甘情愿地成为娱乐的附庸,毫无怨言,甚至无声无息,其结果是我们变成了一个娱乐至死的物种"①。当娱乐成为一种人生态度和价值追求,就从根本上背离了娱乐的本质,使得本身应渗透着思想理性的人的娱乐去掉了思想,剩下的是接近于动物式的感性快乐,娱乐变成了名副其实的"愚乐"。因此,从一定意义说,低俗文化的这种特征在本质上是文化的一种异化。它们在摧毁传统语言文化的格调、优雅的同时,也腐蚀着青少年一代的思想道德观念。

(四)以新媒体为主要传播工具增强了低俗文化的危害性

"我们所有的人都通过'媒介'活动来了解我们所在世界中的事件"②。现代信息技术和传媒条件的运用,为低俗文化的形成和传播提供了客观的条件。20世纪90年代,低俗文化刚开始出现的时候,主要是以街头小报、录像厅和流行读物等为媒介,其传播的速度和影响范围及程度都很有限。但是,随着信息技术的飞速发展,以移动电视、网络博客、手机、数字杂志、桌面视窗和电子书籍等为代表的新媒体成为信息传播的主要渠道。它们在实现思想信息快速交流传播的

---

① [美]波兹曼:《娱乐至死》,广西师范大学出版社2004年版,第4页。
② [法]吕西安·斯费兹:《传播》,中国传媒大学出版社2007年版,第100页。

同时，也在客观上给一些低俗文化的生产和传播打开了方便之门。一是，网络自身的海量信息中充斥着不可计数的低俗内容。例如，粗俗的搞笑、暴露隐私，片面追求感官刺激的 VR/AR 新闻，低俗化的社交信息和交友平台、愈演愈烈的暴力、色情和赌博网络游戏直播，直播平台上日益露骨的直播画面，充斥着暴力、色情和奢靡生活场景等的网络文学和数字杂志以及"哥""姐"式的网红文化等。二是，其中的一些低俗语言在互联网的推动下迅速变成了网络流行语，正如徐俊和许燕在《网络低俗文化的伦理反思与消解》一文中所述，"网络恶搞、暴力色情、各种'门'等事件之所以能够在很短的时间内演变成一种影响深广的舆论风波，甚至升级为一种大众时尚新文化，新媒体传播的迅速性、便捷性起着推波助澜的作用"[①]。当今时代，低俗文化借助于新媒体的作用已经渗透到我们生活的方方面面，影响人们的视听，所造成的文化破坏力和杀伤力是非常巨大的，给社会风气产生了极其恶劣的影响，制约着人们正确价值观念和道德信仰的形成，突出表现为一些人为了满足私情的宣泄和狂欢，整日里不停地寻求刺激，声色犬马，灯红酒绿，又有一些人只顾自娱自乐，在娱乐中麻木沉沦，胸无大志，得过且过，更有些人抛弃社会公序良俗，做出"有伤风化"和违背法律法规的事情。譬如 2017 年 7 月 27 日中央电视台《焦点访谈》栏目曝光的某直播平台上女主播琪琪利用黄鳝进行淫秽色情表演的"黄鳝门"色情丑闻事件，还有在国内某知名视频直播平台上出现的直播"造人"的流氓行为，表明中国传统的礼义廉耻完全被他们置之脑后，他们不仅不因自己的龌龊行为感到羞耻，反而还广为宣扬，并引以为荣。不仅如此，一些人由于沉迷于网络，且长期受网络低俗文化的影响，产生了金钱至上、享乐至上和功利至上的价值观，以及言语粗鲁、暴力倾向、孤僻焦躁，甚至反社会、反人类的人格等心理疾病。这些都说明了网络低俗文化对社会危害的严重性，必须对其采取有效措施，严加治理。否则，最终污染的不仅仅是我们的文化生态环境，更是整个中华民族的灵魂和精神气质。

四、低俗文化对青少年社会主义核心价值观教育的影响

一定的文化总是承载着相应的价值理念，一种文化传播的过程，同时也是其

[①] 徐俊、许燕：《网络低俗文化的伦理反思与消解》，《中州学刊》2016 年第 8 期。

价值扩张的过程。社会主义核心价值观是中华民族精神和时代精神的体现，是当代中国人民的精神信仰和终极价值追求。青少年是祖国未来的建设者和接班人，他们对于社会主义核心价值观的领悟与理解，无论是对其个人的精神成长，还是对社会主义事业的发展都至关重要。青少年时期既是长身体的重要时期，也是对外部世界充满好奇和新鲜感，以及价值观形成的关键时期。在这一时期，其思想观念最容易受到外界不良因素的影响。在影响青少年的外部环境中，低俗文化是最大、最直接的影响因素，它们给青少年的价值观带来很大的冲击，极大地影响青少年社会主义核心价值观的培育，这是当前急需正视和解决的严峻问题。

（一）低俗文化冲击社会主义主流文化，动摇青少年对社会主义核心价值观的认同基础

文化作为社会系统的一个重要维度和主要构成部分，自形成之日起就承载着播撒社会价值理想的使命。社会主义核心价值观作为兴国之魂，不仅孕育于建设中国特色社会主义的生动实践中，而且还深深扎根于中华优秀传统文化的肥沃土壤里，同时还体现了当代中国社会主义先进文化的基本内容与精神。作为培育和践行社会主义核心价值观的重要工程，对青少年开展社会主义核心价值观教育，目的是使青少年从思想上认同社会主义核心价值观，并将其作为自己的行动指南。青少年对社会主义核心价值观的积极认同是社会主义核心价值观教育的前提条件之一。"认同是行为者对认同对象于自身的意义和价值的诠释和建构的过程，本质上是精神的和文化的"[①]。在当前理论与现实存在一定差距的情况下，要实现青少年对社会主义核心价值观的认同，并非易事。然而，文化认同则简单得多。根据马克思主义的唯物史观，社会主义核心价值观作为一种社会意识形态，它既是中华民族优秀历史文化传统的继承和延续，也是当今时代中国社会存在的物质生活条件和社会交往的直接反映。它既具有历史继承性，也与时俱进，具有鲜明的时代特征。从文化属性的视角来看，核心价值观是一种价值理念和价值追求，属于一种精神文化现象，其既来自物质存在，又需要借助文化的教化和浸润来实现其培育和塑造的目的。习近平总书记在关于社会主义核心价值观教育和构建的论述中，特别强调要重视发挥优秀文化的作用。"坚守我们的核心价值观，

---

① 黄渊基：《文化差异与价值整合：多元文化冲突下的社会主义核心价值观建构》，《湖南社会科学》2014年第4期。

必须发挥文化的作用"①,就是要运用人民群众创造的全部文化精神来"以文化人、以文育人"②。

　　社会主义核心价值观是马克思主义和中国优秀文化的结晶。马克思主义是我国社会主义先进文化的核心与灵魂,中国传统优秀文化是中国特色社会主义先进文化的基因与根本,二者共同构成了社会主义核心价值观念的"中枢神经",是人民大众形成对社会主义核心价值观认同的文化基础。所以,要想引导青少年积极认同社会主义核心价值观,首先必须坚持马克思主义在意识形态领域的主导和支配地位,其次还必须"深入挖掘和阐发中华优秀传统文化讲仁爱、重民本、守诚信、崇正义、尚和合、求大同的时代价值"③,使中华优秀文化成为涵养社会主义核心价值观的重要源泉。但是,自改革开放以来,社会上各种形形色色的西方思潮不经过任何去伪存真就被奉为时尚和潮流,所谓的普世价值、历史虚无主义大行其道,以及社会上存在的反对本质、解构基础乃至"怎么都行"的低俗文化现象,诸如"炫富、拜金""虚无、恶搞"消解经典、封建迷信等,严重冲击着社会主义先进文化的发展及其影响力,使以马克思主义为核心的意识形态和主流价值观面临着逐渐淡薄的现实危机,也使中华民族优秀传统文化遭遇断裂的危险倾向,就如郑永年所言,"中国没有文化上的崛起。……相反,传统文化正在加速度地消失"④,表现为部分民众和特别是一些青少年对马克思主义的认同度不高,对民族文化的精华和传统美德知之甚少,追求物质享受、只关注短暂甚至瞬间的愉悦和肉体满足,忽视个人道德修养,亲情伦理观念和社会公德意识淡漠、社会责任感弱化、理想信念缺失,等等。在低俗文化的冲击之下,马克思主义的主导话语权和吸引力也逐渐降低,中华传统文化也已经式微,呈现出边缘化的尴尬境地。失去了优秀文化底蕴的支撑,"存在即合理""怎么都行"便获得了很大的存在空间,成为现代人的文化态度和价值取向,不仅导致青少年社会主义核心价值观教育难以发挥其植根于中华优秀文化的文化优势,也极大地削弱了

---

① 邱仁富:《社会主义核心价值观的传统文化根基研究》,上海大学出版社2018年版,第80页。
② 王仕民、徐丽燕:《论思想政治教育的文化含量》,《思想教育研究》2019年第4期。
③ 刘波:《习近平新时代文化自信思想的时代意涵与价值意蕴》,《当代世界与社会主义》2018年第1期。
④ [新加坡]郑永年:《中国人理性看待中国复兴》,《联合早报》2006年7月11日。

青少年对社会主义核心价值观达成共识的思想文化基础，制约了青少年对社会主义核心价值观的认同、接纳和内化。

（二）低俗文化导致青少年批判性思维缺失和认知模糊，影响其对社会主义核心价值观的选择

思维是智力的核心，是人们理解、判断和掌握知识的重要认知成分。批判性思维是人的一种高级思维活动。美国学者爱德华·格拉泽认为，批判性思维既是一种批判地进行思考的能力，也是一种用深思熟虑的方法思考问题和解决事情的态度和倾向。而国内学者刘叶涛（2009）认为，批判性思维不仅是一种思维技能或方法，更是一种人生态度。批判性思维作为集认知技能与思维情感为一体的思维方式，是主体理解、判断、掌握知识并获得关于事物"真知"的重要基础，在人的思想价值观念形成过程中有着非常重要的作用。古往今来，批判性思维都被视为人性内核与人的精神的重要构成部分。

价值观的树立是一个非常复杂的过程，从人类价值观的形成过程和规律来看，都蕴涵着价值主体的批判和选择，因为任何一种价值观的树立都需要经过从价值认知到价值认同，最后转化为行为实践的过程。在这一过程中，主体必须对社会现实进行初步了解和把握，并在积极主动的分析、审慎的思考和严密的推理基础上做出一定的价值评价，同时运用个人已有的价值观念和标准，对众多的价值体系进行过滤筛选，最后做出价值选择，才能达到对某种价值观由认知层面上的感性认同到"知其所以然"的理论确证即理性认同阶段，而只有在理性认同的基础上，才可能有价值外化为自觉行动。青少年社会主义核心价值观的树立也同样如此。在面对多种社会思潮和思想文化观念情况下，青少年要在现实中做出快速正确的价值选择，就需要运用其批判性思维，提高对社会主义核心价值观的认知水平和对各种社会思潮和思想观念的分辨能力，对各种腐朽错误的世界观、人生观和价值观进行批判、抵制与否定，并对社会主义核心价值观进行价值选择和提升，通过自我控制和调节，使自己的思想、心理和行为日益趋向于社会主义核心价值观的内容规定，从而形成自己的行为习惯。如果青少年缺乏批判性思维，就不可能真正理解社会主义核心价值观的准确含义及其优越性，在面对物质价值与精神价值、理想与现实、集体主义与个人主义之间的矛盾和冲突，在面对价值观念混乱和价值选择困难的时候，就容易失去基本的价值判断力和价值选择

上的方向感,极易陷入盲从的轨道,或做出错误的价值选择。可见,青少年社会主义核心价值观的生成和树立离不开其"批判性思维"的挖掘和运用。

但在现实生活中,存在着大量以享乐和欲望为思想内核,以唯利和唯乐为价值追求的低俗文化,由于它只注重肉体的感性满足和自我满足,追逐欲望,强调快乐,淡漠理想和信念,一定程度上造成人的感性与理性的断裂,瓦解了青少年的批判性思维,使其日渐丧失对事物的价值判断能力和审美鉴赏能力。例如,在汶川地震全国哀悼日期间,因停止娱乐活动不能上网玩游戏而发视频大骂四川地震的"辽宁女孩";宁愿坐在宝马车里哭而不愿坐在自行车上面笑的"拜金女",还有"很多青少年把西方尤其是美国的价值观奉为圭臬,心理上接纳和推崇西方文化价值观,行为上追随和效仿西方的行为方式"①,"躲避崇高"也一度甚嚣尘上,这些足以说明"低俗"文化模糊了青少年的价值判断标准,误导他们对现实世界的认知和积极改造,制约着青少年对社会主义核心价值观的选择和塑造。

(三) 低俗文化导致人的主体意识丧失,降低了青少年社会主义核心价值观教育的效果

主体意识是人们对自身作为主体在主客体关系中的地位、作用的反映和认识,"是人们在认识活动和实践活动中不断地肯定、实现、控制和完善自我,追求自由、自主和超越的一种自觉意识"②。这种自觉意识是人们从事认识和实践活动的内在动力和智力支撑。英国学者约翰·怀特(1997)曾说过:"真正受过教育的人往往崇尚人的自主性,因而他自己就富有主见,并对其他人的独立思想持同情态度。……审慎、勇气、克制、仁慈以及明智、思想独立、智慧、幽默和活力等品质是受过教育的人的特征"③。对青少年社会主义核心价值观教育来说,青少年只有自觉发挥主体意识,形成一种自知、自主、自决和主动的精神状态并让其不断强化,才能在此基础上解决个人价值与社会意义之间的矛盾,积极主动地接受、认同社会主义核心价值观,并将之外化为自己的实际行动。这样,社会主义核心价值观教育才是有效的。但由于低俗文化的存在,特别是一些缺失精神

---

① 转引自董海霞《文化视域下的道德教育研究》,山东师范大学博士学位论文,2010年,第80页。
② 李福海、雷咏雪:《论主体意识》,《人文杂志》1988年第2期。
③ [英]约翰·怀特:《再论教育目的》,李永宏译,教育科学出版社1997年版,第138-139页。

底蕴和意义归属的"大话文化""戏说经典"和"恶搞文化"以及各种文化"丑角"现象大批涌现并在青少年中走俏，网络直播者为了博得眼球和赢取点击量，不惜触碰道德和法律的底线，提供各种新奇、低俗和具有视觉冲击力的直播内容，以浅层感性的娱乐性和行为失范的颠覆性，束缚了青少年的思维能力和创造能力，使他们逐渐失去自主、自觉和能动性，开始漫游在无意识的领地之中，从而被低俗文化所吸引、所支配。例如，低俗文化蕴含的娱乐至上、感性满足和物质主义等，常常在不知不觉中，以同一种模式对青少年进行打造，使其不自觉地被一种依他性意识所支配，认识不到或认不清自己的主体地位以及选择决策的权利，随波逐流，开始陷入各种盲目崇拜之中——权力崇拜、金钱崇拜、鬼神崇拜以及崇拜各种物欲生活方式，等等。与此相伴而生的是青少年开始放弃对意义与价值的追问及理性的自觉，日渐丧失自我创造快乐的能力和正确的政治判断力。

低俗文化对审美意趣的扭曲、对普遍价值的解构、对主体意识和理性自觉的拒斥等，"从根本上削弱民族——国家对去中心的、流动的、去领土化的主体性和话语的控制"[①]。低俗文化肆意歪曲社会主义核心价值观的内容主旨和目标指向，以感官欲望和快感的渲染与满足造成大众、特别是青少年主体意识和主体认同的丧失，使他们成为脱离庞大的文化系统而难以生存的族群，陷入"什么都行"的虚无窘境，使社会主义核心价值观的核心诉求无法直接转化为他们的价值准则和行为规范。面对良莠不齐的文化信息，缺乏主体意识和辨识能力的青少年很容易被错误信息所迷惑，以低俗为高雅，以恶俗作性情，消解或抵消了社会主义核心价值观教育的影响力和感召力，降低了青少年对社会主义核心价值观的认同度。

早在1994年，中共中央就颁发了《关于进一步加强和改进学校德育工作的若干意见》，其中着重强调，"要建设以社会主义和优秀的民族文化为主体、健康生动的校园文化。要努力净化校园环境，抵制低俗文化趣味和非理性文化倾向，引导校园文化气氛向健康方向发展"[②]。培育和践行社会主义核心价值观一定要从抵制不良文化入侵开始，提高青少年的文化品质，这不仅对增强青少年的主体意识和道德素质大有裨益，而且对整个社会的文明建设和发展都具有重要的

---

① 蔡文之：《网络传播革命·权力与规制》，上海人民出版社2011年版，第27页。
② 教育部网，http://www.moe.gov.cn/jyb_sjzl/moe_177/tnull_2479.html.

促进作用。因此,在当下,教育部门、教育工作者乃至父母都应该切实地行动起来,引导青少年抵制不良文化的侵蚀。不仅如此,社会也应该行动起来,努力清除社会不良文化,为青少年的健康成长提供一个健康纯净的受教育环境,还青少年一方净土。唯有如此,才能真正还他们一个纯洁的心灵空间。

(四)低俗文化涣散青少年的理想追求,干扰其对社会主义核心价值观的践行

众所周知,理想信念作为人们所追求的价值对象和价值目标,是人们在对现实生活状况认识和总结的基础上形成的对于未来的美好向往和追求。因此,它既来源于现实,又高于和超越于现实。虽然理想所描绘的内容尽管还不是已经实际存在的东西,它还只是一种存在于预想中的未来形象和图景,但这种预想性的描绘使它具有超越现实的特点。它在人的精神世界中处于最高层次,而成为人们追求美好未来的精神动力。坚定的理想信念无论对任何个人和国家而言,都是其克服困难和战胜险阻的强大精神支柱。"欲事立,须是心立。"因此,坚定的理想信念就是当代青少年价值观建构与发展的核心指导。

青少年坚定的理想信念不是自发形成的。习近平总书记指出,文化自信是更基本、更深沉和更持久的力量,要"要依靠文化自信坚定理想信念"。所以,在青少年理想信念形成和稳定的关键时期,必须要做好合理的文化取向引导,坚定其文化自信。目前,中国社会的主导文化是中国特色社会主义的先进文化,它是青少年社会主义核心价值观教育的重要支撑和载体。但在社会上仍然存在着一些不良的低俗文化现象和低俗文化信息,低俗文化丧失了文化本有的品质,它更关心文化对大众的刺激性、吸引力和迎合性,对青少年坚定理想信念具有极大的消极影响。青少年的理想信念与价值观正处在构建过程中,青少年是社会文化的参与者、创作者和消费者,必然会受到社会各种文化思想的影响,由于一部分青少年自控能力和鉴别能力不高,存在着不成熟和非理性的一面,所以这部分青少年在对各种文化现象和文化信息进行自主选择时,极易受到刺激和新奇东西的吸引,很难抵挡低俗文化信息的侵袭和影响,从而成为不健康的低俗文化信息的最大受害群体。具体表现为,一段时间以来,随着低俗文化的扩散和蔓延,片面追求个人私欲的利己主义心态和崇尚感官享受的享乐主义心态也随着这一不良文化在青少年中得以滋生和扩散,利己主义、拜金主义和享乐主义成为部分青少年思

想的指导,于是"高富帅"和"白富美"成了一些青少年羡慕追求的对象,挣人钱和当官发财成为部分青少年追求的目标和人生幸福的标准,他们不再把志存高远和为国为民奋斗作为自己的价值目标,开始沉溺于现实的空虚和肉体的麻木之中,甚至于做出违法乱纪的事情。可见,不良的低俗文化不仅弱化青少年理性思考的能力和学习的热情,而且对其健康人格和品德的形成具有消极影响。更为严重的是,一部分青少年在不良低俗文化的侵蚀和影响下,失去了先进文化的支撑,政治信任心理逐渐淡化,向往奢靡的物质生活,迷恋庸俗的生活方式和文化作品,偏离了正确的历史观、政治观和文化观,不思进取,从而远离高尚的精神生活和精神追求,最终涣散了理想信仰。

本章小结

人是文化的存在,人的思想和行为是靠人自己曾获得的文化来支配的。因此,习近平总书记在不同场合曾多次指出,文化对培育和弘扬社会主义核心价值观具有不可替代的作用,培育和践行社会主义核心价值观要以中华民族所创造的优秀文化铸魂育人。当前,我国社会的主导文化是中国特色社会主义先进文化,中国特色社会主义先进文化是进行青少年社会主义核心价值观教育的重要载体和支撑。但不可否认,在社会上还存在一些不良的低俗文化现象和低俗文化信息,它们与社会主义核心价值观背道而驰,对人们的精神世界,特别是对青少年的思想造成严重污染和影响。

低俗文化是一种低于现行社会文化水平和道德水平的文化,其产生的原因是多方面的,既有社会、经济和技术等因素的影响,也有文化主体自身发展的不足。它的现实表征有四个方面:色情和暴力文化、戏谑和粗俗文化、泛娱乐文化以及通过新媒体传播的不良文化。青少年是社会文化生产的参与者、创作者和消费者,不可避免会受到社会上各种文化现象和文化信息的影响,由于一部分青少年自控能力和鉴别能力不高,内心还存在着不成熟和非理性的一面,因此,这部分青少年在对各种文化现象和文化信息进行自主选择时,极易受到刺激的和新奇的东西的吸引,很难抵挡一些低俗文化信息的侵袭和影响,从而成为不健康的低俗文化信息的最大受害群体。在影响青少年价值观建构的外部环境中,低俗文化是最大、最直接的影响因素,其对青少年价值观的形成和发展造成极大负面影响，干扰着青少年社会主义核心价值观的培育和践行，主要表现在以下几个方面。首先，低俗文化对社会主义主流文化产生很大的冲击，动摇青少年对社会主义核心价值观的认同基础；其次，低俗文化导致青少年批判性思维缺失和认知模糊，影响其对社会主义核心价值观的选择；再次，低俗文化导致人的主体意识丧失，降低了青少年社会主义核心价值观教育的效果；最后，低俗文化还将涣散青少年的理想追求，干扰其对社会主义核心价值观的践行。当前，对青少年开展社会主义核心价值观教育，必须要正视低俗文化的危害和影响，积极引导和改造低俗文化，为青少年社会主义核心价值观教育创造优质的文化及其环境。

第四章　基于青少年社会主义核心价值观教育的文化价值评价依据及原则

文化是人们生活的主要方式和环境，是塑造与涵养核心价值观的重要载体。一个人的价值观生成于其社会化的过程中，并受其所处的政治、经济、文化、教育等各种环境因素的影响和制约，而其中的文化因素对于价值观生成有着直接和重要的影响。人创造文化，文化也影响人。但不同的文化由于其所具有的价值和内容不同，会对人产生迥异的影响和作用。面对社会上五颜六色、千姿百态的文化，哪些是先进高雅的？哪些是落后低俗的？应当如何看待和对待？应当如何引导青少年的文化消费？这些是严肃的问题。因此，明晰文化价值内涵，建立文化价值评价依据和原则，科学确立和正确运用评价标准，对文化价值进行评价，是弘扬先进文化，抵制和改造低俗文化，实现以文化人，以文育人的前提，也是实现青少年社会主义核心价值观教育实效性要解决的问题。

一、文化价值概述

如前文所说，文化是人类生存的基本方式，人的思想价值观念和行为习惯是由文化模塑的。在现代社会中，任何国家、民族和社会集团不论文化背景如何，都不能不关心文化对其民众思想所发生的巨大影响，认定文化对人及其价值观形成有重要的价值，这一点是共同的。但进入人的价值观念的文化资源不是孤立、表面和简单的艺术形式，而是体现一种生存需要和生存行为的文化价值依托。因此，在改革开放深入推进的新时代，青少年应当确立什么样的文化价值理念，便成为社会主义核心价值观教育必须思考的聚焦点。因此，只有准确地把握文化价值的含义和属性，才能确立文化价值的衡量标准及其评价指标，引导青少年更真实、更全面和更接近本原地去认识文化价值，为社会主义核心价值观涵养发达的文化根基。

(一) 文化价值的含义

关于文化价值的概念，最早是由法国和德国学者于 19 世纪后期在研究文化哲学的过程中提出的。在我国，尽管学界对文化价值这个词的使用频率很高，但鲜有人系统和深入地探讨过它，其原因在于很长的一段时期内，特别是在 20 世纪 50—70 年代，由于我国主流意识形态的规避，人们很少谈及个人的需要、利益、尊严与价值问题，学术界也很少有人进行价值相关问题研究，与之相同，关于文化价值的研究基本上也是学术界的空白。改革开放以后，随着文化研究热和价值哲学研究热的兴起，学者们才慢慢开始对文化价值进行一些思考与研究，发展至今日，虽然也形成了一些有代表性的观点，但可以说我国对文化价值的研究还是处于初始阶段。笔者经梳理发现，学术界对文化价值概念的界定大体有以下几种：一是指文化性质的价值。它是指客体、对象在人们的文化生活方面所具有的意义。由于人是社会人，社会人必定是文化人，文化的人则必然具有文化的因素。而这些文化因素也就必然会进入人的需要之中。又由于价值总是属于人的价值，人的需要中的文化因素就必然会进入到价值之中。所以，文化价值必然具有文化性，它是一个与经济价值、政治价值等相对而言的概念。这里的"文化"尤指狭义的精神文化，所以文化价值也就相当于精神文化价值，是与物质文化价值相对应的概念。二是指价值性的文化。人作为社会人，因社会实践活动而生成文化，文化生成之后，则反过来又以价值的形式作用于人，从而使文化具有了价值的性质。三是指民族文化中所包含的价值系统，或者文化体系中的价值取向。如果从构词和字面上去理解，文化价值是由文化和价值两个部分组成的。对什么是文化，前文已有定义；对什么是价值，不同学者有不同的理解。西方经济学称之为效用，即商品能够满足消费者需要的程度，相当于马克思主义政治经济学中所讲的使用价值，但马克思主义政治经济学中所讲的价值，是指凝结在商品中无差别的人类劳动，即商品价值。综上所述，仅从价值的含义角度来看，文化价值有两个方面的含义：一是指文化的创造价值，二是指文化能够满足社会成员需要的程度。由于文化有广义和狭义之分，所以文化价值也有广义和狭义之分，即广义的文化价值和狭义的文化价值。广义的文化价值是指文化作为社会生活中人的全部劳动产品，对于人和社会的发展所具有的意义，它体现在社会生活的各个层面；狭义的文化价值专指精神文化的价值，具体来说，是指人的精神层面的文化所表现出来的对人和社会的发展所具有的功能和作用。换一句话说，狭义的文化价值是指文化作为人的发展和社会发展的精神动力，在人和社会的发展过程中所具有的能够塑造人的品格、规范人的行为、优化人的精神境界等的价值。因此，文化价值作为一定社会群体中全体成员的共同价值选择，对社会成员的成长和发展具有深刻的教化和引导作用。

从本质上来说，文化价值也是一种关系。这种关系主要体现在两个方面：一是存在着具有某种文化需要的主体；二是存在着能够满足主体一定文化需要的客体。一般而言，当具有文化需要的主体发现了能够满足自己文化需要的客体，并通过自己的活动和方式占有这种客体时，文化价值关系便产生了。当然，不能把这种文化价值关系看成是个人产物，它是社会产物。也不能单纯地从客观事物去认识，只把它理解为满足主体文化需求的事物属性，而要从人及其社会属性去把握，因为人作为文化主体，不仅是文化价值的需求者和使用者，也是文化价值的承担者。换句话说，无论在什么情况下，文化价值一定是为人服务的，人类不需要或不能满足人的某种需要的东西一定不存在文化价值。同时，文化价值又是人的劳动成果，是由人的实践创造出来的。也就是说，无论是人的某种文化需要的产生，还是能够满足这种需要的文化产品，都只能在人的社会实践中形成，除此之外并无其他。而且，人作为社会人，通过实践创造文化需要及文化产品的能力，本身也具有文化价值，且是最高意义和最本质的文化价值。无论何种社会形态的存在和发展，都有其特有的文化需要，这种文化需要只有通过人的文化创造活动来满足，从而产生文化价值。

（二）文化价值的属性

文化价值的属性是指文化价值的性质与关系。从"性质"方面来看，文化价值的属性包括历时性、共时性、现时性；从"关系"方面来看，文化价值的属性包括自然属性和社会属性。王征国（2013）认为，文化价值的"历时性、共时性、现时性"三维属性反映文化发展的三大矛盾，即在历时性上表现为传承与转换的矛盾，在共时性上表现为民族化与国际化的矛盾，在现时性上表现为现实与理想的矛盾①。文化价值的自然属性反映的是人与自然的关系。文化价值的社会属性反映的是人与人的关系。

1. 文化价值的历时性

文化价值的历时性既体现为人在改造自然、社会和人自身的过程中创造文化，又体现为文化随着社会发展不断地满足人的需要。也就是说，文化的产生、发展贯穿于社会发展的全部历程，是连续性和阶段性的统一。连续性源自文化的永恒价值。文化的永恒价值是指文化的"持久作用"，即这种文化无论在过去，还是现在和未来，都将存在于人们的生活之中，历久弥新，价值永恒，它是推动社会历史发展的不竭动力。例如，中华文化中的爱国主义精神、诚信原则、和谐思想等，这些中华传统文化之所以能够穿越时空，贯穿于中华民族的历史发展长河之中，永恒定格在中国人的生活之中，其最根本的原因就是它的永恒价值。千百年来，"人生自古谁无死？留取丹心照汗青""一言既出驷马难追""和为贵"等观念和传统美德，一直受到人们的广泛传颂和支持，没有随着社会制度的更迭而消亡，也没有随着历史的变迁而变迁。不仅如此，它还能随着中国人的迁移而漂洋过海，流传到世界各地，可以这样说，只要有中国人存在的地方，都会有这种爱国主义精神、诚信原则和和谐思想。

阶段性源自文化的历史价值，因为一定社会的文化体现着一定社会条件下人的本质。也就是说，某种文化只能在特定的历史阶段起作用，一旦历史变了，这种文化就退出了历史舞台，失去了价值，它只是以其阶段性瞬间在人类历史演进中留下不可磨灭的痕迹。例如，历史文化遗产，包括物质文化遗产和非物质文化遗产，其存在虽然具有特定的历史条件和时代特征，但从广义上说，它必然对于人类文明有一定价值，在单向的计时体系中必然属于"过去"，属于广义的"历史的"定义，它留住了文化的记忆，使人们能够了解过去历史时期的社会发展水平、生活方式、道德习俗等，具有一定的历史价值。但是，如果这些文化遗产通过分析评估、选择改造和综合创新，也能够实现传统文化向现代文化的转型。正如习近平总书记在十九大报告中所言："深入挖掘中华优秀传统文化蕴含的思想观念、人文精神、道德规范，结合时代要求继承创新，让中华文化展现出永久魅

---

① 王征国：《论文化价值的三维整合》，《吉首大学学报》（社会科学版）2013 年第 5 期。

力和时代风采"。此外，还有产生于新民主主义时期的革命文化，它是中国共产党领导中国人民，在反帝反封建斗争中所形成的独特革命遗存和革命精神，是一种特殊的文化现象。革命文化凝聚着坚定的理想信仰，蕴含着中华民族的价值追求，其核心是革命精神，表现为艰苦奋斗、勇往直前、公而忘私、坚韧不拔等。革命文化虽然产生于革命战争年代，但至今仍然具有现实意义。因为在社会主义建设时期，改革也是一场"革命"，是在坚持社会主义基本制度的前提下，改革与社会生产力发展不相适应的各种管理体制，是社会主义制度的自我完善和自我发展。这种"革命"同样需要艰苦奋斗、勇往直前、公而忘私、坚韧不拔的革命精神，革命文化所蕴含的精神品质是新的时代条件下建设社会主义文化的精神力量，是实现中国梦的精神支撑。

2. 文化价值的共时性

文化价值的共时性是指不同种类和性质的文化之间所具有的"共生"价值，"表现为民族性与国际化共存、对抗与合作同在、西方的科学主义与东方的人文主义互补，从而形成了求同存异的文化板块，使各种不同的文化冲突得以化解，使极端的文化选择得以制衡"①，从而使各种相互冲突和矛盾的价值选择趋于一种平衡发展的态势。按照进化论的观点，文化价值之所以具有共时性，其原因有三个方面。一是人类本质的一致性。人类本质的一致性表现为人的劳动的同一性，即人类无论属什么种族，在从事社会实践方面都是一样的，劳动社会实践是其本质力量的外化。文化作为人的社会实践活动创造的结果，凝结着无差别的人类劳动，都耗费了人类的体力和脑力，这是所有文化产生和发展的共同源泉。二是各种文化都遵循秉承一脉的发展规律。虽然国家之间的经济、政治、文化、科技发展程度不同，在时间上也有快有慢，但都是按照自己民族的文化发展脉络继承发展、循序渐进的，不会超越某个阶段，必须一脉相承地发展的。三是依自然法则运行。也就是说，文化的共时性主要是由人的本性的普遍相似性和人的生活环境的普遍相似性两个因素决定的。文化共时性的存在，说明每个国家都不是一座文化孤岛，国内外文化的碰撞与交流是所有国家民族文化产生与发展的重要因素之一。特别是在全球化、信息化高速发展的当今时代，文化的交流碰撞是世界

---

① 王征国：《论文化价值的三维整合》，《吉首大学学报》（社会科学版）2013年第5期。

文化进步的一个重要条件,也是推动文化多样性的内在要求。作为一个中国人,如果不能理解、发掘和展示中华传统文化的世界价值,就很容易陷入"只有西方文化中所倡导的那些观念、西方文化的经典才具有普世性价值"的泥潭,这种把中华文明自外于世界的观念不仅错误,而且还十分有害。实际上,无论哪一个国家的文化,都属于世界文化的一部分,都是人类文化,是世界各民族的共同财产。中华民族作为人类社会大家庭中的一员,在人类进步史上的贡献,并不逊于其他任何国家或地区。历史发展已经证明,中华优秀传统文化之所以优秀即具有杰出的人类贡献,其根本原因在于历史上那些在中华文明建构的进程中具有重要且关键作用的理念和价值精神,不仅符合中华民族的利益,同时也符合世界各国人民的根本利益。中华文明中创造与流传的那些经典文化不仅得到本民族人民的喜爱,同时也能为世界各国人民所共享。如近年来,随着中外文化交流的日益频繁,中华优秀传统文化得以广泛传播,全国各地有数十个戏曲剧种的艺术家和剧团走出国门,所到之处无不受到热烈的欢迎,从而进一步印证了中国传统艺术形式所具备的世界价值。

3. 文化价值的现时性

文化价值的现时性是指文化在现行条件下所能产生的价值。这里的文化包括中外文化体系;这里的价值既有个别价值,也有共同价值。现时性的文化个别价值是指在现实生活当中,各种文化的自我实现、群体实现,以及各种各样的价值选择及其实现中,作为分散的、带有盲目性或偶然性的价值,它们与共同价值既相矛盾又相一致。共同价值是指人们为满足其共同的需求、实现其共同的利益而达成的价值共识,是一种共识价值。文化价值的现时性涉及文化价值的选择问题,有个人的自我选择,有群体的群体选择,还有社会集团选择。由于个人之间、群体之间、社会集团之间的心理、动机、目标等是由具体的文化环境产生出来的,具有差异性,所以文化价值的自我选择、群体选择和社会集团选择具有个别性和特殊性,是一种带有盲目性或偶然性的价值力量。这些价值力量并不"协调一致",而有相互矛盾、相互冲突之处,与社会文化价值体系也并非完全一致,常常发生背离。只有在某一特殊文化情境下,自我、群体和社会集团的价值选择目标才会与社会文化价值体系相符合。但是,他们作为整个社会的价值力量,无论如何选择,都必须以他们所处的社会文化价值体系为基础,服从于整个社会文

第四章　基于青少年社会主义核心价值观教育的文化价值评价依据及原则

化价值体系的规律性。"社会文化价值体系是历史上各种文化特质的价值和功能及社会全体成员共同参与的结果，它是一个社会各种文化系统的价值整体"①，它赋予一个民族和国家全体人民共同的价值心理和观念，并产生共同的思维和行为方式。例如，建设中国特色社会主义和实现伟大的中国梦，就是中华民族的共同理想，是历史和现实的必然选择。因此，从本质上讲，文化价值的现时性是一种面向未来的思考。这种思考使文化价值具有引领作用，即在价值认同的基础上，引领和整合多样性的社会文化现象和多样化社会思潮，最大限度地达成思想共识，使整个社会的价值取向向着更加积极健康的方向发展和完善。

4. 文化价值的自然属性和社会属性

文化价值的自然属性存在于文化的自然属性之中，因为文化是人类在社会历史实践过程中所创造的物质财富总和，本身就是一种价值表现。唯物史观认为，人首先是一种自然的存在，为了维持自己的生存，就必须进行生产劳动，"正如任何动物一样，他们首先是要吃、喝等等，也就是说，并不'处在'某一种关系中，而是积极地活动，通过活动来取得一定的外界物，从而满足自己的需要"②。文化作为人的实践活动的结果，既是特定历史条件下人的活动的前提条件，也是人的现实本质的反映，即"个人怎样表现自己的生活，他们自己就怎样，因此，他们是什么样的，这同他们的生产是一致的——既和他们生产什么一致，又和他们怎样生产一致"③。从实践角度揭示文化的本质，就表现为人的实践能力是人的本质力量的对象化。在这一过程中，人们必然会同自然界发生着联系，从而产生物质文化，形成文化的自然属性。不仅如此，在实践过程中，人与人之间必然会结成一定的生产关系。处于生产关系之中的个人，绝不是孤立的个体存在，而是必然要受到他所处的现实关系制约的社会存在。离开社会的纯粹抽象的个人，在这个世界上从来就不存在。实际上，任何人类个体都必定属于一定的社会形式、处于一定的社会关系之中，人的社会化实践活动形成了精神文化和文化的社会属性。因此，文化是自然属性和社会属性的统一。从文化的自然属性和社会属性审视文化的价值，就产生了文化价值的自然属性和社会属性。文化价

---

① 王征国：《论文化价值的三维整合》，《吉首大学学报》（社会科学版）2013年第5期。
② 《马克思恩格斯全集》（第19卷），人民出版社1963年版，第405页。
③ 《马克思恩格斯选集》（第1卷），人民出版社1995年版，第67、68页。

值的这两种属性使得文化价值既包括人在改造自然过程中所创造的各种物质文化价值，也包括人在改造自然过程中所创造的各种精神文化价值，同时还包括它们对人的需要的满足。

总之，从总体上说，文化作为人类实践活动的产物，有着历时性、共时性和现实性的价值，但各种不同文化在价值上也有不同，其原因在于人的文化需要的复杂多样，从而所形成的文化价值关系也千差万别。例如，一些对于某一个社会生活群体具有文化价值的事物，对于另一个社会生活群体可能就不具有文化价值，甚至可能还具有反面价值，如"三纲五常"对于封建统治阶级具有文化价值，"经济人"假设对于资产阶级具有文化价值，但它们对于无产阶级和广大劳动人民来说，却毫无文化价值，只有文化压迫。所以，在社会主义社会研究文化价值，必须要克服文化价值的分裂和对抗，这也是社会主义核心价值观教育中文化载体建设的一项重要任务。

（三）文化价值的研究意义

文化是价值观的载体和外在表现。青少年社会主义核心价值观教育作为一种价值建构的活动和过程，必须立足于坚实的文化基础之上才有可能实现。但当前社会上存在的文化形态价值并不都是有利于青少年社会主义核心价值观教育的。因此，研究承载核心价值观的文化形态的价值，优选呈现内容，是落实核心价值观教育的前提。

1. 文化价值研究有利于合理定性人的价值

由于人以实践的方式表达自己的生命存在，其追求的理想是人的自由全面发展，所以人是基于"人"自身的标准和理想来改变外部世界的自然和自身的自然，通过不断改善自身的外部环境和生存状况，以及完善自身的品质，达到自由全面发展的目的。这便有了某个对象与这种目标、意向是否顺应的问题，也就是文化价值问题。例如，科学技术的发展由于拓展了人的理性能力，增加了人对外部世界的认知，从而提高了人的主体性和自由度，因而有了文化价值；道德因建构了伦理关系和伦理秩序、价值标准和行为准则等人际规范而使人们能够和谐共生，因而具有了文化价值；审美活动因创造理想境界而使人的内在品质升华，因而也具有文化价值。由此可见，通过文化价值的考察，可以使人们明确人自身的发展目标和意义。

第四章　基于青少年社会主义核心价值观教育的文化价值评价依据及原则

2. 文化价值研究有利于促进人的全面发展

文化的本质是"人化"，其价值体现为文化对规范和优化人的生命存在所具有的意义，促使人趋向标准的、理想状态的人，这是文化价值的核心和实质性问题。研究文化价值就是"让人回到人的本质中，回到人以能动的实践变革现实、创造文化的永恒运动中，回到人不断扬弃世界的自在性、臻于自觉和自由的无限过程中，回到人追求真善美的无限努力中"①。文化的首位价值是使人不断地深化和提升自己。这种人不断深化自己的过程实际上是一个从外到内，从感觉到精神、理性，而后到意识，最后达到自我超越的过程，从而不断提升人认识世界、改造世界的能力。

3. 文化价值研究有助于促进社会进步

从文化价值的角度理解世界，把主客体紧密地联系起来，立足于这样的前提："主体在深化自己的过程中深化世界的对象性、在深化世界的对象性过程中深化自己的主体性，它们是一个相互作用、双向深化的动态过程"②。文化价值由于提升了人的生命存在的意义，使人"更是人"，是一个不满足于世俗、市侩、平庸的生活而追求高品位、高境界的生活的人，所以人必须通过文化努力地设计和创造自由、理想的状态，使人前进到更高级、更文明的社会状态。

二、基于青少年社会主义核心价值观教育的文化价值评价及理论依据

社会上的文化有着复杂多元的性质和形态，不同的文化有不同的价值，它们对人的价值观形成产生不同的影响和效果。当前，我国社会的文化形态、文化构成表现出多元化和多样性的特点，只有对多样性和多元化的文化价值做出判断和评价，才能从中明晰哪些是健康有益的文化，哪些是颓废没落的文化，哪些是要大力提倡和弘扬的，哪些是必须要予以批评和制止的，从而引起各级党委和政府部门的高度重视，并认真予以解决，为青少年社会主义核心价值观教育提供优良

---

① 孙美堂：《从价值到文化价值——文化价值的学科意义与现实意义》，《学术研究》2005 年第 7 期。

② 孙美堂：《从价值到文化价值——文化价值的学科意义与现实意义》，《学术研究》2005 年第 7 期。

的文化环境。

（一）文化价值评价

评价的英文是 evaluation，意思是评估和评价过程。学界一般认为，评价是主体对一定价值关系的现实结果或可能后果的认识，包括对事物价值的评价和人的价值评价两种情况。文化价值评价就是对文化是否具有满足人们需要的属性所持有的肯定或否定的判断，是主体对文化可能具有的价值和文化实践后的意义、成果等进行的评价，它包括文化使人的需要得到满足的情况以及人自己对这一情况的感受和理解是怎样的。它的主要特点是把主体及其需要的尺度引进认识中，依据主体的利益及其价值需要来评判文化，这种评判不是实证性探究。实证性探究属于一般的事实性的认识，是指对客体本身属性、结构、本质、规律的认识，即辨析对象"是什么""怎么样""为什么"，而是规范性探究，属于观念性的认识活动，含有主观判断，即判明文化对主体是好还是坏、有价值还是无价值，如果有价值，还要进一步判明价值是大还是小。如果说在事实性认识中，主体的追求是获得对客体的本来面目的认识，即客体"是什么"问题的认识，那么在文化价值的评价性认识中，主体的追求则是要获得对文化应然性的认识，即客体"应该是什么"问题的认识。换句话说，文化价值评价是人们在观念中把握文化价值的有无与大小的过程及结果。它必须运用一定的尺度、标准，即价值标准，才能衡量价值有无与大小，所以价值评价的科学性首先必须取决于价值标准的科学性。正确评价文化价值不仅需要较高的认识水平，而且还需要掌握正确的方法。首先，要坚持辩证唯物主义的观点。文化价值既有肯定的一面，也有否定的一面，我们既不能肯定一切，也不能否定一切，既要看到肯定中有否定的方面，也要看到否定中有肯定的方面。其次，要坚持个人价值与社会价值的统一。文化价值既包含个人价值，因为个人不仅是文化价值的需求者，而且也是文化价值的承担者，同时也包含社会价值，因为文化价值在社会历史的发展中始终起着非常重要的作用，也就是说，文化价值是个人价值和社会价值的统一，所以评价文化价值也必须从个人价值和社会价值两个方面去衡量。如果仅仅从个人价值方面评价，或者说仅强调个人价值方面，将导致"个人本位论"。个人本位论是一种极端的个人主义，它把个人价值看得高于一切，把个人利益凌驾于社会公共利益和他人利益之上，为达到个人目的，甚至不惜损害和牺牲社会公共利益和他人利益。反之，如果仅仅从社会价值方面评价，而忽略个人价值方面的评价，也将导致"社会本位论"，它企图通过文化的教育使个人消极适应现存的社会秩序，从而否定个人能动性。由于人的本质是社会人，所以在现实社会生活中，个人需要尤其是精神需要，一方面要接受和适应现存的社会现实，另一方面又要不断产生出高于现存社会现实的需要，并谋求超越现存社会现实。唯其如此，社会才能不断发展。最后，要坚持现时价值与长远价值的统一。由于文化价值具有时代性，所以对其评价，既要考虑现时价值，还要考虑长远价值。

（二）基于青少年社会主义核心价值观教育的文化价值评价的理论依据

对社会上存在的各种文化做出价值评价，是弘扬先进文化和改造低俗文化的前提性工作，但评价是一种综合性的工作，既需要一定的理论为评价提供理论论证和支撑，也需要遵循一定的原则和标准来保证评价的科学性和合理性。马克思主义的文化理论、价值理论和人性理论等是进行文化评价的立论依据。

1. 马克思主义文化理论

马克思主义文化理论主要包括马克思主义经典作家文化理论和中国化马克思主义文化理论两部分。马克思主义经典作家文化理论主要是指马克思和恩格斯的文化理论。马克思和恩格斯关于文化价值问题的思考和探索，散见于他们的许多著作中，从《1844经济学—哲学手稿》到《〈黑格尔法哲学的批判〉导言》和《共产党宣言》，再到后来的《资本论》，都有其文化价值思想的精华，这些著作虽研究的对象不同，但却有着同一的文化价值内核，即实现人的自由全面发展。人的自由全面发展是整个马克思主义理论的核心观点和文化价值目标。人的全面发展指的是人的社会关系的全面发展，强调的是人的自我意志得以自由体现，并实现了身体素质和心理素质、物质生活和精神生活的全面协调发展，包括各种需要、潜能素质、人格个性、智慧才能和创造力等得以最充分发展的状态。马克思认为，人要自由全面发展，首要的问题就是人之为人，即明确人的本质。人首先是一种自然的生命存在物，为了维持自己的生存和发展，需要进行生产劳动，与外界进行物质和能量的交换，但同时，人又是一种社会的存在，人的本质又体现在一定的社会关系之中，文化作为人的实践活动对象化的产物，不仅是物质财富的展示和积累，还包含着特定历史发展过程中社会实践主体，即人们的社会关系总和的精神文化。物质财富是人们对物质文化的需求的满足，精神文化融于人的社会关系之中。

　　根据马克思主义唯物史观中的三大社会形态理论，人类社会的发展依次经历以人受自然的支配，人对人的依赖为显著特征的社会；以物的依赖性为基础的人的独立性为显著特征的社会；再到"人的全面发展能力"成为人民共同社会财富的社会。与之相适应，人的发展也经过了三个阶段，在以人对人的依赖性为显著特征的社会，由于生产力水平低下，人类文化创造的能力有限，人处于不自由的状态，连基本的物质需要都满足不了，更谈不上全面发展；在以物的依赖性为基础的社会阶段，随着生产力水平的提高，人的交往关系的扩大，建立了全面的关系，人实现了自我意志的自由，人的个性、人的价值和尊严有了空前程度的发展，但在这一阶段，由于社会制度的不完善以及科学技术的迅猛发展，仍然存在着可能使人的个性受到压抑的客观因素，甚至人被物主宰，沦为"单向度的人"。而共产主义社会是"一个更高级的、以每个人的全面而自由的发展为基本原则的社会形式"①。到那时，人的发展是自由的全面的发展，"人终于成为自己的社会结合的主人，从而也就成为自然界的主人，成为自身的主人——自由的人"②。因为，在马克思看来，共产主义社会不仅生产力高度发展，创造了极大丰富的物质文化，满足了人的身体对物质文化的需要，促进了人的体能的增长和身体素质的提高，而且，共产主义还有着和谐的社会关系，人摆脱了自然条件下对人的依赖和商品经济条件下对物的依赖，人的发展摆脱了任何外在的目的，人"完全按照自己的本质力量自觉自愿地进行实践活动，创造出符合时代发展要求和人的全面发展的社会文化，对人的心理结构、精神气质和行为模式进行模塑，为人民群众提供科学的精神激励和价值引导，为每一个人充分发挥自己的本质力量，确证和实现自己的文化特性和创造才能提供物质保障和精神力量"③。文化的发展既体现了人的本质发展的程度，也体现了人类文明发展所达到的程度。人类社会发展的历史既是生产劳动的历史，也是文化发展的历史。人越全面发展，创造的社会文化财富就会越多，而文化条件越充分，就越能推进人的全面发展。

---

　　① 《马克思恩格斯选集》（第2卷），人民出版社2012年版，第267页。
　　② 《马克思恩格斯选集》（第3卷），人民出版社2012年版，第817页。
　　③ 刘维兰：《马克思文化批判思想及当代启示》，《三峡大学学报》（人文社会科学版）2021年第1期。

第四章 基于青少年社会主义核心价值观教育的文化价值评价依据及原则

因此,恩格斯指出:"最初的、从动物界分离出来的人,在一切本质方面是和动物本身一样不自由的;但是,文化上的每一个进步,都是迈向自由的一步"①。文化价值就是不断地在更大程度和范围上实现着人的全面自由发展,使人类不断从"必然王国"走向"自由王国"。

中国化马克思主义文化理论就是将马克思主义的文化理论同中国具体实际相结合形成的具有中国特色的马克思主义文化理论。中国共产党人以马克思主义经典作家的文化理论为基础,结合中国文化发展和社会发展的实际情况,对文化所具有的价值进行深入探讨,从毛泽东到邓小平、江泽民、胡锦涛,再到习近平,都强调文化的重要作用,秉持文化"为人民服务"的宗旨,是他们关于文化价值认识的共同之处。

文化有重要的作用。在新民主主义革命时期,无产阶级文化是无产阶级整个革命事业的一部分,文化的使命就是"使人民群众惊醒起来",认清自己的历史使命,树立对新民主主义革命的斗志和信心,文化领域是"革命斗争"的重要组成部分,是团结教育人民和打击消灭敌人的有力的武器。毛泽东认为要战胜敌人,光靠拿枪的军队是不够的,还要有文化的军队,并"借以打倒我们民族的敌人,完成民族解放的任务"②。文化战线作为军事战线的重要补充,对于新民主主义革命的胜利发挥了极其重要的作用。新中国成立后,文化的重要作用上升到了展示国家、民族形象的高度,成为保持党的执政领导权的重要支撑。在毛泽东看来,随着经济建设高潮的到来,将必然地出现一个文化建设的高潮,出现文化的大发展。中国人被认为不文明的时代已经过去了,中华民族"必将以一个具有高度文化的民族出现于世界"③。对马克思主义执政党而言,不仅要带领民众建设高度发达的经济基础、先进的政治制度和强大军事力量,还要引领民众支持和认同党所倡导的文化,掌握党对文化领域的领导权。党的十一届三中全会以后,中国共产党人根据新的历史阶段和国情变化,对文化价值重要性做出新的认识,从邓小平的"两手抓,两手都要硬",到江泽民提出"党要始终代表中国先进文化的前进方向",再到胡锦涛提出"加强国家文化软实力建设"的要求,充分说

---

① 《马克思恩格斯选集》(第3卷),人民出版社2012年版,第492页。
② 毛泽东:《毛泽东选集》(第3卷),人民出版社1991年版,第847页。
③ 毛泽东:《毛泽东文集》(第5卷),人民出版社1996年版,第345页。

明了中国共产党人对文化价值重要性认识的深化。

进入新时代,随着国内外形势和条件的变化,习近平总书记对文化价值做出新的科学认知,提出文化是国家和民族生存和发展的精神纽带,对国家精神有重要的支撑、凝聚和引领作用,是国家软实力和社会主义制度优越性的重要标志和表现。在2014年文艺座谈会上的讲话中,他指出:"文艺事业是党和人民的重要事业,文艺战线是党和人民的重要战线。""世世代代的中华儿女培育和发展了独具特色、博大精深的中华文化,为中华民族克服困难、生生不息提供了强大精神支撑。"① 在党的十九大报告中,习近平总书记更是把文化的作用提升到民族复兴的高度,"没有文化的繁荣兴盛,就没有中华民族伟大复兴"②。这是对于新时代文化的地位和作用做出的新的理论阐释,把党对文化价值的认识提升到了一个新的理论高度。

文化为人民服务。在阶级社会中,文化是具有阶级属性的。为什么人的问题,关系到文化的性质和方向。毛泽东认为这"是一个根本的问题,原则的问题"③,人民大众的利益成为鉴别文化的一个标准。与剥削阶级的文化价值观不同,以马克思主义文化价值观为指导的几代中国共产党人共同坚持文化的人民主体地位,秉持文化为人民服务的价值取向。在革命年代,毛泽东提出革命的文化就是大众的文化,文化要为人民大众服务。哪些人是人民大众呢?在延安文艺座谈会的讲话中,毛泽东指出:"最广大的人民,占全人口百分之九十以上的人民,是工人、农民、兵士和城市小资产阶级……这四种人……就是最广大的人民大众"④。他要求新民主主义的文化大力为这四种人服务。新中国成立后,我国的文化建设和发展继续坚持为人民服务的正确方向,虽然人民的概念和范畴与之前有所变化,但其本质是一致的。

党的十一届三中全会后,邓小平、江泽民和胡锦涛继续坚持毛泽东"文化为最广大的人民群众服务"的方针,把满足人民群众的文化需求作为根本出发点和落脚点。在新时代,习近平总书记继续坚持中国共产党"文化为人民服务"的

---

① 习近平:《在文艺工作座谈会上的讲话》,《人民日报》2015年10月15日。
② 习近平:《习近平谈治国理政》(第三卷),外文出版社2020年版,第32页。
③ 毛泽东:《毛泽东选集》(第3卷),人民出版社1991年版,第857页。
④ 毛泽东:《毛泽东选集》(第3卷),人民出版社1991年版,第855–856页。

思想，并把它上升到社会主义文化本质的高度，强调"文化为人民"是关系我国文化事业兴衰成败的关键。在党的十九大报告中，习近平总书记强调："永远把人民对美好生活的向往作为奋斗目标。"具体到文化领域，就是要"满足人民过上美好生活的新期待，必须提供丰富的精神食粮。"要求文化创作不能在为什么人的问题上发生偏差，不能在市场经济的大潮中迷失方向，必须紧紧围绕以人民为中心，把增加人民福祉和满足人民的精神文化需要作为文化建设的根本价值所在。

可见，无论是马克思主义经典文化理论，还是中国化马克思主义文化理论，都认为文化有着重要的作用，为人民服务，实现人的全面发展是文化发展的价值目标。对于青少年社会主义核心价值观教育而言，文化是重要的载体，面对多样化的文化形态和信息，必须要以马克思主义文化理论为指导，制定科学的文化价值评价标准，并对文化价值做出评价，对低俗文化做出判断并加以改造，使其坚持正确的发展方向，为人民服务、为社会主义服务，使青少年在丰富健康的文化世界中，通过参与和体验文化而吸取文化世界思想的精华，由内而发产生稳定的价值观念，促进身心健康发展。

2. 马克思主义价值理论

价值是哲学中最基本的一个概念。对价值这一概念的理解，关系到人们正确价值观的形成和树立。在不同的价值哲学观念下，人们对价值有着不同的理解。立足于辩证唯物的方法论和历史唯物主义基础，马克思恩格斯形成了科学的价值理论，为人们认识世界和改造世界提供了价值导向和价值评价依据。马克思主义认为，价值本质上是主体与客体之间的一种利益关系。马克思说："价值这个普遍的概念是从人们对待满足他们需要的外界物的关系中产生的"①。在日常生活和实践活动中，人们总是根据自己的需要去认识、掌握和改造客体，并利用客体的属性来满足自己的需要。这种主体依据自己的需要对客体及其属性进行认识、选择、改造和利用的特定关系，或者说是客体属性满足主体需要的特定关系就是本文前面所说的价值关系。一般而言，一个事物如果能够满足主体的需要，就是有价值的；如果不能满足主体的需要，就是没有价值的。但马克思主义并不是简

---

① 《马克思恩格斯全集》（第19卷），人民出版社1963年版，第406页。

单地从"价值是客体满足主体需要"的关系来界定和理解价值,而是把价值看成一种客体属性和主体需要的有机统一。一方面,价值不是人们的主观想象和虚构的观念的东西,作为唯一实在的客体,它本身具有价值和意义。客观存在物及其属性是价值关系形成的客观依据,价值总是一定的客体及其属性对主体需要的满足,以及满足主体需要的程度所表现出的价值和意义。另一方面,世界上一切事物的价值及其价值大小都是由人按照自己的需要尺度进行划分和排列的,人既是价值的创造者,也是价值的享用者,人及其需要是价值关系形成的主体依据,而"处于流动状态的人类劳动力或人类劳动形成价值,但本身不是价值。它在凝固的状态中,在对象化的形式上才成为价值"①。客观事物及其属性是为人及其需要服务的,但事物及其属性本身并不是价值,事物本身没有好坏和利弊,只有相对于人而言,事物才有了好坏、善恶、利害和有用无用之分。

马克思主义认为,这种主体需要和客体属性有机统一的价值关系不是自发生成的,而是形成于人改造世界的实践活动中。实践是人的本性,人的实践活动构成了现实世界的基础,也是价值及其价值关系形成的源泉。在实践过程中,主体运用工具和手段作用于自然存在物,使人的本质力量对象化到自然存在当中,使自然存在物的属性和功能不断地呈现出来,被主体认识、占有和改造,变成自己的价值客体,形成了物对人的关系的"使用价值"。随着实践的不断深化,物的有用性得到不断丰富和提高,价值对象的数量和种类也得到不断扩大和增多。同时,实践活动又以物的使用价值为依托,形成了以生产关系为基础的人与人的社会关系,"正是这些人又按照自己的社会关系创造了相应的原理、观念和范畴"②,为使用价值向价值转化创造了必要条件,使人与自然的关系成了"为我而存在"的价值关系。由此也说明,客观事物之所以成为人的价值客体,不仅是因其自身具有的属性,而且取决于人的实践能力和水平。

由于价值是人类实践基础上形成的一种客体属性和主体需要构成的利益关系,这就要求我们在日常生活中分析事物价值时,既不能抛开主体的需要,单纯地从客体方面来理解价值,把价值看成是一种与人无关的客体固有的属性,也不能离开客观事物及其属性,单纯从主体需要来规定价值,把主体及其需要看成是

---

① 《马克思恩格斯文集》(第5卷),人民出版社2009年版,第65页。
② 《马克思恩格斯文集》(第1卷),人民出版社2009年版,第603页。

第四章 基于青少年社会主义核心价值观教育的文化价值评价依据及原则

价值形成的依据和评价事物的价值大小的标准。而且，从根本上来说，单纯的主体需要也不能成为界定价值关系的依据，因为"人的需要离开人所处其中的社会历史环境和条件，就会成为一种'任性'或'欲望'"[1]。价值是人类实践活动的结果，并通过一定的社会关系来表现，从根源上说价值是一种普遍性的概念，具有社会公认的形式和内容。虽然客观事物及其所具有的属性符合和满足主体的需要，使该事物对人而言具有了价值，这也是人们在现实生活中追求和需要的价值。但作为需要的主体，不是纯粹的自然人，而是生活在一定集体和社会中的人，"一定的外界物"是为了满足生活在一定的业已生成的"社会联系中的人的需要服务的"[2]，人的需要的内容及其满足的方式和程度，主要取决于社会发展的状况和个人的社会关系。在现实中，每个人的实践条件和社会关系是不同的，需要也是不同的，一种事物满足某人的需要、对某人有用，这只是价值的特殊性问题，但不一定具有普遍的价值，不一定对他人、集体或社会有用。而且人的需要并非都是合理、正当的，只有对个人和人类的生存和发展有利的需要才是正当、合理的需要，应当予以满足。相反，对于那种不利于人和人类总体生存和发展的不正当需要，不仅不应当满足，而且要加以限制。在马克思主义的价值思想中，不仅包含了主体在实践过程中对自身目的的合理追求，同时还包含着主体对客观规律的认识和把握之后的应该如何的责任，只有引导主体按照规律所要求的主体责任进行活动，才能使自身需要合理并对主客体都产生积极意义。

马克思主义价值理论为青少年社会主义核心价值观教育的文化价值评价提供了方法论指导。对于青少年社会主义核心价值观教育而言，最根本的就是以先进的文化"化人"，使青少年形成正确的价值观。它要求文化生产者不能单纯追求文化的经济价值和效益，而要以社会价值为首位，为社会提供高品质的文化精品，以其内蕴的思想价值引领青少年成长。同时，也要求文化的接受者——青少年在进行文化价值评价和选择时，既要从自身的合理需要出发，也要符合社会普遍的价值要求，对主客体都产生积极意义。

---

[1] 王峰明：《悖论性贫困：无产阶级贫困的实质与根源》，《马克思主义研究》2016年第6期。

[2] 《马克思恩格斯全集》（第19卷），人民出版社1963年版，第405页。

3. 马克思主义人性理论

人性就是与动物相比较而言的人的属性，是由人的本质所决定的，是人所具有的全部规定性的总和。人性是一切哲学问题的出发点和根基，自从人诞生以来，思想家们就基于不同的事实和价值判断，界定着人性的应有内涵，开阔了对人性问题认识的视野。但在马克思主义哲学产生之前，无论是唯心主义还是唯物主义哲学家都对人性做了抽象的理解，只有马克思主义坚持历史唯物主义的方法，既研究人的一般本性，也研究在每个时代历史地发生了变化的人的本性，对人性问题做出了科学的回答。

从普遍性上看，人性是自然属性和社会属性的统一。马克思认为，人首先有自然属性，"人直接地是自然存在物"，而且是"有生命的自然存在物"①。人是从自然界长期演化发展而来的，自然界创造了人类，人是自然界的一部分。自然属性是一种与动物共有的物质性的肉体存在及其特性，人无法摆脱作为自然物被赋予的自然形态。但人之所以为人，并不在其自然属性，而在于其社会属性。与以往思想家们离开现实的人抽象地谈论人性不同，马克思主义"从实际活动的人"出发，在人的现实生活过程中理解和把握人性。马克思说："一个种的整体特性、种的类特性就在于生命活动的性质，而自由的有意识的活动恰恰就是人的类特性"②。这种自由的有意识的活动是人的本质力量的对象化，是人类的本质属性。但如果只是从类上讨论人性的问题，无疑就与抽象人性论没有区别。马克思对人性的思考并没有停留在人的类本质的层次上，而是在肯定人的类特性的前提下，进一步考察现实的人的生产活动过程，深入到自由自觉的活动主体在有意识地改造世界过程中生成的社会关系，提出"人是一切社会关系的总和"这一科学论断。在生产实践中形成的社会关系不是单一的，而是以生产关系为基础的物质关系、政治关系、伦理关系等一切关系的总和，是人性的集中体现。从根源而言，在社会发展的每一历史阶段中的"现实的个人"，其所表现出来的人性都是在与他的社会关系相互影响下形成和发展的，并随着社会关系的丰富而逐渐发展成熟。

从特殊性上看，人性是一个从简单到复杂、从低级到高级的变化发展过程，

---

① 《马克思恩格斯全集》（第42卷），人民出版社1979年版，第167页。
② 《马克思恩格斯文集》（第1卷），人民出版社2009年版，第162页。

第四章 基于青少年社会主义核心价值观教育的文化价值评价依据及原则

因为人作为具有社会性的自然存在物,在受到客观条件制约和束缚的同时,在实践中必将不断产生克服和超越现实制约的力量,推动着自身人性的丰富和发展以及社会的进步。马克思主义从现实的人出发考察人性,必然要从现实的人的需要出发。在《德意志意识形态》中,马克思恩格斯指出:"他们的需要即他们的本性"①。在马克思恩格斯看来,现实的人的需要规定着人性。人正是凭借其需要的无限性和广泛性与动物区别开来。人作为自然的生物,其首要的需要就是吃、喝、住、穿的生存需要,要生存就要进行劳动,劳动这种人的生命活动和生产活动,其"本身对人来说不过是满足一种需要即维持肉体生存的需要的一种手段"②。需要虽然对任何生命体来说都是具有的,但劳动却是人类所独具的活动方式。动物的需要只是生物的本能,而人的需要则是在社会关系中形成的由低到高、由单一到多样化发展的过程,"已经得到满足的第一个需要本身、满足需要的活动和已经获得的为满足需要而用的工具又引起新的需要"③,在这个世界上,每一个人都是"为了自己的某种需要和为了这种需要的器官"在做事情,否则"他就什么也不能做"④。需要既是人进行生产实践活动的内在动力和个体积极性、创造性的源泉,也是显现人性特征的重要内容。现实中存在的人,在内在需要的驱使下进行着实践活动,人的低级需要满足之后又产生新的较高级需要,新的需要引起新的活动。随着实践活动的推进,人的需要不断得到满足和提高,人自身的能力和精神的丰富性也不断得到提升,不断生成人的社会性和精神性,使人开始摆脱自己身上内在和外在必然性的束缚,从事自由自觉的实践,并一步一步地走向自己的应然状态,走向自由全面发展。

如前所述,马克思主义从现实的人出发解答了人性问题。一方面从普遍性上揭示了人所具备的自然属性和社会属性;另一方面从特殊性上展现了人的发展属性,为我们开展青少年社会主义核心价值观教育实践及其文化价值评价提供了重要的理论和方法论依据。青少年社会主义核心价值观教育的文化价值评价要以人的需要和发展本性为依据,不仅要评价传授知识的文化价值,而且还要评价培养

---

① 《马克思恩格斯全集》(第 3 卷),人民出版社 1960 年版,第 514 页。
② 《马克思恩格斯文集》(第 1 卷),人民出版社 2009 年版,第 162 页。
③ 《马克思恩格斯选集》(第 1 卷),人民出版社 1995 年版,第 79 页。
④ 《马克思恩格斯全集》(第 3 卷),人民出版社 1960 年版,第 286 页。

坚定的信念、顽强的意志和崇高的精神追求的文化价值，促使青少年精神上成人，让广大青少年自觉地把个人的命运同祖国和民族的命运紧紧联系在一起，把个人的理想同实现中国梦的宏伟目标紧紧相连，自觉服务祖国，艰苦奋斗，锐意进取，在火热的社会实践中绽放青春，成长为新时代的建设者和接班人。

三、基于青少年社会主义核心价值观教育的文化价值评价原则

原则是一定条件下人们认识事物和分析问题时所遵循的基本准则。恩格斯曾说："原则不是研究的出发点，而是它的最终结果；这些原则不是被应用于自然界或人类历史，而是从它们中抽象出来的；不是自然界和人类去适应原则，而是原则只有在符合自然界和历史的情况下才是正确的。"① 根据马克思主义的这一观点，青少年社会主义核心价值观教育的文化价值评价原则是从青少年社会主义核心价值观教育的实践中抽象出来的，它符合青少年社会主义核心价值观教育的文化价值的实际情况和规律，对青少年社会主义核心价值观教育的文化价值评价起着导向和规范的作用，是保证青少年社会主义核心价值观教育文化价值评价科学与合理的关键。如科学性与艺术性相统一、方向性与规律性相结合、现实性与超越性相统一和社会效益与经济效益相统一等原则。坚持这些基本原则，既是对文化价值做出科学评价的关键，也是抵制低俗文化影响，实现以文化增强青少年社会主义核心价值观教育实效性的关键。

（一）科学性和艺术性相统一

青少年社会主义核心价值观教育的文化价值既要体现科学性，也要体现艺术性，是两者的统一。只有把两者完美地结合起来，才能达到社会主义核心价值观教育的文化价值最优化。

我们这里所说的青少年社会主义核心价值观教育文化价值的科学性，不是指可检验的解释和对客观事物的形式、结构和组织等进行预测的已系统化和公式化的知识体系，而是指青少年社会主义核心价值观教育的文化价值要真实地反映现实世界，对自然、社会和人的生活做出的真实反映，是合乎人性发展规律和符合最大多数人利益的真理性文化价值。文化价值的艺术性主要是指文化在反映现实

---

① 恩格斯：《反杜林论》，人民出版社1970年版，第32页。

社会生活和表达人们的思想感情时所体现出的美好表现程度,以及在语言、形象、情节等方面进行的艺术处理和艺术表现所达到的完美程度。艺术性是文化价值不可缺少的重要内容。中国著名哲学家冯契先生就认为:"艺术家经常使用夸张、虚构等手法,这不是违背真实,而是为了使形象能更好地表现理想。"① 就青少年社会主义核心价值观教育而言,青少年对文化的需求既有情绪、心态和调节等感官的体验与消遣,也有情感和观念等层面价值意义的表达、理解和认可的需求,以及对人生真谛、人生价值意义和理想信仰的领悟和认同的需求,兼具满足青少年这些需求功能的文化价值,既要能反映现实,代表绝大多数青少年的需要,贴近青少年的生活实际,又要充满艺术性,有清晰的褒贬抑扬界线,歌颂伟大、崇高、善良、正义、真诚、进取和无私,鞭笞卑鄙、渺小、邪恶和自私,能唤醒青少年的价值自觉,给他们以奋进激昂的精神力量。实现青少年社会主义核心价值观教育文化价值的科学性与艺术性统一是文化发挥育人的根本所在,也是针对目前社会上一些文化产品和文化创作存在的失真现象和虚假"艺术"问题所提出的要求。当前在文化创造中出现的一些乱象,如习近平总书记在文艺座谈会讲话中所指出的,"有的胡编乱写、粗制滥造、牵强附会,制造了一些文化'垃圾';有的追求奢华、过度包装、炫富摆阔,形式大于内容;还有的热衷于所谓'为艺术而艺术',只写一己悲欢、杯水风波,脱离大众、脱离现实"②。还有一些猎奇、恶搞和歪曲的"艺术"病态,这样的文化既失去了文化价值的"真",也失去了文化价值艺术的"美",难以触及青少年的灵魂、引起他们思想的共鸣,不仅对青少年的价值观起不到教化和引领的作用,还产生极大的负面影响。因此,习近平总书记要求,文化工作者要创造出无愧于伟大时代、伟大民族的优秀作品,要在内容与形式的融合、手段和观念的结合上下功夫,提高吸引力和针对性,把最好的精神食粮奉献给人民。

  文化价值的科学性与艺术性相统一也是符合青少年社会主义核心价值观教育规律的重要体现。社会主义核心价值观是马克思主义中国化的最新理论成果,是对优秀传统文化的继承和发展,也是党带领人民群众进行社会主义现代化建设实践经验的结晶,因此,"科学性"是该理论的主要特点之一,教育内容的科学

---

① 冯契:《论真、善美的理想》,《学术月刊》1982年第1期。
② 习近平:《在文艺工作座谈会上的讲话》,《人民日报》2015年10月15日。

性，必然要求教育方法的科学性。教育是人类最复杂的社会行为之一，尤其是在当前多样、多元的社会文化环境下开展青少年的社会主义核心价值观教育，要把社会主义核心价值观的"科学性"讲透讲明，并让青少年接受、认同，采取简单、硬性的灌输手段和方式，最终只会引起青少年的反感或阳奉阴违。因此，要树立"以人为本"的理念，准确把握青少年的文化需求、思想发展和利益关注等问题，借助"隐性"和"柔性"的手段，利用文化潜移默化的育人作用，采用多种的文化艺术形成，以增强教育的有效性。

（二）方向性和规律性相统一

坚持文化价值评价原则的方向性就是在文化融入青少年社会主义核心价值观教育的实践中，要始终坚持正确的方向，即以马克思主义为指导，不动摇。只有明确了这一原则，我们才能始终保持文化发展的正确方向，坚守文化为人民服务的价值取向，产生与各种腐朽和落后的思想文化做斗争的思想力量。青少年社会主义核心价值观教育鲜明的意识形态性质决定了其不是一般性的利用文化，也不是任何性质的文化都可以利用，它所吸收和利用的文化信息及其内蕴，必须是有利于服务青少年社会主义核心价值观的培养目标，必须有利于青少年的正确价值观的养成，以及青少年道德素质和政治素质的提高。当前，我国文化存在的现实总体趋势是繁荣发展和积极向上的，但也存在一些不符合时代特征和社会主义性质的落后、消极的成分。为此，在文化融入青少年社会主义核心价值观教育的过程中，要对其加以认真仔细的辨析和甄别，以马克思主义理论为指导，对一些消极低俗的文化进行批判、抵制和打击，大力挖掘和创造符合青少年社会主义核心价值观教育要求的先进文化内容和文化载体。

坚持文化价值评价的规律性原则就是融入青少年社会主义核心价值观教育的文化价值要符合青少年的心理、学习及生活实际规律，遵循文化自身的发展规律。社会主义核心价值观作为中国特色社会主义先进文化的核心，作为国家文化特质的集中体现，其理论逻辑并不深奥难懂，对青少年来说，熟记熟背其基本内容不是难事，但要"让它们融化在心灵里、铭刻在脑子中"却需要下一番功夫。社会主义核心价值观是植根于中华文化的沃土之中的，要发挥文化对价值观的涵养作用，但由于青少年成长的特点，决定了他们有着与成年人不同的文化需求，而且不同年龄层次的青少年也有不同的文化需求，如《黑猫警长》之类的动画

第四章　基于青少年社会主义核心价值观教育的文化价值评价依据及原则

片多是学龄前儿童和低龄小学生的喜爱，而《觉醒时代》这样有着崇高精神信仰的历史文化作品，可能对青年或年龄稍长一些的儿童少年才会心有所动，有所启示。也就是说，融入青少年价值观教育体系中的文化要符合青少年的实际，这样才能体现出其真正的育人价值。因此，要发挥文化的涵养作用，必须回归青少年的生活实际，把握青少年现实生活的文化特点及文化需求，这是实现文化融入核心价值观教育有效的基础，也是当前青少年社会主义核心价值观教育的必然趋势和有效途径。

当前，青少年社会主义核心价值观教育的文化建设和文化价值开发，必须立足当代青少年新的思想、生活特点和学习模式，从价值观和文化的本真内涵出发，而不是为了盲目地迎合人的工具性需要，歪曲文化的本来面目和本有精神，实现文化融入的生活化和本真化。正如有的学者所提出的，尊重文化发展的内在逻辑和发展规律，让其回归本真本体，回复它的精神实质和价值本性，"才会有符合它自身发展规律的健康发展"[①]。在文化融入青少年社会主义核心价值观教育过程中，必须坚持文化价值评价的方向性和规律性相统一的原则，就是说，在此过程中，既要坚持社会主义文化的政治立场和发展方向，也要坚持青少年实际的文化需求和发展特点，以及文化融入青少年社会主义核心价值观教育的规律，使文化及其价值更加适合青少年价值观教育的需要，增强社会主义核心价值观教育的实效性。方向的正确与否直接关系到文化及其价值的性质，关系到育人的方向和效果。当然，不遵循青少年的文化生活实际和文化发展的规律，文化在价值观教育中的有效性就难以实现，方向性也难以发挥作用。因此，青少年社会主义核心价值观教育的文化价值评价，首先必须坚定文化发展的社会主义方向，用中国特色社会主义先进文化滋养和引导青少年的价值观。其次，必须在文化融入青少年社会主义核心价值观教育的过程中尊重青少年的文化实际，满足他们的文化需求，同时还应合乎文化本有的价值意蕴。

（三）现实性与超越性相统一

根据马克思主义唯物史观，实践是人的本质力量对象化的一种物质性和精神性相统一的活动，实践创造了人类生活的文化世界。从横向来看，人类的实践活

---

① 梁江：《让文化回复精神本性》，《读书》2012 年第 6 期。

动总是在一定的社会历史条件下进行的，而在实践之中产生且呈现和反映这种实践过程的文化，同样也是一定社会历史条件下的产物，其总是通过历史的具体的形式表现出来，并在一定社会历史环境和条件下发挥其作用功能。因此，文化具有一定的时代性和现实性。从历史发展的纵向来看，实践既蕴含着人现实的物质需要、物质生产和物质交往，又蕴含着人的欲望、理想和目标，人们在实践中不断丰富和提升自己的物质世界和精神世界，超越现实，走向未来。实践的这种特点决定了人的文化存在的现实性和超越性。

人的文化存在的现实性是指文化对现实社会、现实人生以及个人、民族和国家发展的关注，赋予人现实生存的本领、技能和规范。文化存在的超越性是指文化并不是简单地迎合和止步于现实生活，文化作为一个意义和价值系统，它不仅现实地规范着人类实践的性质、目的和方法，而且还在对现实生活批判性认识的基础上，关注生命存在的终极价值和意义，追寻人们精神栖息的家园。精神家园是人的各种主观意识的凝练和综合，它既是对客观世界的一种积极能动的反映，又是对客观世界的当下性和有限性主动自觉的超越。现实性和超越性成了文化价值不可或缺的两个方面，没有现实性价值的文化，就脱离了现实生活的基础，成为无本之木、无源之水，同样，没有超越性的价值引领，文化也就失去了发展的动力，成为一潭死水。

青少年社会主义核心价值观教育作为使青少年"成人"的教育，其目的不仅要把青少年培养成为适应现实生活和时代需要的人才，更要将他们培养成为能面向和把握未来生活、担当民族复兴大任的接班人和建设者，成为现实与理想相统一的人。也就是说，对青少年进行社会主义核心价值观教育既是青少年健康成长的现实需要，也是青少年担当中华民族伟大复兴大任的未来需要，是为行将出现的未来社会培养人才。从人的文化存在来看，进行青少年社会主义核心价值观教育，培养现实性与超越性相统一的人，理所当然要立足于人的文化现实性与超越性相统一的存在指向，揭示和展现人的发展过程以及实践的生成性与超越性的特质，达到核心价值观教育完善与人的自我发展完善的统一。因此，青少年社会主义核心价值观教育的文化价值必须坚持现实性和超越性统一的原则。

在青少年社会主义核心价值观教育过程中，坚持文化价值的现实性与超越性相统一，就是融入青少年社会主义核心价值观教育的文化价值必须要契合青少年发展的时代特征,并反映他们的现实文化需求。习近平总书记指出:"一切有价值、有意义的文艺创作和学术研究,都应该反映现实、观照现实,都应该有利于解决现实问题、回答现实课题。"① 中国特色社会主义文化建设不仅要坚定文化的社会主义方向,还要有现实感和方向感,不能只是隔岸观火和坐而论道,要树立以人民为中心的价值导向,深入青少年的现实生活,把握青少年的文化脉搏,了解青少年的文化时尚,关注青少年的文化热点和文化现象,运用青少年喜爱的形式和语言,创作出更多文化精品,在满足青少年文化需求的同时,又能提高青少年的思想政治和道德素养,就如习近平总书记所言,好的文化作品就"像蓝天上的阳光、春季里的清风一样,能够启迪思想、温润心灵、陶冶人生,能够扫除颓废萎靡之风"②。在当前多种文化并存的形势下,塑造有责任担当的社会主义事业的建设者和接班人,是中国特色社会主义先进文化对青少年明确的价值取向。中国特色社会主义文化是根植于时代的大众文化之中的,是先进的时代精神对民族优秀传统文化的继承,是先进的民族文化与先进的世界文化的融会,中国特色社会主义文化代表着先进文化的前进方向,对当代和未来社会有重要的引领和推动作用。因此,在青少年社会主义核心价值观教育的文化选择上,要坚持以中国特色社会主义文化的先进性来铸魂育人。

(四) 社会效益与经济效益相统一

社会主义核心价值观教育文化价值的社会效益,是指文化作为上层建筑中意识形态的范畴所具有的对促进人民群众全面发展和社会进步的价值引导和思想引领的作用和功能。文化价值的经济效益是指文化所产生的经济收入和利益。虽然社会主义核心价值观是一种精神文化,进行社会主义核心价值观教育是一种先进文化的传播活动,但社会主义核心价值观教育的文化价值则不仅具有社会效益和意义,还包含经济效益和意义,是社会效益与经济效益的统一。

因为,经济与文化作为社会结构的两个重要组成,是共生共存和相辅相成的。马克思说:"每一历史时代的经济生产以及必然由此产生的社会结构,是该时代政治的和精神的历史的基础。"③ 文化是社会物质生产实践的结果,文化的

---

① 《习近平看望参加政协会议的文艺界社科界委员》,新华社新媒体,2019-03-05。
② 习近平:《在文艺工作座谈会上的讲话》,《人民日报》2015年10月15日。
③ 《马克思恩格斯文集》(第2卷),人民出版社2009年版,第9页。

繁荣和发展必须建立在一定的物质基础和经济实力之上，对青少年进行社会主义核心价值观教育，不仅仅是引导和教育的问题，更主要的是依靠社会主义的社会现实和直接实践，推动社会主义文化大发展大繁荣，提升公共文化服务水平，健全文化产业体系，生产出更多的文化精品，满足青少年的文化生活和精神需求，这样才能普遍地提高青少年的审美水平和文化素养，进而促进他们对高雅文化的需求度，促进他们对社会主义核心价值观的接受和认同。要实现这些任务和目标，没有相当发达的物质资料的生产和强大的物质基础是不行的，只有繁荣社会主义经济，大力发展文化生产力，为文化发展提供坚实的经济基础，才能为青少年参与文化生产和进行文化消费提供强大的物质经济支撑。但在强调经济基础对文化发展的决定作用的同时，也要重视文化发展对经济基础的反作用。如果忽视文化对经济因素的反作用，使文化发展单纯遵循生产过程和市场逻辑，只是以经济利益为取向，唯商品化和工具化，就会丧失文化自身的意义性内涵和社会责任感，不断地把文化推向平庸和低俗，不仅起不到对青少年教育引领的作用，而且还会引起民族精神迷失的忧患。因此，实现以文化人，对青少年进行社会主义核心价值观教育，要求文化必须具有社会效益，要有一种价值的凝聚力和引导力，发挥对民众进行价值规范引领和灵魂锻造的"育人"功能，彰显文化促进人全面发展和社会进步的精神内蕴。

当前，在文化发展过程中，部分文化产品出现了经济效益与社会效益相分离的现象，给民众精神、特别是对青少年社会主义核心价值观形成带来很大的负面影响，如何保持文化经济效益与社会效益的合理张力，实现二者的有机统一，是文化建设的首要问题。在党的十九大报告中，习近平总书记指出：要"加快构建把社会效益放在首位、社会效益和经济效益相统一的体制机制"①。这就要求我们在文化建设过程中，必须要始终坚持社会主义文化发展方向，以"双效合一"原则指导文化建设，正确处理文化的社会效益和经济效益的关系，不能单纯以经济指标衡量文化的发展，而是把社会效益和经济效益同时纳入量化考核范畴。既要彻底解放思想，按照社会主义市场经济的要求进一步深化文化体制改革，完善文化管理体制，解放和发展文化生产力，破除各方面体制机制的障碍和弊端，利

---

① 习近平：《习近平谈治国理政》（第三卷），外文出版社2020年版，第34页。

用市场和资本的"伟大的文明作用",来推动文化产业和文化事业的繁荣发展,为人民群众提供丰富的精神食粮。

同时,也要求我们的文化建设要摆脱市场和资本逻辑布控下文化的片面发展,坚持以人民为中心的创作导向,始终把社会效益放在首位,反对把文化视为工具和手段的实用主义的功利文化观,要求社会主义文化建设者们要坚持无产阶级文化的党性原则,坚持马克思主义的指导地位,不能在市场经济的大潮中迷失方向,必须要承担起文化弘扬者和传承者的使命和责任,大力推进发展社会主义先进文化的广阔实践,以社会主义核心价值观为引领,营造良性健康的文化环境,塑造丰富的文化理念,培育具有高尚品格的社会主体,在文化竞争与挑战中,以价值观自信整合、引领其他文化形式,实现人民群众的文化自觉、文化自信和文化自强。这既是中国特色社会主义制度的内在精神和本质规定,也是当前青少年社会主义核心价值观教育对中国特色社会主义文化建设的基本要求[①]。

四、基于青少年社会主义核心价值观教育的文化价值评价标准

人们通过文化价值评价来衡量、揭示和把握文化价值,从而给自己提出认识世界和改造世界的任务。对于青少年社会主义核心价值观教育而言,必须以一定的文化标准对社会上存在的各种文化现象进行评价,区分出先进与优劣,并对低俗文化予以打击和治理,对先进和有益文化进行弘扬,从而消除低俗文化的影响。但评价是一种带有强烈主观性的活动,要对一种文化价值的优与劣、先进与落后进行衡量与评价,必须按照一定的标准进行。所以,掌握科学而合理的评价标准,是对文化价值做出准确评价的基本前提和保证。

文化价值的本质规定决定了人的文化需要是其最根本的评价标准,因为文化价值是人与文化之间的意义关系,包含着文化对于主体需要的满足。在现实社会中,每一个人、每一个群体、每一个国家,都自觉或不自觉地以其自身的需要和利益来评价文化价值,并且在很多情况下,这种评价常常会受到人的偏好、规范、理想等因素的影响,人们把符合自己的偏好、规范和理想的东西判断为有价值的,反之则是没有价值的。但是,不管怎样,这些偏好、规范、理想最终都根

---

① 刘维兰:《马克思文化批判思想及当代启示》,《三峡大学学报》(人文社会科学版)2021年第1期。

源于人的需要。人的需要是多维的,是人的不同层次需要的反映。由于多维的需要之间可能会存在着各种矛盾和冲突,所以文化价值的科学评价需要建立多维标准,同时还要协调好多维标准之间的不一致问题,如个体价值标准与社会价值标准的关系、当代价值标准和未来价值标准的关系。

由于人的需要作为一种衡量文化价值的根本尺度,以潜在的形式存在于偏好、规范和理想之中,并决定着人的偏好、规范和理想,所以,作为文化价值评价标准的人的需要,既包括人作为单个人的个体需要,即个人需要,也包括人作为社会人的群体需要,即社会需要。这些需要实际上产生评价文化价值的个体标准和社会标准。由于个人需要和社会需要之间既有一致性,也有差异性,所以这两个标准之间也是一样,既具有相同或者一致的方面,也具有不一致的方面。换一个更大的角度来看,文化价值的个体标准和社会标准的关系问题,在更大范围内实际是个人与社会的关系问题,两者既有联系又有区别。就联系来说,按照马克思主义的观点,个人与社会关系的基础是实践,作为一种关系性的存在,个人与社会处在不可分割的关系之中,它们互为前提、互相依赖、互相创造。就区别来说,无论是思想理论上,还是人们的实际生活中,个人和社会总是存在着两种完全不同的立场:个人主义与集体主义,这也是东西方文化的根本性区别。以集体主义为核心的东方文化认为社会优先于个人而存在,社会作为一个整体决定和支配着任何个人的行为和动机。以个人主义为核心的西方文化则相反,认为个人优先于社会而存在。因此,对于社会主义核心价值观教育的文化价值评价来说,在个人需要与社会需要、个体标准与社会标准的关系上,既要突出强调社会需要和社会标准,但也不能否定个人需要、个体标准,更不能用个人需要、个体标准取代社会需要和社会标准。要从人自身的社会需要出发,以社会利益和个人利益作为标准,体现真、善、美的统一。"真"是指符合事物发展的规律;"善"是指促进人类进步和社会发展;"美"是客体作用于主体,使主体产生一种精神上愉悦的体验。三者统一构成了文化价值评价的标准。实际上,从个人需要和社会需要的结合来考察文化价值评价的标准,主要可以归结为两条,"第一,能不能构成健康有益的社会生活?能够构成健康有益的社会生活的文化,就是应当支持和提倡的;否则,就是应当反对和制止的。第二,能不能推动社会进步?能够推动社会进步的文化就是应当支持和提倡的;否则,就是应当反对和制止的。这两条标准,是对'坚持为人民服务、为社会主义服务'的具体运用"①。具体来说,文化价值的评价标准主要包括以下三个方面。

第一,文化价值必须体现"真"。真即真理,文化价值评价标准要符合科学的真理。由于科学的真理是对事物发展规律的反映,所以文化价值要以事物发展的必然性和规律性的要求作为参照物。这里的事物发展规律不是指自然规律,而是指社会历史发展规律,因为文化在本质上是实践的,是对人们社会实践活动过程的反映。文化价值评价尽管是依据主体的目的进行的,但它依据的标准却离不开科学的真理。一旦离开这个标准,文化价值评价则是一种盲目的、无效果的评价。马克思主义认为,先进的文化必须符合社会的先进的生产方式与交换方式的要求。也就是说,只有那些能够反映先进的生产方式和交换方式发展要求的文化,才是先进的文化,才是科学的真理,而那些反映落后的,已经丧失历史必然性和规律性的文化,不仅不具有先进性,而且也不具有文化价值。

第二,文化价值必须体现"善"。善即对他人的善、对社会和国家的善。也就是说,文化价值评价标准要能够促进人类进步和社会发展,即符合合理性的要求。文化价值的合理性要求是指文化对人们的需要和利益的满足。这里的人们是指人类集体,而非个人。为了个人的生存和健康,而无视别人的生存和健康,是一种极端狭隘的个人主义,不利于人类社会的延续,是资本主义人性论思想。另一方面,由于人们在社会中所处的地位和利益不同,人们的文化观念中所蕴涵的价值诉求也必然存在差异,甚至是对立的。在各种不同或对立的文化价值诉求中,必然存在着一个是否合理的问题。虽然每个人都可以力争自己的价值诉求是合理的,但是都合理即不存在合理,因为在这种情况下,便不存在评价标准。按照马克思主义的观点,衡量一种文化价值是否具有合理性,既不能以个人的价值诉求作为参照物,也不能以某个阶级的价值诉求作为参照物,而是必须以整个社会的价值诉求作为参照物。具体来说,一种文化是否有价值,主要应看它是否有利于促进人类进步和社会发展。

第三,文化价值必须体现"美"。美即美感,是人类的一种精神追求。作为目的而言,文化的功能在于满足人的精神需要。但是,那些能够满足人们精神需

---

① 周文彰:《论文化价值观》(下),《中国党政干部论坛》2006年第11期。

要的文化，并不都是"美"的文化，如那些仅仅满足少数人需要的，或者是低级趣味、反动迷信的文化，绝不可能是"美"的文化。所以，这里的"美"不是指针对某个人或某些人的"美"，而是指针对人类的"美"，其要求是人类的基本要求，是人类生存和发展必不可少的，对于陶冶人们的情操，增强人们的意志，推动人们积极向前，均具有极其重要的价值作用。文化中"美"的价值是指人们在审美活动中直接欣赏对象的美而激起的兴奋、愉悦的程度。它是一种精神上的满足，超越了动物的本能，与人类的社会实践活动息息相关。随着人类社会实践活动的发展，人类的"美"也在不断扩大和发展，不断增加新的内容和意义。在社会主义社会，文化的"美"既要充分体现广大人民群众的利益和愿望，也要满足广大人民群众不同层次、不同方面，且丰富和健康的精神需要，同时又能激发广大人民群众建设社会主义的积极性。因此，能够体现人类"美"的文化，才具有价值。

本章小结

文化是人们生活的主要方式和环境，是塑造与涵养核心价值观的重要载体。一个人价值观的形成很大程度上受其接受的文化及其生活的文化环境影响。当前，我国社会的文化形态、文化构成表现出多元化和多样性的特点，既有先进高雅的主流文化，也有落后低俗的文化，需要对各种文化的价值进行鉴别、评价，以引导青少年进行正确的文化消费，抵制低俗落后文化，以先进文化的熏陶和浸润，促进青少年对社会主义核心价值观的接受和认同。因此，明晰文化价值内涵，建立文化价值评价的依据和原则，确立评价的标准和指标体系，运用科学的评价标准对文化的价值进行评价，是弘扬先进文化，抵制和改造低俗文化，实现以文化人，以文育人的前提，也是实现青少年社会主义核心价值观教育实效性要解决的问题。

社会主义核心价值观教育的文化价值是指文化作为人的全部劳动活动产品对于人和社会的发展所具有的意义和价值。在千姿百态的文化信息和文化现象中，解决如何对文化的价值进行评价、用什么样的标准进行评价、依据是什么这些问题，是进行文化价值评价的关键，也是抵制低俗文化，实现以文化人，提高青少年社会主义核心价值观教育实效性的关键。要保证文化价值评价标准设计的科学

第四章 基于青少年社会主义核心价值观教育的文化价值评价依据及原则

以及评价的合理,既需要一定的理论作为支撑,也需要遵循一定的原则。经过归纳梳理,笔者认为,马克思主义的文化理论、价值理论以及人性理论是文化价值评价的依据,而科学性与艺术性相统一、方向性与规律性相结合、现实性与超越性相统一和社会效益与经济效益相统一等,是进行文化价值评价标准设计和进行文化价值评价时所要遵循的原则。遵循这些基本原则,在文化标准的制定上就要坚持从人自身的社会需要出发,以社会利益和个人利益作为标准,体现真、善、美的统一。

第五章 消除低俗文化对青少年社会主义核心价值观教育影响的路径

青少年社会主义核心价值观教育是一项系统工程，是国家发展的长久主题，非一日之功能完成，不能搞运动式和强制灌输的宣教活动。习近平总书记在中央政治局第十三次集体学习时强调，"必须立足中华优秀传统文化"；"要增强文化自信和价值观自信"；"要切实把社会主义核心价值观贯穿于社会生活的方方面面"；"要从娃娃抓起、从学校抓起，做到进教材、进课堂、进头脑"；"要利用各种时机和场合，形成有利于培育和弘扬社会主义核心价值观的生活情景和社会氛围，使核心价值观的影响像空气一样无所不在、无时不有"①。这就为消除低俗文化对青少年社会主义核心价值观教育的影响，真正实现以文化人提供了重要的思路。

一、夯实青少年社会主义核心价值观教育的文化基础

文化建设是人类社会生存和发展的重要内容。不同民族、不同国家在不同历史时期有着不同的文化建设任务及内容。融入青少年社会主义核心价值观的文化有着鲜明的意识形态性质和历时性，与当代中国的文化建设紧密相关。在当代中国，建设中国特色社会主义文化是文化建设的主要任务和主要内容。在党的十九大报告中，习近平总书记指出："中国特色社会主义文化，源自于中华民族五千多年文明历史所孕育的中华优秀传统文化，熔铸于党领导人民在革命、建设、改革中创造的革命文化和社会主义先进文化，植根于中国特色社会主义伟大实

---

① 习近平：《习近平谈治国理政》，外文出版社2014年版，第164-165页。

践"①。这不仅指出了中国特色社会主义文化是中国的、是社会主义性质的文化，而且指出了中华优秀传统文化、革命文化及社会主义先进文化是新时代中国特色社会主义文化的基本内容和主要构成。这也表明，青少年社会主义核心价值观教育的文化建设，必须要继承和创新中华民族优秀传统文化，坚守和弘扬革命文化，发展和繁荣中国特色社会主义先进文化，同时要积极应对文化发展中出现的异质现象，引导大众文化健康发展，夯实青少年社会主义核心价值观教育的文化基础。

（一）继承和创新传统文化

中华优秀传统文化是青少年社会主义核心价值观教育的文化根基。文化是人们生产实践活动和智慧的结晶，不同的生产生活方式形成了不同的民族文化特性。在几千年的历史长河中，中华民族各族儿女在特定的自然环境和历史条件下，辛苦劳作，努力创造和耕耘，积淀形成了辉煌灿烂的中华文化。从内涵上来说，中华传统文化主要"是指在长期的历史发展过程中形成和发展起来的，保留在中华民族中间具有稳定形态的中国文化，包括思想观念、思维方式、价值取向、道德情操、礼仪制度、风俗习惯、行为方式、生活方式、宗教信仰、文学艺术、教育科技、文物典籍等"②。中国传统文化的优秀成分是注重传统人伦，充满爱国主义情怀和民本思想，讲求和谐。其中，天人合一、道法自然、厚德载物、自强不息的人生哲学；与时俱进、变化日新的进取精神；"经世致用"的历史责任感；修己爱人、自省慎独、自尊尊人、敬业乐群的君子人格；中庸、物极必反、万物并育和变常相宜的辩证思维；"己所不欲，勿施于人"的交往态度；以及勤俭持家的家风家训等等，已经融汇成了中华民族的民族精神。方立天先生在其《民族精神的界定与中华民族精神的内涵》一文中认为，民族精神实质上就是民族文化的优良传统，是中国传统文化在对待和处理人与人、人与社会、人与自然等各类关系时所坚持的根本立场和基本原则，同时他把中华民族精神凝练为务实精神、重德精神、宽容精神、自强精神以及爱国精神五个方面③。中华传统文化不是产生于过去的凝固不变的僵死文化，而是连接着过去、现在和未来的

---

① 习近平：《习近平谈治国理政》（第三卷），外文出版社2020年版，第32页。
② 刘芳、种剑德、王玉红：《中国传统文化》，中国传媒大学出版社2015年版，第9页。
③ 方立天：《民族精神的界定与中华民族精神的内涵》，《哲学研究》1991年第5期。

生命之流。中华传统文化精神虽历经千年变迁，但至今仍具有持久的生命力和影响力，因为它们已经融入中华民族的血液之中，内化为中华民族的生命基因，随着时间的流逝不断发展，并以其特有的价值取向、思维方式和精神特质支撑起中华民族生生不息和发展壮大的思想源泉，成为中国人性格的真实写照和独特的精神标识。今天的中国人，其价值观念无时无刻不在延续着过去。

社会主义核心价值观作为全体中国人民的价值追求，始终贯穿着中华优秀文化的精神。如在核心价值观的国家层面所倡导的"富强、民主、文明、和谐"的理念中，就蕴含着传统文化的"天人合一""王者富民""厚德载物"和"民为邦本"等思想，反映了中国人民追求国家富强的共同理想；在社会层面所倡导的"自由、平等、公正、法治"观念中，蕴含着传统文化中的"允执厥中""兼爱""尚同"和"隆礼重法"等思想；在个人层面所追求的"爱国、敬业、诚信、友善"的价值目标，包含了"宅兹中国，心系天下""敬业乐群""诚信为本""仁者爱人"等优秀美德……可见，社会主义核心价值观与传统文化无论是在核心理念，还是价值追求上，都有着高度的契合性。社会主义核心价值观作为当代中国文化的核心和灵魂，不是无源之水而凭空产生的，而是深深地根植于中华民族独特的历史文化传统之中。虽然它是在新的实践基础上对人类文明优秀成果的吸收和借鉴，表现出鲜明的时代特征，但从其精神内核和文化基因来看，仍然与中华优秀传统文化一脉相承，是在扬弃的基础上对中华传统文化思想精华的继承、超越与创新的产物，蕴含着中华民族长久以来的特有情怀和精神追索。中国优秀传统文化为社会主义核心价值观的形成提供了深厚的思想文化土壤和精神文化传统。

从青少年社会主义核心价值观教育来说，它是一种形成人的精神生产活动，虽有鲜明的政治内涵，但却不是纯粹的"政治"价值观。实际上，社会主义核心价值观教育是一种文化实践活动，有着鲜明的文化特征。培育和践行社会主义核心价值观的关键问题，是帮助和实现青少年对社会主义核心价值观的认同，而核心价值观的认同与文化认同紧密相连。因为，人的思想和价值观念是在历史和现实所积淀的文化环境中形成的，它不可能脱离社会、历史和文化而孤立显现，优秀传统文化虽居于过去，但却不只属于过去，它是中华民族的精神祖先，是我们走向现代的原因和依据，也是当代中国主流文化身份认同的重要标识。传统文化作为核心价值观的"文化基因"和深厚土壤，为青少年社会主义核心价值观教育提供了独具特色的文化的出发点和道德的立足点。社会主义核心价值观教育只有立足于传统文化的沃土之中，才能得以培育和践行。就如习近平总书记所言，"中国传统文化博大精深，学习和掌握其中的各种思想精华，对树立正确的世界观、人生观、价值观很有益处"[①]，"提倡和弘扬社会主义核心价值观，必须从传统文化中汲取丰富营养，否则就不会有生命力和影响力"[②]。

诚然，传统文化在价值观教育中的价值已经得到党和政府高度的重视，得到专家学者的普遍认同，但是在青少年价值观教育实践过程中，传统文化的价值并没有得到充分的重视，表现为青少年缺乏传统文化基本素养，传统文化的表现形式和载体创新发展滞后。现在，很多青少年对传统文化的认识和了解仅来自于一些"戏说"和"搞笑"的影视节目和小说，致使青少年核心价值观教育中传统文化的价值元素没有得到充分展现和利用，加上西方文化强势入侵，使青少年对于传统文化的认同感不足，盲目崇拜西方文化，对中国传统文化却渐行渐远。当维系国家和民族生存发展的传统文化价值观念受到来自各方的负面影响而发生扭曲、变形时，必然会动摇其文化认同的根基，对社会主义核心价值观的接受和认同就只能是一种期望了。

因此，在新时代，培育和践行社会主义核心价值观，关键课题就是要开掘传统文化的当代价值，以中华优秀传统文化滋养社会主义核心价值观。在全球化和网络化深入推进、社会急剧转型，传统生活方式日益解体的当今时代，如何开发、挖掘优秀传统文化在新时代的实际价值，怎样在青少年社会主义核心价值观教育实践中利用传统文化并使其发挥更大的价值和作用，应成为人们思考和探索的重点。习近平总书记指出，"要认真汲取中华优秀传统文化的思想精华和道德精髓，……深入挖掘和阐发中华优秀传统文化讲仁爱、重民本、守诚信、崇正义、尚和合、求大同的时代价值，使中华优秀传统文化成为涵养社会主义核心价值观的重要源泉"[③]。在青少年社会主义核心价值观教育实践活动中，一方面，

---

① 习近平：《在中央党校建校80周年庆祝大会暨2013年春季学期开学典礼上的讲话》，《人民日报》2013年3月3日。

② 习近平：《习近平谈治国理政》，外文出版社2014年版，第170页。

③ 习近平：《习近平谈治国理政》，外文出版社2014年版，第164页。

要充分发挥传统文化的作用，必须保持中华传统文化的民族本色，保持中华民族共有的精神记忆和文化传承，当然这不是向传统文化的简单复归，因为传统文化是在长期的历史进程中形成的庞杂文化体系，其中既有精华，也有糟粕。必须结合时代和实践发展，实现传统文化的创造性转化和创新性发展。要深入开掘传统文化中社会主流价值观构建的思想智慧，将其同社会主义核心价值观教育需求精准对接，把社会主义核心价值观的价值导向和价值理想与优秀传统文化中的价值观念有机结合，彰显优秀传统文化的教化力量。另一方面，要加强青少年的传统文化教育，要在学校的课程设置和教学体系中将传统文化纳入其中，提供让青少年系统学习中华优秀传统文化的平台，要丰富传统节日和历史文化遗产的内涵，利用传统节日、历史文化遗产以及开展传统文体节目活动等对青少年进行传统文化教育，使传统文化以新的形式和内容进入青少年的日常生活，以生活化的形式有效发挥其"化民成俗"的教化作用，提升青少年的道德修养和精神力量，打牢社会主义核心价值观的文化认同根基。

（二）坚守和弘扬革命文化

革命文化是中国特色社会主义文化的重要组成部分，是培育和践行社会主义核心价值观的独特载体和特色资源。习近平总书记在党的十九大报告中指出："继承革命文化，发展社会主义先进文化，不忘本来、吸收外来、面向未来；更好构筑中国精神、中国价值、中国力量，为人民提供精神指引"[①]。提出了以革命文化培育和践行社会主义核心价值观的重要使命。"革命文化"这一概念，最早是由瞿秋白在其《东方文化与世界革命》一文中提出的，但他并没有对何为"革命文化"进行过专门阐释，只是针对中国革命形势的需要，并结合本人的特殊经历，提出需要建设无产阶级新文化以夺取文化领导权的命题，并对革命文化的大概内容与发展路径进行了设想。在领导新民主主义革命实践的过程中，毛泽东对什么是"革命文化"及其作用进行了深入的思考，认为革命文化就是在五四运动之后，以无产阶级和中国共产党为代表的文化生力军在反帝反封建英勇斗争过程中所形成的文化成果。毛泽东认为，革命文化有着非常重要的作用，"革命文化，对于人民大众，是革命的有力武器。革命文化，在革命前，是革命的思

---

① 习近平：《习近平谈治国理政》（第三卷），外文出版社2020年版，第18页。

第五章　消除低俗文化对青少年社会主义核心价值观教育影响的路径

想准备；在革命中，是革命总战线中的一条必要和重要的战线。而革命的文化工作者，就是这个文化战线上的各级指挥员"①。党的十九大报告指出，中国特色社会主义文化熔铸于党领导人民在革命、建设、改革中创造的革命文化和社会主义先进文化，植根于中国特色社会主义伟大实践。革命文化是中华民族独特的精神标识和中国文化自信的三大源泉之一。可见，革命文化的内涵是不断丰富和深化的。具体而言，革命文化就是中国共产党在马克思主义的指导下，领导全国各族人民在争取国家独立、民族解放和实现人民幸福的革命、建设和改革的实践进程中所创造的文化成果，体现了中国共产党人的理想信念、精神追求和无产阶级价值观。从时间维度来看，革命文化发端于五四运动之后，形成于中华民族救亡图存的新民主主义革命时期，丰富于社会主义革命和建设时期，在改革开放和现代化建设的新时期，又不断增添新的内容，赋予革命文化以新时代中国特色社会主义的内涵。革命文化作为时代化实践的产物，有着厚重的历史性，既传承了中国优秀传统文化的精神，凝聚了中国共产党和中国人民的伟大革命精神，内蕴着中国共产党人积极向上的理想信念和价值追求，又催生和链接了社会主义先进文化，其丰富的精神内涵和深厚的文化底蕴，为中华儿女重新找回和树立文化自信注入了定力，也为新时代人们接受和认同党的革命历史和革命精神提供了重要支撑。"它作为一种优质的文化基因，也必然成为中国特色社会主义文化建设的固本之髓"②，构成了中华文化和中华民族最独特的精神标识，是捍卫中国特色社会主义文化阵地和保护社会主义意识形态安全最稳固的文化自信。

社会主义核心价值观构成了不同历史时期形成的革命文化的价值内核。社会主义核心价值观虽是党的十八大才正式提出的，但却是中国共产党带领人民在革命、建设及改革开放的实践进程中逐步形成的核心价值观念和价值目标，贯穿着共产党始终如一的历史使命和精神追求。革命文化记录了中国共产党诞生与发展的历史进程，揭示了马克思主义指导地位如何被中国共产党选择、确立并始终不渝地坚持，以及中国特色社会主义道路选择的历史必然性，见证了没有共产党就没有新中国、没有共产党就没有中华民族伟大复兴的历程，展现了中国共产党人高尚的革命精神风范和优良的革命传统，凝聚了广大人民群众对党的事业支持、

---

① 毛泽东：《毛泽东选集》（第2卷），人民出版社1991年版，第708-709页。
② 李康平：《中国革命文化基本理论问题研究》，《马克思主义研究》2015年第7期。

参与所表现的思想智慧和革命精神。从革命文化的丰富内涵与重大价值来看，革命文化为社会主义核心价值观教育提供了凸显民族特色、承载激情岁月的民族集体记忆的多样化文化载体，革命文化所体现的客观事实和历史样态，是理解和把握社会主义核心价值观时代意义的历史维度和精神底色。如果离开革命文化，我们就无法触摸和感知近代以来中国独特的历史命运，就无法真正理解社会主义核心价值观是"民族振兴途中的价值观崛起"①。

习近平总书记指出："中国革命历史是最好的营养剂，多重温这些伟大历史，心中就会增加很多正能量"②。革命文化虽是一定时代实践的产物，但随着时代主题的变化，它依然能够迸发出生机和活力，历久弥新，最根本的原因就在于其所蕴含的精神价值及其独特的育人功能，这也是新时代进行青少年社会主义核心价值观教育可以利用的独特资源。但改革开放以来，随着市场经济的转型和社会主要矛盾的转化，以及国外资产阶级意识形态等负面思潮乘虚而入，西方的普世价值以及"告别革命"的历史虚无主义开始甚嚣尘上，贬低和否认革命所发挥的作用，否定党领导人民在革命、建设和改革历史实践中所取得的成就，给感性有余而理性不足的青少年造成了认知上的混乱和模糊，阻碍了革命文化的传播，导致革命文化在人们特别是青少年的全部精神需要的价值序位中呈明显的下降趋势，影响民众特别是青少年正确价值观的形成。正如习近平总书记所说，"光荣传统不能丢，丢了就丢了魂；红色基因不能变，变了就变了质"③。因此，在推动中国特色社会主义文化繁荣发展的历史新阶段，必须弘扬革命文化，阐发新时代的价值意蕴，开辟利用革命文化资源的新途径，以此保证具有中华民族独特标识的社会主义核心价值观教育文化载体的持续构建与功能发挥。

一方面要整合革命文化资源，探析革命文化传承的方式。要从顶层设计上统筹安排，重视加强革命文化创新发展的基础工程建设，加大革命文物的保护力度，着力开发、打造适应新时代需求的革命文化特色产业，丰富革命文化的资源库，运用吸引青少年的革命文化资源，打造革命文化的认知空间，要构建革命文

---

① 韩震：《民族振兴途中的价值观崛起》，《光明日报》2014年4月14日。
② 《党面临的"赶考远未结束"——习近平总书记再访西柏坡侧记》，《光明日报》2013年7月14日。
③ 习近平：《习近平谈治国理政》（第二卷），外文出版社2017年，第183页。

化话语常态化建设机制，让民众更广泛地感受中国革命文化话语的时代影响。当前，我国意识形态领域的斗争非常激烈，历史虚无主义泛滥，更加需要我们保护和利用好红色的革命文化资源，与历史虚无主义做斗争，为青少年树立正确的文化观、历史观与国家观营造良好的环境氛围。另一方面，要加强青少年革命文化教育。要把信念的火种、红色的基因一代代传下去。要用红色基因引导广大青少年树立正确的世界观、人生观和价值观。革命文化是一定历史时空中的实践产物，随着时空的流转，随着见证革命文化形成的亲历者的逐渐减少，人们心中的记忆也会渐渐淡去，对于当代青少年而言更会成为一种陌生的事物。因此，必须做好对青少年的革命文化教育，将革命文化教育纳入学校教育体系，增强对革命文化的课程建设，切实使革命文化进教材、进课堂，成为学习的重要内容，抓好革命文化及其革命精神的"理论灌输"。同时，要把革命文化巧妙地融入校园文化之中，完善革命文化教育的实践基地和平台，运用新媒体技术和文学艺术等载体实现革命文化和革命精神的具象呈现，使青少年能够在丰富的内容、多样的形式和真切的情感体验中了解革命历史，学习英雄人物的英勇事迹，感受革命文化的精神魅力，潜移默化地接受教育和价值引领，不断增强他们对革命文化的情感认同和理性认同。

（三）繁荣和发展社会主义先进文化

文化是一种教育力量，一切内容和形式的文化创造与文艺创作都含有某种价值观，不同的文化具有不同的价值内容，对人所起到的化育作用是不同的。"一个人是否能够合法、合理地谋求自身利益，跟其所接受的文化熏陶直接相关。先进的文化能够对行为主体作出善的指引，……而落后的文化则可能对行为主体加以恶性的指引。"[1] 习近平总书记在文艺座谈会上的讲话中也曾做过一个比喻，他把好的文艺作品比喻为蓝天上的阳光和春季里的清风，认为其能够启迪思想、温润心灵、陶冶人生，能够扫除颓废萎靡之风[2]。其后，在全国宣传思想工作会议上，他又提出要发展社会主义先进文化的重要任务，要求用社会主义先进文化铸魂，培养社会主义的合格建设者和接班人。

---

[1] 李萍、钟明华：《文化视野中的青年道德社会化》，中山大学出版社2003年版，第26页。
[2] 中共中央宣传部：《习近平总书记在文艺工作座谈会上的重要讲话学习读本》，学习出版社2015年版，第26页。

什么是先进文化呢？先进是相对于落后而言的一个概念，是指优秀的、位于前列的、可作为表率的。从本质上来说，文化作为一种精神现象和精神产品，是对社会存在的反映，其性质是由社会发展状况和社会性质所决定的，生产力是社会发展和社会性质的最终决定力量，看一种文化是否先进，首先要看其对社会生产力发展所起到的作用，只要适应生产力发展要求，推动社会进步发展的文化就是先进文化。不过，在生产力中，人是最积极能动性的因素，生产力的发展水平和状况要通过人的活动来实现，一种文化的先进与否，最根本的还在于其对人的利益的实现及其实现程度。由此而言，先进文化就是相对于过去时代的落后文化而言的，是对先进的经济、政治等社会存在的反映，是适应时代进步的要求，推动生产力解放和发展，符合社会发展方向和广大人民利益的，能够促进人的发展和社会进步的文化。人类文化的发展是合规律性与合目的性相统一的过程，科学性是先进文化的灵魂，反映了文化发展的规律性和连续性，体现了生产力发展的要求，文化是由人所创造的，文化发展的目的是为了人的发展，因此，文化必然具有大众性。而且，在文化发展的过程中，随着时代和实践的发展，文化需不断进行选择和创造，在对民族文化进行传承的同时，吸收借鉴和融合世界优秀文化，吐故纳新。文化的先进性既要体现规律性，又要体现目的性，先进文化必然是集"民族性与世界于一体、时代性与创新性于一体以及科学性与规律性于一体的文化集合体"[①]。就当代中国文化的先进性而言，就是既要能够体现中国特色社会主义的发展要求和社会主义的优越性，对中国的现代化发展和社会进步发挥着积极的促进作用，又传承和发扬传统优秀文化的精髓，融合当代文化的精神，具有民族风格和特色。在当今多样化的文化种类中，具有如此禀赋和特点的先进文化，就是中国特色社会主义文化。在党的十九大报告中，习近平总书记指出："发展中国特色社会主义文化，就是以马克思主义为指导，坚守中华文化立场，立足当代中国现实，结合当今时代条件，发展面向现代化、面向世界、面向未来的，民族的科学的大众的社会主义文化。"[②] 中国特色社会主义先进文化是凝聚和引领全国人民共同奋斗的精神动力。

由于社会主义先进文化所体现的精神主要是关于现实社会"应当如何"的

[①] 李保全：《先进文化范式与先进文化建设》，《求实》2004年第6期。
[②] 习近平：《习近平谈治国理政》（第三卷），外文出版社2020年版，第32页。

第五章　消除低俗文化对青少年社会主义核心价值观教育影响的路径

价值观念，因此，毫无疑问其会对现实社会的发展产生巨大的导向作用，对民众的价值观起到积极的引领作用。而且社会主义先进文化内蕴着社会主义核心价值观的基本内容，要使民众形成对以核心价值观为灵魂的文化的自觉和主流意识形态理论的信服，并产生理性的认同，仅仅依靠思想和制度上的强制力量是不行的，还必须发挥社会主义文化潜移默化的熏陶作用。同时，以先进文化建设引领当前多元化的社会思潮，能够为社会成员提供共同遵从的价值取向和价值追求。对于当代青少年而言，接受先进思想文化的熏陶，树立正确的文化观、历史观、民族观和国家观，系好人生的第一粒纽扣，既是其个人成长成才的重要契机，也是推动中国特色社会主义建设事业发展和实现中华民族伟大复兴中国梦的重要载体。从当前的现实来看，一些青少年既缺乏对民族文化的理解和接纳，也缺乏对西方文化的正确理解和判断，以及在众多文化资源中进行选择的能力，所以在当前多样性的文化场景中很容易陷入无所适从的境地，阻滞其对社会主义核心价值观的接受和认同。因此，在文化多样化发展的当今时代，进行青少年社会主义核心价值观教育，不仅要高度重视文化建设，而且还要强调文化的性质、品格、价值和作用，抵制落后低俗的文化，用社会主义先进文化来育人，实现青少年对社会主义核心价值观内在的接受和认同。

　　以中国特色社会主义先进文化的繁荣和发展推动价值观教育，促进青少年社会主义核心价值观的认同与践行，必须坚持文化发展的正确方向、民族特性以及开放视野。首先要坚持以马克思主义为指导，马克思主义是人民的理论，是中国共产党的指导思想，在革命、建设和改革的实践过程中，中国共产党将马克思主义和中国优秀传统文化相结合，赋予传统文化以新的生命和样态，孕育和发展了革命文化及社会主义先进文化，引领着新时代我国社会主义意识形态和文化发展的方向，谱写出21世纪马克思主义的新篇章。对马克思主义的信仰是中国共产党和中国人民产生文化自信的力量源泉和理论保障。坚持以马克思主义理论为指导，是中国社会主义先进文化建设的本质特征，是关系民族命脉和人心凝聚的首要问题。在全球化时代世界各种文化激荡交锋的背景下，只有坚持马克思主义的指导地位，才能促进中国特色社会主义文化在新时代繁荣发展，确保文化发展"为人民服务"和"为社会主义服务"的价值指向不发生偏差，从而引导民众、特别是青少年树立正确的历史观、价值观和人生观。其次，要保持文化鲜明的民族特性。文化的民族特性是文化的民族风格、民族气派和民族精神的理论体现，反映了民族的振兴要求和发展方向。中国特色社会主义先进文化是具有"中国特色"的先进文化，这是我国先进文化建设区别于其他国家的个性特征。先进文化建设绝不是失去民族特点和本源的全新文化再造，而是中华民族优秀文化传统赓续和承继基础上的创新。因此，在文化建设过程中，要以马克思主义及其中国化理论为指导，树立以文化自觉为前提的文化自信，立足中国社会主义建设实践，并结合中国民族文化分散多样的客观现状和文化发展的实际情况，应用富有时代精神的文化理想，着力打造中华民族文化繁荣发展的辉煌图景，书写中华文化的独特魅力，彰显中华文化的活力，使我国先进文化永远立足于世界先进文化之林。再次，要树立宽广的文化发展视野。社会主义文化的繁荣发展不仅要有鲜明的民族特色，还要有面向未来、面向世界和面向现代化的宽广胸怀和高远视野。习近平总书记指出："越是民族的越是世界的。解决好民族性问题，就有更强能力去解决世界性问题；把中国实践总结好，就有更强能力为解决世界性问题提供思路和办法。"[①] 在世界日益开放包容的今天，发展中国社会主义先进文化，不能妄自菲薄，搞历史虚无主义，也不能夜郎自大、盲目排外，必须以开放的胸怀和包容的姿态，对待不同文明，吸纳各种文化资源的养分，并丰富和发展中华文化，构筑强大的中国特色社会主义文化体系，形成培育社会主义核心价值观的深厚土壤，并以其文化涵养滋润青少年社会主义核心价值观的养成和践行。

（四）规范和引导大众文化

大众文化是一种以现代传媒技术为支撑，以娱乐大众和获取经济效益为宗旨的日常文化形态。大众文化的产生，是生产力和社会进步的必然要求和表现。在生产力落后的时代条件下，文化创作是只有少数精英才能从事的特殊工作，与之相适应，文化也只是少数人享有的专利。随着生产力的发展和技术的进步，文化生产的空间得以释放，文化不再是少数精英的专利，而成为一般性的共同资产，渗入到普通大众的日常生活。在 20 世纪 70 年代，大众文化开始传入中国。在中国，大众文化的兴起和发展也是一个文化向大众逐渐靠近和渗透的过程。在高度集中的计划经济时期，权力过于集中和"泛政治化"的文化内容压制了人们的

---

① 习近平：《习近平谈治国理政》（第二卷），外文出版社 2017 年版，第 340 页。

第五章　消除低俗文化对青少年社会主义核心价值观教育影响的路径

文化生活空间，限制了个体多样化的文化需求。而随着改革开放和经济体制的转型，人们的文化生活开始改变往昔文化中"泛政治化"的内容和"辉煌叙事"的单调场域，逐渐向大众正常人性需求的文化生活回归，表达了对大众生活和大众感情的关注。特别是20世纪90年代以来，随着改革开放的深入推进和经济的快速发展，大众文化取得了更大的发展空间，开始快速地膨胀和扩张，并发展成为在中国影响最大、受众最多和影响领域最广的文化形态，如今大众文化已经渗入到社会生活的各个方面，成为大众日常文化生活的重要资源，从而使得大众在获取思想资源时拥有了新的路径。

当今的青少年恰恰是在大众文化的背景和环境中成长起来的，他们的思想意识、情感喜好、生活方式甚至行为习惯等都打上了大众文化的烙印。在审美形态上，以滑稽和娱乐为主要特征，更多地关注感官的刺激和自我的感受，在穿着上开始显示出对充满活力的动态和个性化的追求，在个人喜好上，崇尚西方的好莱坞电影、网络游戏和流行音乐，从好莱坞的大片到日韩的肥皂剧，从肯德基、麦当劳到各种大话、戏说和恶搞，从草根文化到各种"Live秀"，从流行歌曲到嘻哈服饰，从电子游戏到网上漫游，从"跟风"到"追风"，使青少年无形地沉浸于大众文化之中。不可否认，大众文化拓展了愉悦身心的空间，在一定程度上丰富了青少年的精神生活，开阔了他们的视野；但大众文化又承载着一定的意识形态，通过"灌输"不同的意义和价值观影响着人们的思想和行为。对于这一点，人们日常生活中随处可见的各种广告就很有代表性。在形形色色的广告中，所推销产品的"神奇"功能被无限放大，刺激着人们的感官，勾起人们消费的欲望。大众文化疯狂地制造着"时尚"，并在互联网的推动下，全方位、全时段地对大众进行信息轰炸，于是追逐"时尚"开始变成了一种所谓的"幸福"，消费主义价值观和即时享乐的现代生活理念开始全面泛滥。而且，大众文化中还隐含着一种低俗化的倾向和危险。因为，大众文化以营利为主要目的，而最能够迎合大众口味的唯有欢乐，娱乐性是大众文化的一个重要特点，导致部分文化生产和文化内容把感官刺激作为创作的价值标准，缺乏文化底蕴和历史反思的虚构内容，使文化行为中的精神意义被抽空，造成大众的低级趣味，寓教于乐被阉割成为一种纯粹的"傻乐"，"于是乎各种真人秀、偶像剧、泡沫剧等娱乐性节目大受欢迎，各种插科打诨、歪曲恶搞、无聊小事、明星杂闻层出不穷。更有甚者，网络直播为了博取眼球和赢得点击量，不惜触碰道德和法律的底线，提供各种新奇、低俗和具有视觉冲击力的直播内容，甚至连严肃的新闻也进行娱乐化的包装。大众文化的泛娱乐化现象打破了既有的文化生态，成为塑造政治伦理、社会风貌及价值格局的决定力量。于是，在娱乐化的洪流中，人们失去对于现实生活的真实体验，穿梭于各种信息之中，漫游在无意识的领地，寻求感官刺激，关注八卦绯闻，沉溺于个体的声色之娱，在各种猎艳观奇中流连忘返，随波逐流，与此相伴而生的是人们开始放弃对意义与价值的追问及理性的自觉，忘却了深入思考和道德责任承担，日渐丧失自我创造快乐的能力和正确的政治判断力"[①]。青少年对大众文化的迷恋，无形中会对主流价值观产生较强的消解作用，削弱其对主流价值观的认同。

特别是随着全球化的推进，西方的大众文化裹挟着其价值观和意识形态，已渗透到人们日常生活中的所有方面，对青少年的影响越来越大。新加坡《联合早报》早在2000年1月21日就刊登了一篇题为《美国社会的粗野化》的文章，文章指出："美国文化和社会正在不断地粗野化，美国人心目中只有自我——充满物欲的自我。这样的文化今天正蔓延到全世界。愈来愈粗俗的美国文化消解了传统的道德和价值，不但腐蚀西方世界的年轻一代，而且对非西方国家的青少年造成了严重的消极影响，给全世界带来了危害。"[②] 时至今日，虽时隔20余年，西方大众文化对青少年的消极影响不仅没有减弱，而且随着全球化和网络化的深入推进，还在不断增强，给青少年社会主义核心价值观的培育和践行造成很大障碍。

青少年社会主义核心价值观教育离不开文化生产对大众文化的价值引领。众所周知，大众文化是以市场为导向的，资本逻辑和市场逻辑是其发展的主要动力，在当前文化多样性的发展态势下，如果任由大众文化按照市场逻辑自由发展，其必然会偏离正确的方向，对某些成年人以及处于青春期选择能力不强的青少年产生不良影响。因此，加强对大众文化的规范与引导，是社会主义核心价值观教育文化建设所不可忽视的内容。

---

① 刘维兰：《网络传播境遇中思想政治教育话语权提升问题研究》，《云南农业大学学报》（社会科学版）2020年第2期。

② 《联合早报》2000年1月21日。

一方面，要以先进文化和社会主义核心价值观引导大众文化生产的社会主义方向，走出商业性与品位性二元对立的思维误区。要求既要尊重大众文化的商业性特点，搞好市场化运作，又要使大众文化生产摆脱资本和市场逻辑布控下的片面发展，在大众文化的生产创造中要始终把社会效益放在首位，遵守文化产业与道德理性相统一、经济效益与社会效益相统一的原则，使大众文化发展符合社会主义先进文化的要求，反对视文化为工具和手段的实用主义的功利文化观。要求文化工作者、特别是大众文化生产者和经营者们坚持无产阶级文化的党性原则，坚持马克思主义的指导地位，不能在市场经济的大潮中迷失方向，必须要承担起文化弘扬者和传承者的使命和责任，正确处理文化的教育功能和休闲功能的关系，以社会主义核心价值观为引领，大力推进发展社会主义先进文化的广阔实践，以包容性和开放性的气度和胸怀，吸收人类文明的一切优秀文化成果，在包容互鉴中形塑大众文化的品格，用社会主义核心价值观所提供的价值精神，积极引导和规范大众文化提升思想品位，不断完善大众文化高尚的人文情怀和高雅的审美情趣，使大众文化的发展更加规范化和科学化，及时纠正出现的低俗和媚俗化倾向，使大众文化真正担负起"以文载道"的责任，变"拒教于乐"为"寓教于乐"，使其在有益于身心健康的"文化盛宴"中茁壮成长。

另一方面，要重视和发挥大众文化的意识形态功能，实现社会主义核心价值观与大众文化的无缝对接与充分融合。在当今网络化和多样化的文化氛围中，要使社会主义核心价值观深入青少年的内心，持续发挥作用和影响，必须改变过去那种纯理论化和强制性的刻板说教方式，而要遵循青少年的认知规律和特点，符合青少年的认知水平。因此，必须把社会主义核心价值观与大众文化相结合，将核心价值观所倡导的价值追求融入大众文化作品和娱乐活动中，用流行的文化符号和话语方式赋予核心价值观以新的表现形式和表达方式。同时，要找准社会主义核心价值观扎根日常生活的利益契合点，关注青少年的文化需求，满足青少年的文化利益，只有真正解决他们日常生活和学习中的实际问题，实现他们的利益需求尤其是精神生活领域的利益，才能使他们真正感受到社会主义核心价值观的意义以及践行的必要所在。可以说，这样做不仅增强了社会主义核心价值观的吸引力、亲和力和感染力，使青少年真正入脑入心，同时也真正起到了引导和规范大众文化的作用。

二、形成青少年社会主义核心价值观教育的文化合力

毋庸置疑,价值观教育作为思想政治教育的活动,是学校教育的必要内容,学校教育理所当然是价值观教育的主要战场。但学校教育绝不是文化教化的唯一途径。因为,马克思说:"人的本质不是单个人所固有的抽象物,在其现实性上,它是一切社会关系的总和。"① 人是社会的人,是生活在一定的社会关系之中,生活在一定的家庭、学校和社区群体场域之中的,人的价值观的形成与社会、学校、家庭和同伴等方面的客观因素密切相连,这决定了青少年社会主义核心价值观教育是一项长期的系统工程,是全社会共同的事业,家庭、学校和全社会都有责任,单独依靠学校教育必然是独木难支,必须整合各方力量,才能产生各种教育优势资源融合而成的叠加效应,实现育人的"协同效应"。

(一)发挥政府的文化规导力

政府是代表国家发布命令、表达意志和处理事务的机关,由于其行为主要以公共利益为服务目标,这就赋予政府非常强大的力量,使其成为国家权威的表现形式和国家力量的执行载体,它可以通过法律、法规和制度等具有强制性的手段规范、约束人们的行为,也可以通过宣传主流思想和政策方针等导向性手段引导社会舆论和人们的价值观念。同时,政府在推动文化和教育事业发展、提供教育和文化服务的过程中也是起着主导作用的。一般认为,我国政府主要有四个方面的职能,一是保障人民民主和维护国家长治久安;二是对社会经济生活进行管理,促进国家的经济发展;三是宣传马克思主义科学理论,发展教育、科技、文化、卫生和体育等各项事业,提高全民族的思想道德素质和科学文化素质以及提高国家文化软实力;四是提供公共服务,完善社会管理。由此也说明,在我国,无论是经济的高效运行,还是文化建设的全面进步和发展,都需要政府的有效干预和积极作用,需要政府运用行政权力提供强有力的行政保护和政策扶持。而对于青少年社会主义核心价值观教育而言,这种主流文化的教育活动,是由众多人员、部门和环节密切联系组成的系统工程。为了使构成这一系统的各部门、人员、环节等要素能有机配合,共同完成好教育的总目标,就需要政府的统筹、支

---

① 马克思、恩格斯:《马克思恩格斯文集》(第1卷),人民出版社2009年版,第505页。

第五章 消除低俗文化对青少年社会主义核心价值观教育影响的路径

持和主导力量的发挥。在青少年社会主义核心价值观教育中，政府主导力量的发挥主要集中在两个方面：

一是构建与凝聚社会共识，引导核心价值观教育的正确方向。政府作为执行国家意志的载体，用先进文化和主流价值观教育其民众、特别是青少年，使其成为符合国家发展要求的公民，是其与生俱来的职能。而且，政府作为执行国家意志的载体，代表国家进行政治引领，在对民众进行核心价值观教育中的作用是居于首位的。人民有信仰，国家才会有力量，民族才会有希望，任何国家都是在一套被社会成员广泛认同的价值观念的引导下才得以存续和发展的，重视对民众进行核心价值观教育，构建与凝聚社会价值共识，也是政府的主要责任。当然，政府作为价值观教育的责任主体，不是运用强制和暴力的手段，而是运用政策导向和宣传教育优势，在广大民众、特别是青少年群体中进行主流文化和主流价值导向和舆论的引导。这也是中国共产党的一贯主张和做法。自从新中国成立以来，党中央、国务院就加强民众价值观教育与推动文化建设制定和颁布了一系列的文件，包括各种纲要、条例、意见和通知等。党的十八大以来，以习近平同志为核心的党中央把加强社会主义核心价值观教育、建设中国特色社会主义文化强国提高到民族复兴的战略高度，颁布实施了一系列具有伟大战略意义的政策和文件。党的十九大报告又对社会主义核心价值观培育和中国特色社会主义文化建设做出了进一步的明确部署和安排，提出了以建设文化强国为总体性目标，以主流意识形态的巩固、社会主义核心价值观培育与践行、全民族道德素质的提升、社会主义文艺的繁荣以及文化事业和文化产业发展协同推进的一整套严密的文化建设战略体系，为新时代青少年社会主义核心价值观教育文化载体建设和文化力量发挥提供了实践遵循和理论指导。在当今多元化思想价值激烈碰撞的时代，如果国家没有对民众的价值观教育提出统一要求，就会使社会的道德生活缺乏统一性，而引起社会生活的混乱，滋生价值虚无主义。因此，政府作为文化建设的主导者，必须始终不渝地坚持和弘扬社会主义核心价值观，严格地把控好社会主义文化建设进程的价值导向，坚持"以科学的理论武装人，以正确的舆论引导人，以高尚的精神塑造人，以优秀的作品鼓舞人"[①]。要求政府在指导和推进文化工作时必

[①] 中共中央文献研究室：《十四大以来重要文献选编》（上），人民出版社1996年版，第647页。

须以促进社会主义现代化建设为主题,深化文化体制改革,激发文化创新创造活力,完善和创新文化产业的管理体制和生产经营机制,构建"社会效益和经济效益相统一的体制机制"①,既激发文化创新创造潜能和文化市场活力,又发挥政府对文化与产业结合的引导作用,引领文化发展的价值取向,创造出更多更好的精神文化产品,陶冶大众的精神,凝聚人们为中华民族伟大复兴而奋斗的信念。同时,要完善公共文化服务体系,"当代公共文化服务体系建设的过程本质上体现为中国政府对传统文化事业体系的改革转型"②。作为一种主要由党和政府提供制度保障的关怀公共文化事业和促进社会公共文化利益的服务,其承担的一个重要社会职能就是向社会成员传播社会主义核心价值观,并使人们在文化潜移默化的感染和熏陶中实现价值观的内化和践行,以社会主义核心价值观引领多样化的社会思潮和多元化的社会价值,凝聚广泛的社会力量,整合、形成社会的最大共识。公共文化服务的水平和效能,不仅关系到人民对美好文化需求的满足的状况,还关系到社会文明程度和大众道德水平的提升。因此,在新时代核心价值观教育的文化建设实践中,政府要把握文化民生的重要部署,制定与执行体现公平正义和人民主体价值导向的公共文化政策,不断完善公共文化服务体系,提高服务水平和效能,满足人民群众美好生活对文化消费的期待和需求,增强人民的精神力量,在青少年社会主义核心价值观教育中积极、主动、持续地传递正能量,增强民众、特别是青少年对主流文化和社会主义核心价值观的认同。

二是提供国家政策支持,为社会主义核心价值观教育文化载体的可持续健康发展和文化力量的充分发挥提供必要条件与基本保障。政府是国家行政管理活动的主体,是文教卫体等公共物品和公共服务的提供者,推进中国特色社会主义文化繁荣和发展,完善公共文化服务体系和实施惠民工程等各项具体的文化生产和文化活动,都需要一定的物质基础和经费保障。这些都离不开政府的支持、扶植和保障。既需要政府领导人在思想上予以重视,也需要政府在组织、政策和经费上给予充分的保障和重点的支持。同时,还要发挥政府的监管作用。因为随着我国改革开放的深入推进和全球化、网络化的迅猛发展,西方敌对势力利用一切手

---

① 习近平:《习近平谈治国理政》(第三卷),外文出版社2020年版,第34页。
② 傅才武:《当代公共文化服务体系建设与传统文化事业体系的转型》,《江汉论坛》2012年第1期。

段进行价值观的渗透,加上我国历史上积淀的一些精神文化沉渣泛起,社会上不可避免地出现了一些负面的文化现象,特别是在网络上充斥的低俗媚俗的精神垃圾,严重地影响和干扰着我国社会文化发展和民众的精神生活,妨碍主流文化和社会主义核心价值观的传播,干扰青少年做出正确的价值判断,导致青少年产生非理性的价值认知。这就要求政府运用刚性的行政手段,执行严格的法律法规,坚决打击和清除各种社会丑恶现象和文化沉渣,"针对我国互联网立法缺失性、滞后性的问题要加以改进,不能以问题的发生推动立法的完善,要积极借鉴发达国家的互联网法律经验,以我为主,为我所用,使我国互联网相关法律具有整体性、全面性及前瞻性。同时加大互联网监管力度,媒体平台对于深受青少年喜爱的网络'直播'及'网红'泛滥现象应加强管控,严格审核机制,提高入门标准",加大对违规网络特别是自媒体的处罚力度,"正本清源,坚决抵制为吸引阅读量、彰显自身所谓与众不同,随意煽动、扩大事态严重性,损害国家意识形态安全的自媒体平台及'网红'。设立'意见领袖',培养深受当代青年喜爱且影响力大的公众人物,引导公共舆论,净化网络环境;网络流量大、人气高的公众人物应自觉肩负起健康舆论引导、净化作用"①。同时,要提升网络舆情的有效监控,加强网络内容建设,生产创作健康向上的网络文化产品,实施社会主义核心价值观网上传播工程,加强官方网络文化平台的舆论引领力,为弘扬文化主旋律和传播社会主义核心价值观,有效提高全体民众的文明素养,为青少年营造一个风清气正的网络空间和社会环境提供切实的政府保障。

通过政府一系列卓有成效的行政行为,使文化建设沿着正确的轨道健康有序地发展,在全体民众中倡导和形成新型的社会主义道德风尚、良好的人际关系和社会风气,努力营造有利于青少年健康成长的良好社会文化环境,培养担当民族复兴大任的一代新人。

(二)突出学校的文化教化力

社会主义核心价值观教育是全民教育,教育重点是广大青少年群体。而学校构成了青少年最主要的活动场域,是社会主义核心价值观建设和传播的主阵地。

---

① 刘维兰、马越:《新媒体下青年主流意识形态认同研究》,《山东理工大学学报》2018年第1期。

学校教育实质上是一种有意识、有目的、有计划和有组织的政治文化培养过程。在中国历史上，历代王朝的统治阶级无不知道"建国君民，教学为先""化民成俗，其必由学"的深刻道理，总是通过掌控教育，把有利于维持统治秩序的思想、理论及价值观念灌输给全体社会成员，从而保证整个社会成员在思想、言论和行动上趋向于一统。学校有着鲜明的政治性，培养什么人，为谁培养人？这是学校必须时刻牢记的根本政治问题。列宁曾尖锐地指出，说学校可以保持价值中立不讲政治，为全社会所有的成员服务，其实这是资产阶级的虚伪谎言。因为就连资产阶级本身也把贯彻和执行本阶级的政治作为办学的重点，竭力为资本家培养听话的奴才和训练能干的工人，却从来不会考虑人的全面发展。与之相反，无产阶级政党却襟怀坦言，"学校应当成为无产阶级专政的工具"[1]。法国马克思主义哲学家阿尔都塞也认为：在阶级社会中，学校从来都是传播意识形态的重要的手段。……学校摆脱不了意识形态国家机器的角色，统治阶级通过课程、制定大纲、设定学业资格等形式使统治阶级的"意识形态的再生产'程序化'、'自然化'。意识形态披上知识的外衣，让每一个受教育者吸收，进入他们的知识系统中，控制着他们的思维和行为。"[2] 因此，发挥学校的思想政治教育作用历来受到统治者的重视。

目前，就我国而言，不论学校课程的设置如何多元化，教学的载体和设备如何高端，但其最终目的都是立德树人，为社会主义建设事业培养合格的建设者和接班人是学校的根本目标和主要任务。因此，学校在对学生传授各种知识理论和专业技能的过程中，同样肩负着对学生进行思想政治和道德品德教育，承担着建设和传播社会主义核心价值观的重要责任。一段时间以来，教育主管部门和学校为此在教育资源配置、管理工作以及思政课教学和课程思政等方面做了大量的工作，学生对社会主义核心价值观的理解和认识得到极大的改善和提高，但是当前的成效与使青少年对社会主义核心价值观内化于心、外践于行的终极目标之间仍然存在差距，表现为部分青少年对历史虚无主义、自由主义、拜金主义和享乐主义等西方负面社会思潮的盲目崇拜，青少年的违法犯罪现象还在增多，这些与社会主义核心价值观要求相违背的事实，说明学校在青少年价值观教育问题上还存

---

[1] 列宁：《列宁全集》（第36卷），人民出版社1985年版，第106页。
[2] 转引自周宏《理解与批判》，生活·读书·新知三联书店2003年版，第155页。

第五章 消除低俗文化对青少年社会主义核心价值观教育影响的路径

在着不足,如在教育方式上形式比较单一,只是局限于以思政课课堂教育为特色的学校教育;教育的方法上忽视青少年的主体性,只是靠"课堂说教"等直白的传达方式来进行灌输教育;教育目标指向上重知识化培育而轻践行等。因此,2014年10月,中共教育部党组与共青团中央联合下发了《关于在各级各类学校推动培育和践行社会主义核心价值观长效机制建设的意见》,对如何推进学校社会主义核心价值观培育践行工作的科学化、常态化和长效化提出了指导意见,提出要推动社会主义核心价值观融入教育教学、融入校园文化和社会实践等,为新时代推进青少年社会主义核心价值观教育,真正发挥学校的教化力量提供了指导和遵循。

首先,要持续加强学校对社会主义核心价值观的教育和引导。习近平总书记指出,要"把社会主义核心价值观的基本内容和要求渗透到学校教育教学之中,体现在学校日常管理之中,做到进教材、进课堂、进头脑"[①]。社会主义核心价值观作为一种理论,要想被广大青少年所接受,离不开系统的、连贯的教育和引导。对于青少年而言,最重要的教育引导途径是课堂,只有使价值观教育与各科课堂教学融为一体,价值观教育才能真正落到实处。为此,既要求教育管理者从顶层设计上进行贯穿大中小学思政课课程一体化的建设,重视思政课学科建设以及思政课教师队伍培养,又要求教育者要树立"教育发展,德育为先"理念,根据时代发展要求,针对不同学段青少年的特点、认知能力与接受兴趣,把社会主义核心价值观的理论内容和基本精神加以细化,并巧妙融入各个学科教学目标之中,立足于青少年的生活方式和文化习惯,按照"三贴近"原则精心设计课堂教学和话语方式,创新社会主义核心价值观教育的内容与方法,把教学进程和教学设计延伸到青少年的日常生活,满足青少年对精神信仰和价值追求的需求,使他们的困惑和疑虑在教学过程中得到解决。特别是在当今教育网络信息化时代,教师要善于灵活运用现代化教育教学手段,促进社会主义核心价值观的具象化和形象化,增强教学的感染力、吸引力和浸润力。此外,"立德树人"是每一位教师的重要职责,榜样是最好的言传身教。美国斯坦福大学教育学教授威廉·戴蒙曾说:"如果教师都十分诚实、公平、关爱学生、严谨治学,那么他们

[①] 中共中央宣传部:《习近平总书记系列重要讲话读本》,学习出版社、人民出版社2014年版,第95页。

是以另一种有力的方式在教授道德课程。"① 教师是学生的榜样和典范，在教学实践过程中教师还要注重发挥自身的榜样效应，要以德立身、以德立学、以德施教，勇于实践，敢于创新，不断地锻铸师魂，以执着的动力和热情投身教书育人的事业，做好文化传播者和道德示范者，做学生的良师益友，成为学生成长的大先生和引路人，只有以自身良好的教风、品德和热情感染学生，才能促使学生对社会主义核心价值观入脑入心，实现青少年对社会主义核心价值观的主动内化与自觉践行，达到真正的知、信、行统一。

其次，建设体现社会主义核心价值观内涵的校园文化。习近平总书记指出，"要更加注重以文化人、以文育人，广泛开展文明校园创建，开展形式多样、健康向上、格调高雅的校园文化活动"②。校园文化是学校精神风貌的主要体现，是学校的精髓与灵魂，不仅具有传承人类科学知识和文明的作用，而且还具有重要的育人功能，对青少年学生的思想价值观念和行为取向有着潜移默化的深刻影响。因此，在新时代发挥学校对青少年社会主义核心价值观教育的教化力，不能仅仅依靠有限的课堂教育，校园是青少年学生的主要活动场所，还必须加强校园文化建设，要将社会主义核心价值观融入校园文化建设中，发挥社会主义核心价值观对校园文化建设的导向作用。要注重挖掘学校自身的历史文化底蕴，凸显学校特色，将校风、班风、教风、学风和政风建设作为培育和践行社会主义核心价值观的重要载体和举措，重点打造一批符合青少年认知特点和兴趣爱好的校园文化活动品牌和优秀文化网站，将社会主义核心价值观融入校园文化活动中，重视提高校园文化活动的质量，在"融入"的深度和广度上下功夫。通过融入符合时代的个性元素，开展与学生文化知识和专业知识相衔接的丰富多彩、喜闻乐见的文化活动，提升学生的思想道德素养，增进青少年学生对"社会主义核心价值观"的情感认同。同时，要构建长效机制，稳固"融入"路径。要使青少年对社会主义核心价值观实现内化与践行，必须构建长效机制，加大对校园文化建设的资金保障和人员投入，持续地将"社会主义核心价值观"有效地融入校园文

---

① William Damon Ed. *Bringing in a New Era in Character Education*. Stanford. Calif：Hoover Institution Press，2002.

② 习近平：《把思想政治工作贯穿教育教学全过程，开创我国高等教育事业发展新局面》，《人民日报》2016 年 12 月 9 日。

化建设中,要利用好现代网络技术手段和电子数据库等载体,丰富校园文化供给,持之以恒地把"融入"不断引向深入,增强校园文化的时代感和凝聚力。

再次,开展有利于社会主义核心价值观教育的社会实践。社会实践是学校政治和思想品德教育的重要环节和主要形式,对促进青少年培养品格、锻炼毅力和增长知识才干有着不可替代的作用。培育和弘扬社会主义核心价值观,不仅要靠思想教育,还要靠实践养成,要将其与积极的道德实践紧密结合起来。一种价值观要发挥作用,必须让人们在实践中感知它、领悟它。2013 年中共中央办公厅印发的《关于培育和践行社会主义核心价值观的意见》中也提出,"社会实践是青少年社会主义核心价值观的培育和践行的有效途径"①。因此,学校必须在思想上要高度重视实践活动在实现立德树人目标中的作用,克服工具理性的办学思维方式,从人的实践本质和全面发展要求出发,坚持实践育人导向,开发以实践育人的培养模式。同时,要积极搭建校内、校外多维度的实践平台,加强实践教育基地建设,精心设计与青少年生活密切相关的实践活动,调动青少年自主参与实践的自觉性,让青少年在自主的德育实践活动中增长学识,锤炼综合素质,深刻体验现实生活中的各种利益关系,切身地感受社会主义核心价值观的意义指向,从而增强对青少年的培育实效。

(三) 强化家庭的文化传承力

家庭是社会的基本细胞,"天下之本在国,国之本在家"②。与以个人为本位的西方文化不同,中国文化以家族为本位,并依据特有的伦理秩序和准则将家与国紧密联系在一起。在中国的文化传统中,家与国"在结构组成上是一体同构的,在利益关系上是互利共存的,在价值追求上是荣辱与共的关系"③,家国情怀一直是中华传统文化内蕴的价值追求,是几千年来扎根于中国人灵魂深处的精神元素,也是中华民族历经磨难仍然保持坚韧生命力的源泉所在。从古至今,传统文化所倡导的家国一体、爱国爱家的文化基因已经深深地嵌入中国家庭的组织

---

① 中共中央办公厅印发《关于培育和践行社会主义核心价值观的意见》,《人民日报》2013 年 12 月 24 日。
② 《孟子·离娄章句上》。
③ 徐国亮、刘松:《三层四维:家国情怀的文化结构探析》,《四川大学学报》(哲学社会科学版) 2018 年第 6 期。

活动及其家庭伦理规范之中。虽然随着现代化进程的加快和我国社会结构形态的变化，家庭的规模、结构等都发生了变化，但对社会来说，家庭仍然是社会的主要构成和影响社会发展的重要因素之一，其生活依托和社会功能仍然是不可替代的。不论时代和生活格局发生多大变化，经济如何发展，"我们都要重视家庭建设、注重家庭、注重家教、注重家风，紧密结合培育和弘扬社会主义核心价值观，发扬光大中华民族传统家庭美德，促进家庭和睦，促进亲人相亲相爱，促进下一代健康成长，促进老年人老有所养"①。家庭是每个人最基本的日常生活场域，是人的价值观形成和精神成长的重要起点，由家庭、家教和家风构成的家庭文化对人的价值观和行为习惯的养成有着持久和深远的影响。好的家庭文化以耳濡目染的方式时刻净化着每一个家庭成员的心灵，并促使其在家庭生活的行为规范中得以初步践行，继而由家庭而社会，在社会生活中将其升华为自觉的道德品质。也就是说，在社会的最基层，民众个体就是在家庭文化的教育和影响下，在对家风的传承、挖掘、践行和弘扬的过程中，才在伦理道德和价值追求上获得了个体性与社会性的统一。因此，习近平总书记指出，"帮助孩子扣好人生的第一粒扣子，迈好人生的第一个台阶，要在家庭中培育和践行社会主义核心价值观"②。家庭文化是培育和践行社会主义核心价值观的初始环境和实现土壤，家风是社会主义核心价值观的具体化表现。对于青少年而言，能否系好人生第一粒扣子，能否形成正确的价值观，关键要看家庭这所天然学校的作用发挥情况。

但近年来，我们的道德教育实践却没能充分地利用家庭文化资源，在传承家风中普遍存在一些问题，如对家风的作用认识淡化，对家风的传承和实践存在自相矛盾的现象等，阻碍了通过家风对青少年进行社会主义核心价值观教育的实践途径。众所周知，家风主要是通过家中父母等长辈的言传身教和以身作则的示范作用对子女产生影响的。但随着时代变迁，随着家庭功能由传统社会的"全能式"向现代社会的"核心化"转变，加之拜金主义、见利忘义等社会不良风气的盛行，以及腐败和资源分配不合理等社会问题，家风不断遭遇着来自现实、制度和文化等多方面的冲击，特别是不良社会风气严重影响了民众的健康心理，必

---

① 习近平：《在2015年春节团拜会上的讲话》，《人民日报》2015年2月18日。
② 中共中央文献研究室：《习近平关于青少年和共青团工作论述摘编》，中央文献出版社2017年版，第40页。

第五章 消除低俗文化对青少年社会主义核心价值观教育影响的路径

然会弱化家风原有的伦理功能,使优良家风逐渐式微,表现在家庭领域即是功利化和世俗化观念日益明显,家庭教育也凸显出不良的价值导向问题。例如,当前许多家长只专注于孩子的智育发展,忽略了对子女道德品行的重视和引导,忙着给孩子报各种补习班、辅导班和兴趣班,希望他们考上好的大学,把挣大钱和升官发财作为孩子的人生目标,甚至有些家长在功利化思想观念的影响下,自身的价值观都发生了错位和扭曲。2013年6月21日,《中国青年报》就刊登了一则报道,题目是《有多少"不作弊不公平"式公平观在人心中飘荡》,报道的内容是发生在湖北钟祥的"家长围攻高考监考人员"事件,原因是考生的家长们认为异地监考老师的监考过于严苛,于是开始围攻监考老师,并喊着"我们要的是公平,不让作弊就没法公平"①的口号,引起社会舆论强烈关注。还有一些家长,在教育孩子的做法上也不科学,有些相信"棍棒底下出孝子",动辄就打骂孩子,不考虑孩子的内心感受,有些又无原则地溺爱,"饭来张口,衣来伸手",孩子在学校里受了点委屈,父母心疼得很,很怕自己的孩子吃亏,就教育孩子:"别人对不起你,你就对不起他,别人打你,你就打他"。试想一下,具有如此的教育方式,又如何能教育引导孩子形成优良的行为和品格?

习近平总书记指出:"家风好,就能家道兴盛、和顺美满;家风差,难免殃及子孙、贻害社会"②,"我们要重视家庭文明建设,努力使千千万万个家庭成为国家发展、民族进步、社会和谐的重要基点,成为人们梦想启航的地方"③。因此,新时代青少年社会主义核心价值观教育要高度重视家庭的基础性作用,着力于家风传承创新和家庭文化建设,以良好的家庭文化传承来促进青少年社会主义核心价值观的养成。首先,要从国家层面上重视家风文化,把家庭建设纳入社会治理的范畴,建立传播家风的转换机制,通过加强文化建设和弘扬社会主义核心价值观,提升社会公共道德水平,破除社会上的逐利思维和自私倾向,扫除社会不正之风,形成积极向上的舆论氛围和风清气正的社会环境,引导家风文化践行的方向,从源头上保证家风文化践行的长期性和稳定性。其次,传承和创新传统

---

① 曹林:《有多少"不作弊不公平"式公平观在人心中飘荡》,《中国青年报》2013年6月21日。

② 习近平:《在会见第一届全国文明家庭代表时的讲话》,《人民日报》2016年12月16日。

③ 习近平:《习近平谈治国理政》(第二卷),外文出版社2017年版,第353页。

家风文化，塑造新时代的好家风。优良传统家风是培育和践行社会主义核心价值观的重要依托和养分，要积极挖掘优良传统家风的精神价值，并将其与当代的时代精神相结合，打通其与社会主义核心价值观的内在联系，赋予传统家训家风新的时代内涵，以真正实现对青少年社会主义核心价值观教育的资源涵养。在新时代的家风建设中，特别要将德才兼备的标兵事例和先进典型渗透到家庭教育中，通过树立先进典型，达到"见贤思齐焉"的效果，感染青少年，让其将社会主义核心价值观念外化于行。再次，父母要以身示范，促进价值观养正于蒙。德国教育家福禄培尔曾说："国家的未来并不掌握在当权者手中，而是掌握在为人父母手中"①。父母的言传身教对青少年的影响是一种和风细雨式的熏陶，具有长期性和持续性的影响，在青少年价值观的形成和塑造中有着基础性作用。因此，父母要提高自身的文化水平，加强自身的道德修养，不断优化自身素质，注重家庭生活的细节，自觉地摒弃不良文化生活，养成良好的生活习惯，提高自身践行社会主义核心价值观的能力，形成良好的家风家教，努力发挥做孩子树立社会主义核心价值观的榜样的引导作用，让孩子在潜移默化中受到熏陶和教化，促使其养成积极心态和健康个性，从而为社会主义核心价值观培育奠定优质的"文化基因"。

（四）加强社区的文化感染力

社区是社会有机体的重要组成部分，是以地缘关系为纽带，由居住在一个特定地域内的家庭建立起来的一种文化共同体，体现了居民在地缘基础上结成的合作关系。"社区"一词起源于拉丁语 fellowship，是亲密伙伴关系和共同东西的意思。1887 年，德国社会学家斐迪南·滕尼斯在其《共同体与社会》一书中首次提出"社区"这一概念，他把社区定义为"是以具有共同利益的血缘、感情和伦理团结为纽带，具有共同习俗和价值观念的同质人口组成的，人与人之间关系密切、守望相助、富有人情味的社会团体，是人们基于情感动机形成的亲密无间和相互信任的关系"②。20 世纪以后，社区概念被引入以区域为特点的更为广泛的研究领域，社区的范围特征的界定也更为灵活，但美国学者 G. A. 希莱里认

---

① 转引自朱莉涛、陈延斌《以传统家训家风文化滋养社会主义核心价值观》，《重庆社会科学》2020 年第 9 期。

② 斐迪南·滕尼斯：《共同体与社会》，林荣远译，商务印书馆 1999 年版，第 54 页。

为，就现有研究成果来看，无论从何种角度进行的社区研究和探讨，都离不开对活动区域内成员之间共同的文化维系力和互动关系，以及内部归属感的关注。可见，社区并非社会的简单缩影，而是居住于一个可界定疆域内的居民以满足共同需要、解决共同问题而建立的一种社会文化体系，文化是社区存在的最重要的前提条件。从严格意义上说，社区本身就是一种特定的文化存在物，蕴涵着对人的影响力，社区会以其特有的文化对生活于其中的居民、特别是青少年的价值观产生潜移默化的影响。

社区是一个生活教育场域，是青少年成长的大课堂。在一些发达国家，如美国、日本等，都非常重视利用社区对青少年进行价值观教育。近年来，我国也越来越重视社区的教育作用。民政部在2009年就下发了在全国农村开展"社会主义新农村社区"建设和在城市开展"和谐社区"建设的通知，不仅强调改善居民的生活环境，而且要求突出社区发展的文化内涵，鲜明地体现社会主义精神文明的特征。2010年颁布的《国家中长期教育改革和发展规划纲要（2010—2020年）》也强调，要"广泛开展城乡社区教育"，并出台了一些具体的政策文件，有效推动了社区文化和社区教育的发展，对社区稳定、家庭和睦、人际和谐以及社区居民综合素质的提高等起到了重要的作用。但就目前发展和其对青少年社会主义核心价值观教育的作用来看，社区的文化和教育功能并没有完全发挥，主要表现为社区文化设施建设缺乏统筹规划，社区文化服务设施结构不合理。从多数社区来看，文化设施主要是电影院、棋牌室、彩票公益捐助的体育设施、网吧、商业的健身馆等，与社区青少年日常健康、学习、娱乐的文化生活需求有很大的差距。而且，社区文化活动对青少年缺乏吸引力，导致青少年的参与度不高。因此，在新时代进行青少年社会主义核心价值观教育，必须要加强社区的文化建设，发挥其对青少年价值观教育的德育功能。

一方面，要重视社区文化设施建设，让其为青少年社会主义核心价值观教育提供优质的社区文化载体和文化环境。社区文化设施是文化活动的载体，是传播先进文化和社会主义核心价值观的重要阵地，也是社区青少年闲暇时间消遣和活动的主要场所。以先进文化和社会主义核心价值观促进社区青少年健康成长，必须加强社区的文化设施建设，充分考虑人口发展和青少年文化需求的实际情况，进行文化设施的结构优化，加大对社区文化建设的资金投入，重点建设与青少年直接相关的多功能、综合性的青少年活动场所，如青少年文化馆、青少年活动中心、科技馆、青少年公园、博物馆、图书馆、游泳馆和综合文化服务中心等文化设施，为青少年的社区文化活动提供基本的公共空间。在文化设施建设上，要遵循基于社会主义先进文化内容价值引导的原则，以青少年的多样性文化需求为出发点，在满足青少年多样性文化需求的过程中，实现社会主义核心价值观的"柔性渗透"，使各种文化设施成为社区青少年健康成长的教育载体，充分发挥其对青少年进行素质教育的积极作用。同时，要加强社区文化市场的管理，对网吧、棋牌室、麻将馆和电影院等文化场所进行明察暗访，对危害青少年身心健康的活动和内容，坚决予以打击并严肃处理，以优化社区的文化环境，促进社区青少年的健康成长和社会主义核心价值观的培育和践行。

另一方面，要充分挖掘社区教育资源，开展社区化教育活动，发挥精神文化活动化人育人的重要作用。社区蕴藏着极其丰富的教育资源，可以满足不同层次、阶段人群的学习需要。因此，要立足实际，结合青少年社会主义核心价值观教育的需要，遴选、甄别出与之适合的优秀社区文化教育资源，发挥社区教育的思想教育功能，扩大青少年价值观教育的队伍。要充分利用社区党员、青年团员、大学生志愿者以及离退休的老同志和老教师等，构建一支文化宣传志愿者队伍和道德教育兼职员，以党员带头，号召他们发挥各自优势，为青少年德育活动的开展出谋划策、贡献力量。聘请劳动模范、道德模范以及见义勇为先进个人等为特约教员，为社区青少年开展个人事迹演讲会、道德楷模事迹报告会等，通过这些身边人物真切、感人的事迹讲述，可以使道德教育不再空洞，使青少年感到真实可信，贴近可学。聘请校外相关领域的专家、学者以及社区民警等组成报告团，利用闲暇时间为青少年开设心理健康教育、国防教育等课程，开展传统文化、科技知识以及法律知识的讲座，能够改变学校德育脱离社会发展的单一现象，丰富青少年的精神文化生活，培养青少年的爱国情感、科学精神和责任意识。同时，要创新德育活动方式，加强社区活动文化载体的综合运用。如通过开展适应社区青少年特点的丰富多彩的文体活动和科技活动，传播科学知识，普及现代文明，弘扬真善美，贬斥假恶丑。通过开展优秀电影进社区活动，让青少年以观看露天电影的娱乐方式，了解历史，学习英雄，感悟红色经典中蕴含的精神力量，激发为国家为民族学习、奉献的斗志和力量。通过开展普遍性的社区文化

第五章　消除低俗文化对青少年社会主义核心价值观教育影响的路径

活动，动员全体社区居民参与，使居民在活动中自我教育、自我提升，约束自己在社区中的不规范和不文明行为，形成助人为乐、友善和睦的邻里关系和道德风尚，营造有利于青少年全面发展的良好环境。此外，还要充分发挥社区的主导作用和青少年的主体作用，进一步完善"青少年社区志愿服务制度"，健全青少年社区志愿服务长效机制，明确规定每一名青少年学生在校期间参加志愿服务的要求，并将其作为学生综合素质评价的指标，鼓励青少年学生积极参加社区服务，引导青少年学会感激他人，养成奉献精神，形成正确的价值观。

（五）重视朋辈的文化影响力

朋辈群体是人类社会生活中普遍存在、随处可见的一种现象，也是青少年学习生活的一种重要现象。"朋辈"一词源于英语单词"peer"，指年龄、地位、身份或教育背景等相同的人，简称同辈或同伴。《现代汉语词典》将"朋辈"定义为"同辈的朋友"，主要是指由价值观念和行为方式相近的同龄人组成的非正式群体，是青少年中的重要群体之一。由于青少年学生大部分的时间和学习都是与同辈一起度过和完成的，20世纪60年代，美国学者薇兰德（Vriend）针对朋辈之间相互影响的关系，提出了利用朋辈进行心理咨询，帮助解决青少年的不良行为，如性滥交、吸毒、酗酒等问题，发表了朋辈心理咨询领域的首篇论文。此后，利用朋辈进行教育激发群体成员积极上进，实现相互促进、共同成长进步，被作为一种教育和管理的方法，普遍地运用于美国学校学生的日常事务管理和学业指导中。近年来，朋辈教育的理念也开始被我国教育领域，特别是心理健康教育和思想政治教育工作所接受和采纳，并成为思想政治教育的重要方式之一。在青少年社会主义核心价值观教育过程中，朋辈文化也是一种强大的文化教育力量，通过同学、同伴朋辈之间的互动影响，帮助青少年树立正确的三观，有针对性地开展心理疏导、理念教育和学业规划等工作，满足青少年的社交需要和情感需求，可以实现价值观教育无时不在、无时不有的目标。

美国社会心理学家M.米德说，"在现代社会中，长辈或晚辈的学习大部分都发生在同辈之间，同辈群体的影响甚至大到改变传统的文化传递方式的地步"[①]。也就是说，现代社会，文化传递的方式发生了转变，由原来的父母子女

[①] ［美］M.米德：《文化与承诺》，周晓红、周怡译，河北人民出版社1987年版，第74页。

之间的血缘代际传递向朋辈群体之间转变。朋辈群体之间由于年龄、经历和身份等相近甚至相同，很容易聚集在一起形成群体，彼此之间施加影响，分享经验、知识、观念等，达成思想、情感和心理上的共鸣，形成稳定一致的思维模式、价值观念和行为方式，即朋辈文化。有研究显示，朋辈文化对群体成员的思想、行为特别是价值观的形成产生潜移默化的重要影响，在某些时候、某些问题上，甚至比老师和父母起到的作用还要大，是其情感支持和社会行为的参照榜样。因为，朋辈成员之间是在平等自愿基础上建构起来的关系，有着共同的兴趣爱好，相互信任度更高，彼此之间能够畅所欲言，基于朋辈群体之间易沟通、有同感的特点，对处在特定年龄阶段的青少年而言，当其面对各种挫折和压力时，第一选择不是向父母去倾诉，而是选择向有着共同兴趣爱好和相似生活理念的朋辈倾吐心声，朋辈成为其获得安全感和尊重的重要源泉之一。所以，青少年在交往过程中，往往喜欢观察与模仿朋辈成员的言行举止，重视朋辈群体成员对自己的价值评价标准和行为方式是否被认同、欣赏和肯定，反之，就可能会对自己的价值产生疑问，并在朋辈伙伴的潜移默化中促使自己的思想和行为发生变化，形成与之相应的价值观念与行为方式。但由于不同的朋辈群体有不同的性质，传递的文化及其影响也有积极与消极之分，积极健康的朋辈文化，是社会的主流文化，不仅能够满足青少年情感和思想交流的需要，而且还传播健康、积极、向上的态度和风气，能够感染青少年的心理健康并为其提供重要的精神环境，激发青少年积极向上的生活态度、学习热情与行动力，促使青少年按照社会化的要求规范自己的思想和行为，健康全面地发展。相反，消极颓废的同辈群体文化，以自我为中心，以利己为价值导向，与社会主流文化价值和时代精神背道而驰，最终将会导致群体成员出现人格障碍，是非观念和价值取向发生异化，出现行为失范，如结伴抽烟、吸毒、酗酒、打架斗殴，甚至做出违法犯罪的行为，严重阻碍社会主义核心价值观教育的顺利开展，影响青少年的健康成长。因此，进行青少年社会主义核心价值观教育，必须加强积极的朋辈群体文化建设，使其成为濡养青少年社会主义核心价值观教育的强大力量，增强教育的实效性。

一方面，要加强积极的朋辈文化建设。大学生的知识体系搭建和价值观塑造都还没有完全成型，情感心理也还不成熟，需要加以正确引导。做好大学生思想政治教育工作，要遵循思想政治工作规律、教书育人规律和学生成长规律。青少年（包括大学生）是在朋辈的伴随和影响中成长的，开展青少年社会主义核心价值观教育这一思想政治工作，应遵循学生的成长规律，必须重视青少年朋辈的群体效应，着重强化朋辈之间积极的、正向的文化和教育影响。要充分调动政府、学校、家庭以及其他社会力量，对朋辈群体文化的"自发性"和"圈子性"进行规范和引导，改变其封闭狭隘的存在形态。朋辈文化建设的主体是青少年学生，要深入了解青少年朋辈群体的思想状况、生活习惯和认知发展水平，以青少年个体性问题作为出发点，从关心青少年的生活、交友和学业发展等实际问题出发，解决他们的心理困惑和实际困难，满足他们的利益诉求，帮助青少年树立正确的交友意识，建立良好的朋辈关系，通过朋辈之间的互帮互助，形成青少年朋辈群体的价值共识，营造培育社会主义核心价值观的朋辈文化环境。

另一方面，要树立朋辈群体的典范和榜样，"榜样的力量是无穷的"。人是社会化的存在，每个人参与社会生活，其思想和行为都会受到身边的人和事的影响。优秀的朋辈榜样能够以其人格魅力和综合素质给予同伴精神上的鼓励、学习上的帮助和心理上的辅导，而且这种优秀榜样的示范作用更容易在群体中形成"积极向上""比学赶超"的良好氛围，形成自觉践行社会主义核心价值观的示范和引领效应。因此，要搞好规划，为培育典型播好"种子"，营造良好的环境和适宜生存的土壤。而且，在"明星文化"对青少年影响越来越大的当今时代，朋辈榜样的树立也不能完全拒绝"偶像"，要选择能给青少年传递正能量的精神偶像，开发和挖掘一些具有独特成名经历及正能量的演艺圈明星、新生代艺人和知名"网红"等的励志素材，选择性塑造和传播这些"接地气"的朋辈榜样，"《2019腾讯00后研究报告》调查显示，68.7%的00后在追星时最关注明星的作品"[①]，因此，要通过优秀作品提高偶像的价值与意义，引导青少年形成正确的文化观，推动弘扬社会主义核心价值观的朋辈文化的顺利建构。

（六）彰显媒体的文化引导力

媒体又叫大众传媒，是包括报纸、广播、电视和网络等信息传播工具的总称。在当今社会，大众传媒作为意识形态传播的主要载体和工具，被称为是"第

---

① 马赫：《明星偶像崇拜的失范与重构路径研究——以流行文化中的青少年学生群体为例》，吉林大学博士论文，2020年，第220页。

四权力",日益引领和塑造着社会的主流舆论和核心价值观的构建,影响着国家核心价值观建设的进程。英国的约翰·汤普森说,在"现代社会中的意识形态分析必须把大众传媒的性质与影响放在核心位置"①,就目前世界来看,公开运用国家权力引导文化传播事业和主流媒体,为塑造民众价值体系和传播核心价值观服务已经是一种普遍的行为。对我国青少年社会主义核心价值观教育而言,大众传媒是青少年了解社会、获取信息的主要渠道和第一资源。同时,大众传媒所传播的信息又是青少年进行价值选择和价值建构的主要参考,对青少年思想意识和价值观的形成产生着潜移默化的影响。在青少年社会主义核心价值观教育过程中,大众传媒是一支巨大的力量,承担着重要的责任。在2016年党的新闻舆论工作座谈会上的讲话中,习近平总书记指出:"在新的时代条件下,党的新闻舆论工作的职责和使命是:高举旗帜、引领导向,围绕中心、服务大局,团结人民、鼓舞士气,成风化人、凝心聚力"。②当前,青少年社会主义核心价值观教育处于一种前所未有的环境中,必须要发挥大众传媒的宣传、教育和引导作用,促进和引领青少年社会主义核心价值观的形成。

一方面,要坚持媒体价值的正确导向,发挥传媒的引领作用。在市场经济条件下,大众传媒有双重身份,既是意识形态传播的载体和舆论工具,承担着引导和凝聚价值共识的社会责任,同时也是一种信息产业,离不开商业化运作,追求着经济利益。大众传媒的价值取向决定着其利益追求和关注的视角,决定着其重视的问题和内容,以及对公众的引导方向和结果。可以说,不同的价值取向决定了大众传媒不同的传播目的和传播方式,也会产生不同的传播效果。我国的媒体是党和人民的喉舌,首先必须明确自己的立场,面对当前各种思想文化相互激荡的复杂局面,大众传媒必须始终坚持正确的政治方向,坚持以马克思主义为指导,运用正确思想舆论对纷繁复杂的社会舆论和价值观念进行引导,唱响思想文化主旋律,传播正能量。特别是新闻媒体作为党的喉舌,要肩负起自己的使命,为人民树立好榜样,绝不能为了经济利益而丧失自身的社会责任,要严厉禁止以曲解、娱乐、恶搞和戏谑的方式对待马克思主义和党的理论政策的现象,更要反对在思想政治理论宣传工作中将马克思主义思想庸俗化、简单化的倾向。媒体的

---

① 约翰·B.汤普森:《意识形态与现代文化》,译林出版社2005年版,第286页。
② 习近平:《习近平谈治国理政》(第二卷),外文出版社2017年版,第332页。

价值观不是空泛的，而是要通过内容来表现的，在传播的内容上，要提高传播内容的精神内涵和意义，扎根人民生活，用心用情用功抒写伟大时代，制作更多高质量的文化精品，表现好当代中国的发展进步，展现好当代中国人民的精彩生活，阐释好中国精神、中国价值和中国力量。特别是要加强榜样内容的教育与宣传，以偶像力量正面引导青少年健康成长。同时，要多传播与制作一些既具有文化传承价值和意义，又具有时代精神的文化作品和优秀剧目，以优秀的作品感染人。在传播策略上，要求传播者在引发、引导社会舆论时，不能违背信息传播的客观规律，更不能无视受众的需求和心理特征。必须改变舆论引导以"传者为中心"片面追求"舆论一律"、忽视受众的心理和接受能力的状况，要以受众思维为根本指导，全面深入地了解受众个体的导向需求和价值追求，找准宣传思想工作与青少年认知习惯和文化需求的结合点。在进行正面报道时，要坚持客观性原则，对典型事例和榜样人物进行客观、真实、公正的报道，既不夸大，也不神话，在揭露丑恶现象时，要把握好"适度"的原则，不能为了满足大众的好奇心理过分渲染暴力恐怖细节，过度报道一些明星、偶像的负面新闻，要充分考虑青少年的接受特点和辨析能力，以免使青少年产生这些负面事件和恐怖细节都是正常现象的错觉，这不仅会误导青少年的价值判断，还会对青少年的行为造成影响。只有做到褒之有理，贬之有据，才能提高青少年对大众传媒的信任感和认同感。同时，要加强新闻从业人员媒介素养、人文素养和实践精神的培养，提高他们的文化选择能力、判断能力和批判精神，使他们能够在任何情况下都坚守好自己话语表达与内容接受的立场，都不会突破底线①，自觉遵守媒体人的职业道德，努力营造适合青少年健康成长的文化环境。

另一方面，要因应技术变革，积极适应新媒体传播格局。当前，以互联网为主要代表的新媒体已经发挥出巨大的影响力，不仅实现了承载内容与服务的跨界融合和不断升级，改变了原有的舆论生态和媒体格局，而且还促成了受众在使用、经营新媒体时与之结成复杂的关系体，极大地改变了受众的心理和阅读习惯。"《未来地图：中国新媒体趋势报告（2017）》的相关调查数据显示，以在校大学生为主的年轻用户在内容消费方面，总体呈现'兴趣导向、社交伴随、全移

---

① 刘维兰、陈泫伊：《新形势下如何提升党的舆论引导能力》，《沈阳大学学报》（社会科学版）2017年第1期。

动化日常、弱目的性阅读'和注重效率和沉浸"①。面对着伴随互联网成长经历的当代青少年，社会主义核心价值观如果不能有效融入网络新媒体，势必削弱马克思主义主流意识形态在新媒体平台中的话语权与主导权，影响青少年对社会主义核心价值观的认同与践行。因此，"要发挥大众传媒的宣传、引导作用，必须强化互联网思维和一体化发展理念，加强传统媒体与互联网等新媒体的合作，实现多元多样媒体的融合互动，在保持传统媒体在舆论引导中所特有的主导地位和政治优势的基础上，充分发挥新媒体的作用，打造一个功能互补、覆盖广泛的综合化舆论宣传引导平台"②。同时，创新网络媒体的内容和传播方式，要坚决摈弃网络文化认识上出现的非意识形态化倾向，要以社会主义核心价值观为精神内核来匡正网络文化建设的主题，努力发掘和阐释中华优秀传统文化的思想道德精华，结合时代特点，进行网络文化的内容创新，建设独具特色的中国网络文化。在传播方式上，要尊重并利用青少年阅读与认知的习惯和方式，借助现代化数字化的科学技术等手段，将主流文化和核心价值观内容融入最新网络传播方式，并充分发挥"融媒体"平台的即时互动效应，以生动具体、形象直观的形式传播主流价值，增强社会主义核心价值观的吸引力和感染力，让青少年在娱乐中感受榜样人物的崇高，增长历史文化知识，传承中华民族的精神。如中央电视台近几年播放的《恰同学少年》《理想照耀中国》《中国汉字听写大会》《中国成语大会》《中国诗词大会》《感动中国》《国家宝藏》等节目，就受到了青少年的普遍好评。也可利用现在流行的短视频录制等方式，将社会主义核心价值观内容和精神融入网络，融入生活，激起青少年的互动参与和体验。

总之，只要大众传媒不断地进行自我约束，重视自身的文化传递功能，并与时俱进，进行传播内容与传播形式的创新，就能在青少年社会主义核心价值观的教育中发挥强大的优势，提高青少年社会主义核心价值观教育的实效。

三、强化社会主义核心价值观教育青少年文化主体的责任

人是社会的主体，也是教育活动的主体。当代教育是一种主体性教育，其本

---

① 转引自卢有泉、卢世楠、房子怡《高校传媒及社会主义核心价值观的校园传播》，《南宁师范大学学报》（哲学社会科学版）2020年第1期。

② 刘维兰、陈泫伊：《新形势下如何提升党的舆论引导能力》，《沈阳大学学报》（社会科学版）2017年第1期。

质特征就在于唤起、发展和提升人的主体意识和主体精神，培养主体的独立个性和综合素养。青少年社会主义核心价值观教育是全员、全方位和全过程育人的教育，包括了社会、学校和家庭等一切外在的文化因素影响和青少年自身的文化能力。根据唯物史观，外在因素只是外因，要通过内因而起作用。因此，青少年文化主体能力是影响青少年社会主义核心价值观教育实效性的关键因素，从动态的角度来讲，青少年社会主义核心价值观的生成要以青少年文化主体的意识自觉为基础，以教育影响下的文化自信和文化自强为驱动力。

（一）培育青少年的文化自觉

青少年作为文化存在的主体，必须以自觉的方式辨识、理解文化，最终形成强大的文化理解力、凝聚力、内驱力与创造力等柔性实力。要使青少年在众多文化丛林中认识、选择并认同社会主义核心价值观，必须培养青少年的文化自觉，这是实现社会主义核心价值观教育实效性的前提。为此，培育青少年的文化自觉有两条路径可以实现，一是提升青少年的文化理解力；二是稳固青少年的文化张力。提升青少年的文化理解力，能够实现青少年对社会主义核心价值观的自主认知，也就是说，使青少年对自身与社会主义核心价值观教育的关系，由自在的意识状态转变为自觉的意识状态，由被动地接受转变为主动认知。稳固青少年文化张力的目的是为了实现青少年对社会主义核心价值观教育的自主省察和自我教育，实现由社会主义核心价值观教育的认知向思辨的转变，领会社会主义核心价值观的本质意蕴与价值意义，使自己与社会主义核心价值观之间构成内在融通、诠释与确证的关系。

一方面，培育青少年的文化自觉必须提升青少年的文化理解力。首先，青少年社会主义核心价值观教育要立足于自在与自觉的文化存在方式之间的内在协调，基于自在的文化存在方式，稳固日常生活的文化根基。换句话说，青少年首先要使自己适应自然界，适应社会，在群体关系中确定自己的位置，在社会生活与行为方面找准维系社会整体的文化纽带，注重文化传统、习俗的约束与协调。不仅如此，青少年社会主义核心价值观教育还要基于自觉的文化存在方式，激发青少年自我文化意识的自觉，发展青少年的自我潜能，引导青少年以自我认知、反思的意识与能力，在"实然维度"探求自身的存在"是什么"的问题，在"应然维度"探究自身的存在"为什么"的问题，自觉认知、理解自在存在方式的必然性与合理性，自觉体悟中国特色社会主义文化的价值和内在精神，自觉抵制消极、低俗文化，传承、维系社会主义核心价值观。其次，青少年社会主义核心价值观教育还要以自觉的文化存在方式辐射影响自在的文化存在方式。青少年社会主义核心价值观教育既要以社会主义核心价值观为主导，对各种社会文化进行内省、反思与批判，超越文化的保守性，在传承与创新的张力下，实现对社会文化的改造与转型，还要在自觉的改造与转型中，使社会主义核心价值观教育发挥引导的作用，使自觉的文化存在方式占据主导，将其所倡导的价值理念、精神信念、艺术审美渗透于青少年自身的日常生活之中，辐射到自在的文化存在之中，使青少年的生活习惯、传统习俗、道德意识发生转变；将具有高度自觉特性的精神特质渗透、内化到自在的文化存在方式中，以自在的方式延续自觉的文化特质。因此，社会主义核心价值观教育的文化使命是在社会大众的文化理解力的提升中，在先进文化的自觉引领中，使青少年更加以自觉的意识，本真理解中华民族优秀文化的精神意蕴与价值内涵，自主审视和体悟中华民族传统文化所具有的独特魅力，真正找到中华民族的精神坐标，构筑社会主义共同理想，为实现中华民族伟大复兴贡献青春和力量。

另一方面，培育青少年的文化自觉必须稳固青少年的文化张力。稳固青少年的文化张力应从以下两个方面开展。首先，要自觉维系青少年与文化之间的双向互动关系。青少年社会主义核心价值观教育要以文化自觉的方式，以"人化"与"化人"的双向进路，审视、理解青少年与文化的关系。一是以"人化"的进路，立足文化发展与青少年发展的现实，在认识和掌握客观规律的基础上，将青少年的内在本质逐渐外化凝结为客观现实。在此，青少年社会主义核心价值观教育应基于"人化"的方式，在社会主义核心价值观方面彰显其文化需要、价值、意义和目的等，引导青少年以自觉的、有度的方式逐步实现多层次的文化存在需求。二是以"化人"的进路，由文化塑造人、培养人，实现青少年的健康成长和自我发展，使其成长为社会所需要的人。为此，青少年社会主义核心价值观教育必须基于"化人"的方式，提高青少年的文明修养，增强青少年的思考能力和文化批判精神，促进主体积极向上、健康的道德和价值判断的生成，匡正青少年的文化行为，构筑抵制低俗文化强有力的主体城墙。通过对社会主义先进文化的认同，塑造和形成青少年应遵循的行为模式，对其行为予以限定、规范与形塑，促使他们形成稳定性的和整体性的思维方式和行为习惯，引导青少年通过不断自我实践，实现自身的超越，以期逐渐趋近于终极化的价值目标。其次，要自觉理解民族与文化之间的双向互动关系。传统文化对民族精神、民族性格与心理产生着直接的影响，并成为衡量民族文化自觉与文化自信的重要标尺，它对于民族的形成、发展与繁荣具有重要的精神维系作用。从世界历史来看，如果一个民族的传统文化离解，其共有的文化根基即丧失，那么这个民族也就消失在历史尘迹之中。因此，在青少年社会主义核心价值观教育过程中，要引导青少年科学审视传统文化的时代价值与意义，引导青少年省察日常生活中的传统文化精髓，培养青少年的文化自觉意识，促使青少年加强对自我身份的考量和对文化身份的认同。作为承担未来中华民族复兴大任的青少年，只有以文化自觉的方式，才能有意识地寻回失落的文化记忆，以更为自觉的方式理解、信守中华优秀传统文化，并产生崇高的自信心和自豪感。

(二) 增强青少年的文化自信

"文化自信，是更基础、更广泛、更深厚的自信，是更基本、更深沉、更持久的力量。"[①] 青少年的文化自信是青少年对社会主义文化体系的认同、信任与敬畏，是对社会主义文化意义的自我确信与社会主义文化价值的自我笃信，有了对中华文化价值的自信，青少年就会自然而然地对社会主义核心价值观产生意识与行为的自主建构与内在塑造。如何增强青少年的文化自信呢？措施主要有以下两个方面。

一方面，增强青少年的文化自信必须增强青少年对中国特色社会主义文化意义的确信力。青少年社会主义文化意义确信力的增强，要历史、理性、辩证地确证社会主义文化意义的合理性，即以历史的视域理解社会主义文化的产生与发展，以理性、辩证的视野合理评价与理解中华传统文化与社会主义文化。要引导青少年学会历史地把握中华传统文化，系统地梳理中华传统文化的发展脉络，既要以历史的眼光正确认识和把握中国历史，又要以社会科学普及的方式，让青少年了解各历史发展阶段的文化显学，明晰中华传统文化的发展路径、历程，让青少年了解、认知中华文化的博大精深与绵延悠长，增强青少年对中华民族的归属

---

① 习近平：《习近平谈治国理政》（第二卷），外文出版社2017年版，第349页。

感。这里要注意的是：青少年社会主义核心价值观教育一定要避免以学究之气向青少年教导古奥晦涩的文化义理，而是将中华传统文化与时代特征、生活气息有机结合，在青少年的"日用常行"之中逐渐渗透和融入中华优秀传统文化的价值理念与意蕴，引导青少年真正理解中华优秀传统文化的精髓与神韵。要避免两种偏执心态：一是全盘否定中华传统文化，坚持历史与民族文化的虚无主义；二是全然接受中华传统文化，甚至是要完全复制、模仿传统文化的具体样式与内容。也就是说，要引导青少年树立宏大的历史观，引导其本然、本真地理解并传承优秀传统文化，以不偏执、不狭隘、不虚无的心态审视中华传统文化。其次，要发扬中华优秀传统文化的时代价值与精神。中华传统文化并非僵化迂腐之存在，而是随着时代变迁不断地传承、坚守与创新的。这就要求不仅要引导青少年提升文化自信的价值认同，明确中华传统文化对于构建社会主义文化的重要作用，即实现中华民族伟大复兴的中国梦，必须将中华优秀传统文化与社会主义核心价值观相融合与契合；而且要注重引导青少年提升文化自信的精神品格，主要表现为将中华优秀传统文化的精神意蕴、价值观念逐步固化为精神品格与文化气质，进一步形成社会大众一致的文化心理特征、趋同的思维倾向与心理结构，增强青少年对传统文化发展与创新的文化使命意识与践行能力，形成积极正向、刚健有为、崇德善行的社会氛围和文化环境。

另一方面，增强青少年的文化自信必须培养和提升青少年社会主义核心价值观的笃信力。青少年对社会主义核心价值观的笃信就是对社会主义文化体系的精神内核的笃信。提升他们对社会主义核心价值观的笃信力，必须使他们在理性把握社会主义文化发展的趋势与规律的基础上，对社会主义核心价值观予以接受、认同与恪守。首先，青少年要通过感性方式体悟社会主义核心价值观。由于文化自信是以感性认知为前提的，感性认知则是通过感觉器官去直接感受直观的文化表征、具体的文化样式，它进一步促成了以情感体验为表征的道德、审美文化。中国特色社会主义文化体系所营造的五彩缤纷的生活世界，在青少年视听等感觉器官的作用下，为其所感性认知与直觉体验，进而由感觉整合为直觉，对社会主义文化样式产生整体的反映，能够在青少年的心中形成丰富的情感世界。在感性认知中，青少年才能对其所处的社会主义文化体系产生直观认同与情感表达，形成多样化的情感，真正接受与认同社会主义核心价值观。因此，青少年社会主核心价值观教育要以感性方式增强其文化自信,要加强青少年的道德感体验,并以一定的道德标准评价青少年的思想、观念和行为所产生的主观体验,以合理适度方式表达爱国情感、集体荣誉感、社会责任感;必须加强青少年的美感体验,要按照一定的审美标准评价自然、社会与文化艺术品而产生的情感体验,并在社会主义文化理念、价值观念与道德规范的制约与影响下,形成主流的社会主义文化审美标准,引导青少年在比较、鉴别当下文化中,能够认清美丑、辨明善恶、决断是非。其次,要让青少年以理性方式认同社会主义核心价值观,使青少年在面对纷繁复杂的多种价值观和文化现象时,能够自觉选择社会主义核心价值观,并真正意识和体悟到社会主义核心价值观的本真价值,认清社会主义核心价值观与其他价值观之间的本质差别与联系。这是一种由个体拓展至群体,乃至社会的社会主义核心价值观接受与坚守的过程。青少年社会主义核心价值观认同感作为个体对共同体文化的认可、认同的态度,是以自觉、自主的方式接受并实践(社会主义)共同体的价值观标准。价值认同与实践是"知行"的存在,它需要教育引导广大青少年在认同、情感与行为方面的协调一致,需要一个长期的道德规范内化与外化的过程。在当前多元文化碰撞、网络交往频繁的时代条件下,青少年社会主义核心价值观教育要在教育情境的设定上,关注多重化的生存境遇,在教育内容的设置上,彰显社会主义核心价值观,使青少年在丰富多彩的文化生活中,认知、认同和践行中华传统文化的优秀道德价值,传承中华民族精神,引导广大青少年塑造刚健有为、自信自尊的民族精神品格,并以自身高度的主体责任感,去努力维护和践行社会主义核心价值观。

(三) 实现青少年的文化自强

青少年的文化自强过程是青少年的文化发展过程,更是青少年自身价值实现的过程。青少年文化自强的实现,是青少年在文化自觉与文化自信的基础上,既形成以社会主义核心价值观为内核的精神文化统一体,实现了社会主义文化的体系完善、弥远影响与强力作用,也提升了青少年的主体能力,实现了青少年的文化自主、自为与自强。如何实现青少年的文化自强呢?措施主要有以下三个方面。

第一,实现青少年的文化自强必须增强和锻造社会主义核心价值观的文化凝聚力。增强和锻造社会主义核心价值观的文化凝聚力,既要实现社会主义核心价值观的引力作用，形成具有坚实精神内核的社会主义文化体系；也要实现社会主义核心价值观的聚合，在共有目标的驱动中，形成具有共同合力的青少年群体。首先，要不断提升社会主义文化的内聚力。社会主义文化内聚力是面对多变、多样的文化发展态势，坚定社会主义核心价值观，形成具有坚实的社会主义核心价值观的动态发展的社会主义文化体系。社会主义文化内聚力的提升既要在社会整体层面以社会主义先进文化为方向引领，又要在个体生存层面以共产主义信仰为文化感召。因此，一方面，社会主义核心价值观教育必须注重社会主义先进文化的引领，使青少年群体保持文化定力，增强青少年的中华民族自信意识。由于社会主义先进文化以中华民族伟大复兴的共同价值目标为导向，是民族复兴与腾飞的精神动力，使中华民族实现了身份认同、文化认同与行为认同，所以它必能振奋青少年的民族自信心与自豪感。另一方面，青少年社会主义核心价值观教育必须注重以社会主义文化的深刻意蕴启发青少年的文化智慧，引导青少年以不同的路径解决思想问题、心理问题与现实问题，增强他们应对生存困惑、物质诱惑、内心迷惑的文化定力。由此可见，融入青少年社会主义核心价值观教育的文化要能够以理想信念的方式，坚定青少年的人生信念，明确他们的人生方向；也要以精神超越的方式，引导青少年在人生阅历的体验与积淀中，渐悟人生的智慧，感悟人生的价值，提升应对人生际遇的文化定力。其次，要提升社会主义文化的发展合力。在社会主义文化体系中，由于每一个人都是从自己的现实角度出发，形成不同的意志、观念，并且还以不同的方式、不同的方向作用，形成了交错繁杂的力，不同的力表现为不同的主观意识和发展趋向，它们形成了无数个力的平行四边形，叠加成了最终的确定性的方向与结果。社会主义文化合力体现了社会主义文化发展的必然规律。因此，青少年社会主义核心价值观教育要立足社会主义先进文化的发展方向与必然趋势，引导青少年在人与人之间的交往中，通过不断深入协作与沟通，逐渐形成共有的利益取向、价值取向与理想目标，最后汇聚成共有的精神家园，形成共向的文化合力。只有这样，社会主义先进文化才能提升社会主义文化合力，增强中华民族自强能力。只有这样，社会主义先进文化才能作为民族复兴与腾飞的精神纽带，以改革创新为核心的时代精神为感召，以共产主义的理想为指引，增加社会主义核心价值观凝聚力，汇集强大的社会主义文化合力。

第五章　消除低俗文化对青少年社会主义核心价值观教育影响的路径

第二，实现青少年的文化自强必须增强和扩展社会主义核心价值观的文化辐射力。青少年社会主义核心价值观教育的文化辐射力增强和扩展是以社会主义核心价值观为圆点，在对青少年的层层渗透与辐射中，形成了不同半径的文化同心圆。首先，要增强社会主义核心价值观的文化渗透力。"随风潜入夜，润物细无声"。文化自强就像春雨一样，通过文化的渗透功能，渗透于人的心理意识与人格之中，逐渐生成支撑人存在和发展的精神之根，内隐于中华民族的性格、文化意识之中，生成支撑中华民族发展延续的文明基因。因此，青少年社会主义核心价值观教育必须发挥文化的教化功能，既通过灌输的作用，彰显社会主义文化的显性与刚性育人功能；也通过渗透的作用，彰显社会主义文化的隐性与柔性育人功能。在显性与隐性、刚性与柔性的辩证关系中，形成强大的文化辐射力，在全过程、全方位育人中，将社会主义核心价值观渗透至青少年文化生活的各个层面。其次，要增强社会主义核心价值观的文化拓展力。文化主体既可以表征为个体，也可以表征为群体。若为个体表征，则称之为文化之"小我"；若群体表征，则称之为文化之"大我"。所以，文化自强既有文化"小我"的自强，也有文化"大我"的自强。在不同的历史发展阶段，"小我"与"大我"的关系定位，表现出不同特质的理想信念。中国传统文化是通过"小我"，辐射拓展为"大我"，如从修身到治国、平天下；从"穷则独善其身"到"达则兼济天下"。而核心价值观，作为一种德，"既是个人的德，也是一种大德，就是国家的德、社会的德"①。因此，在青少年社会主义核心价值观教育使青少年实现文化自强的过程中，必须凸显育人指向的"公共性"，充分发挥其人际关系的协调功能，通过调解"小我"与"大我"之间的关系，基于社会主义共有的价值目标、价值理念与价值判定，恪守社会主义共有的公民道德规范，实现青少年的文明素养与社会文明风尚的协同提升。

第三，实现青少年的文化自强还必须增强社会主义核心价值观的文化生命力。所谓社会主义核心价值观的文化生命力，是在应对传统与现代、本土化与全球化等各种关系中，既要坚持社会主义核心价值观，又要以开放的姿态、全球的视野、宽厚的胸襟吸纳外来优秀文化，在历久弥新中生成源源不断的文化活力。

---

① 习近平：《习近平谈治国理政》，外文出版社2014年版，第168页。

首先，要形成社会主义文化的包容力。文化包容力体现的是"求同存异"的文化兼容性。必须培养"求同存异"的包容心态。求同就是要青少年立足价值观的共同点，以共同的思想、利益来达成人与人之间的关系和谐，实现青少年的文化认同；求异就是要承认不同青少年之间的分歧、利益差别、不同意见主张，寻求在差异中形成互补，以实现动态的和谐共存。只有这样，青少年社会主义核心价值观教育在文化包容力的培植过程中，才能建构理性的文化心态、适度的文化交往与交流方式，才能营造正向的、积极的社会心态，从而产生强烈的文化归属感，形成和谐连续的文化人格。其次，要形成社会主义文化的融合力。文化作为人的实践存在样式，在历史流变、空间拓展中，无论其内在意蕴还是外在样式都具有一定的差异性，因为不同文化体系、文化形态之间具有时代性差异，同时这种文化的时代性差异还会产生文化偏执心态。因此，青少年社会主义核心价值观教育必须树立社会主义文化的包容意识，以新时代的视野与境界，对社会主义文化的发展前景充满信心。一方面，面对传统与现代、本土与全球文化的冲突，青少年社会主义核心价值观教育以"为生民立命"的文化心态，形成深厚的社会主义文化定力，弘扬社会主义核心价值观；另一方面，青少年社会主义核心价值观教育还要立足"为我"的文化心态，对其他文化予以审视和把握，绝不能以偏执的心态恣意否定其他文化的合理性，也不能以极端的方式自我否定中华传统文化的现代价值，而是在"博采众长"中，建设具有中国特色的、坚实的社会主义文化内容。

本章小结

价值观是文化的核心，青少年社会主义核心价值观教育从实质上来说，是一种文化认同教育和文化实践活动。因此，其实施首先要以中国特色社会主义文化为自己的基础。中国特色社会主义文化不仅源自中华优秀传统文化、革命文化，续接社会主义先进文化，而且还植根于中国特色社会主义伟大实践，以其科学性和先进性规范和引导着大众文化的发展。进行青少年社会主义核心价值观教育，抵制低俗文化的负面影响，真正实现以文化人，要建设中国特色社会主义文化，打牢青少年价值观教育的文化基础。主要通过弘扬和坚持传统文化、革命文化、社会主义先进文化，以及引导和规范大众文化等途径，增强青少年对中国特色社会主义文化和社会主义核心价值观的自觉认同和践行。其次,青少年社会主义核心价值观教育是一项系统工程,要整合各种文化力量,包括发挥政府的文化规导力、突出学校的文化教化力、强化家庭的文化传承力、重视朋辈的文化影响力、加强社区的文化感染力、彰显媒体的文化引导力。只有综合发挥多种文化资源的力量,才能产生各种文化教育优势资源融合而成的叠加效应,形成青少年社会主义核心价值观教育的文化合力,实现育人的"协同效应"。最后,青少年社会主义核心价值观虽然离不开外部施加影响的过程,但其根本主题应该是促进和改善青少年主体自我建构、自我提高的实践活动过程。忽视价值主体,单纯强调外部因素的作用,教育是很难取得实效的。因此,增强价值观教育的实效性,在青少年社会主义核心价值观教育过程中,要基于人的文化存在,增强青少年主体的文化能力,实现其文化自觉、文化自信和文化自强,让青少年在自觉的价值认知中提升价值标准,完成价值塑造的要求和使命,这样才能真正实现价值观教育的实效性。

结论与展望

社会主义核心价值观是马克思主义的价值追求与中华民族优秀传统文化的结晶,是中国特色社会主义文化的精髓,体现了当代中国人的精神信仰和终极价值追求。青少年是国家的希望和民族的未来,肩负着实现中华民族伟大复兴中国梦的历史使命和责任,对青少年进行社会主义核心价值观教育,使其实现对社会主义核心价值观的理解、接受、认同并践行,无论是对青少年个人健康成长,还是对中国现代化发展和实现民族复兴都有非常重要的意义。党的十八大以来,以习近平同志为核心的党中央高度重视对青少年进行社会主义核心价值观教育,多次强调,要让社会主义核心价值观的种子在学生们心中生根发芽[①]。青少年社会主义核心价值观教育问题是整个价值观教育的重点,如何有效推动青少年社会主义核心价值观教育,并增强教育的实效性是值得我们思考的问题。青少年社会主义核心价值观教育的关键因素在于青少年对社会主义核心价值观的接受与认同,并能够自觉自愿地将其转化为内在的思维方式和外在的行为习惯。一种好的教育方式的真正价值和功效不是"强制性地灌输",而在于"润物细无声",这必然离不开文化的构建和文化的教化。习近平总书记多次指出,要让社会主义核心价值观像空气一样,无所不在,"用中华民族创造的一切精神财富来以文化人、以文育人"[②]。因此,在青少年价值观形成的关键时期和重要阶段,不能依靠强制灌输,采用文化潜移默化地影响,增强教育实效性,无疑是最好的方法。

---

① 习近平:《习近平谈治国理政》,外文出版社 2014 年版,第 184 页。
② 习近平:《习近平谈治国理政》,外文出版社 2014 年版,第 164 页。

一、基本结论

1. 青少年社会主义核心价值观教育意义重大

少年强则国强,新时代的青少年肩负着建设现代化国家和实现中华民族伟大复兴中国梦的职责和使命,是实现国家富强、民族复兴、人民幸福伟大事业的重要依靠力量,他们的价值信仰状况和思想道德素质引领着社会未来的价值取向和社会思潮的走向。因此,加强青少年社会主义核心价值观教育是一项功在当代、利在千秋的大事,不仅关系到青少年自身的健康成长和正确发展,而且事关国家和民族的未来,事关社会稳定和亿万家庭的福祉。可以说,社会主义核心价值观有多重要,青少年社会主义核心价值观教育就有多重要。

2. 青少年社会主义核心价值观教育是一种文化现象和文化实践活动

价值观是文化最深层的内核,文化是价值观的载体和形式,决定了价值观教育绝不是一种工具性存在,而是一种文化性存在,体现着文化的内在精神和价值理想。价值观教育本质上是通过文化教化向受教育者输入特定的文化价值和文化意义,引领着个体精神世界的生成,使其自觉成为该文化价值的主体、实现价值的重塑,从而影响文化的发展进程。而且,马克思主义认为,人是文化的存在,文化之于人而言,贯通了人之存在的全过程和全场域,既从终极意义构筑了人类发展的目标,又在生活的琐细和质朴中凸显出文化的意蕴和指向。因此,青少年社会主义核心价值观教育必须要置于文化场域中进行思考和探索。中国特色社会主义文化建设为青少年社会主义核心价值观教育提供了载体依托,青少年的主体文化自觉是社会主义核心价值观教育的内在要求。

3. 青少年社会主义核心价值观教育面临低俗文化挑战

文化影响和塑造人,但文化有先进与落后、高雅与低俗之分。目前,中国社会文化发展呈现出一片繁荣的景象,但不可否认,也存在着一些低俗文化现象,它们对青少年社会主义核心价值观教育产生重大的影响,不仅误导青少年对现实世界的认知,而且还会导致青少年批判性思维缺失、认知模糊和主体意识的缺失,影响青少年对社会主义核心价值观的选择,降低青少年社会主义核心价值观教育的效果。因此,一方面,要坚决打击和矫正落后低俗文化,防止腐朽价值取向腐蚀青少年的思想;另一方面,要加强中国特色社会主义文化建设,引领和主导社会价值取向，使社会主义核心价值观转化为青少年的情感认同和行为习惯。

4. 正确总结和设计文化价值评价的依据、原则和文化价值评价的标准，是破除低俗文化的影响，实现"以文化人、以文育人"的关键。面对社会上五颜六色、千姿百态的文化，哪些是先进高雅的？哪些是落后低俗的？应当如何看待和对待？应当如何引导青少年的文化消费？这些是严肃的问题。青少年社会主义核心价值观教育如何破除低俗文化的影响，从社会文化的宏观系统中寻找社会合理性和未来有效的发展路径？这首先需要解决文化价值的判断标准，对各种文化的价值做出正确判断。因此，以马克思主义的唯物史观原则和价值原则为指导，阐释价值观教育的文化属性功能，从个人发展和社会进步等方面设计文化价值评价的原则，解决文化价值的判断标准问题，从更高的价值层面出发对不同文化做出理解和评价，是弘扬先进文化，抵制和改造低俗文化，实现以文化人、以文育人，增强青少年社会主义核心价值观教育实效性要解决的关键问题。

5. 青少年社会主义核心价值观教育是一项系统工程

任何一种价值观要被民众接受并发挥作用，教育是最好的方式。学校是青少年社会主义核心价值观教育的主要承担者。但教育并不是填鸭式的灌输，学校课堂教育也不是价值观教育的唯一途径。因为，人是社会性的文化存在物，青少年生活在一定的社会关系和文化环境中，其价值观的形成、发展与现实生活的文化场域紧密相连，这决定了青少年社会主义核心价值观教育是全社会共同的事业，是一项系统工程，必须要整合青少年生活场域的各方面力量，才能产生各种文化教育优势资源融合而成的叠加效应，形成育人的优质文化环境，实现育人的"协同效应"。同时，要提升青少年自身的文化素质和能力，使他们拥有文化判断和选择的能力，能够在多样性的文化中保持清醒，确定自身的文化和价值取向，这对增强青少年社会主义核心价值观教育实效性才是最重要、最关键和最有效的途径。

二、未来展望

本书围绕"文化视域下青少年社会主义核心价值观教育"这一重要议题，运用马克思主义的立场、观点和方法，在借鉴已有研究成果的基础上，经过自己的研究和思考提出了增进青少年社会主义核心价值观教育实效性的措施，形成能够反映和体现本书要求的认识和观点。希望能够为人们更深入研究该议题提供一定的参考价值,因为青少年社会主义核心价值观教育不是一时之功,它是一个长期的战略任务。

但总的来看,本书的研究只是一个开始,这不仅是因为本书研究的相关思想观点不可能涵盖该研究领域的所有问题,存在有问题未参透、学理未悟透的地方,如价值观教育的文化属性与文化功能之间的学理关系以及与现实关联等问题,书中虽进行了阐释,但还比较浅薄,需要在理论上进一步深化研究,在与现实的结合上还需要进一步提升;而且还因为意识形态领域的斗争是一个动态的历史过程,随着实践和社会、政治、科技等环境的变化,新的问题还将不断出现,影响青少年价值观的文化因素还会发生新的变化,青少年社会主义核心价值观教育的新探索还将继续进行。这也需要更多的学者来关注、探讨和实践,才能产生合力,形成共振效应,取得更好的研究成果和实践效果,促进青少年社会主义核心价值观教育的实效性提升,本人也将在现有基础上进一步深化和完善研究。

参考文献

一、文献著作类

[1] 马克思,恩格斯. 马克思恩格斯选集（第 1 - 4 卷）[M]. 北京：人民出版社,2012.

[2] 马克思,恩格斯. 马克思恩格斯文集（第 1 - 10 卷）[M]. 北京：人民出版社,2009.

[3] 列宁. 列宁专题文集（第 1 - 5 卷）[M]. 北京：人民出版社,2009.

[4] 毛泽东. 毛泽东选集（第 1 - 4 卷）[M]. 北京：人民出版社,1991.

[5] 邓小平. 邓小平文选（第 3 卷）[M]. 北京：人民出版社,1993.

[6] 江泽民. 江泽民文选（第 1 - 3 卷）[M]. 北京：人民出版社,2006.

[7] 胡锦涛. 胡锦涛文选（第 1 - 3 卷）[M]. 北京：人民出版社,2016.

[8] 习近平. 习近平谈治国理政 [M]. 北京：外文出版社,2014.

[9] 习近平. 习近平谈治国理政（第二卷）[M]. 北京：外文出版社,2017.

[10] 习近平. 习近平谈治国理政（第三卷）[M]. 北京：外文出版社,2020.

[11] 杨晓慧. 当代大学生成长规律研究 [M]. 北京：人民出版社,2010.

[12] 陈立思. 当代世界的思想政治教育 [M]. 北京：中国人民大学出版社,1999.

[13] 班建武. 当代青少年文化与学校德育 [M]. 北京：人民出版社,2016.

[14] 陈章龙,周莉. 价值观研究 [M]. 南京：南京师范大学出版社,2004.

[15] 何安明. 手机时代青少年的价值观和社会化问题研究 M]. 北京：科学出版社,2016.

[16] 刘济良. 青少年价值观教育研究 [M]. 广州：广东教育出版

社，2003.

[17] 林岳新．多元文化背景下青少年价值观培育研究［M］．北京：中国社会科学出版社，2011.

[18] 刘顺厚．青年学生社会主义核心价值观的培育和践行——基于多元文化的视角［M］．上海：复旦大学出版社，2015.

[19] 刘慧等．社会变革时期中国小学生道德价值观调查［M］．北京：教育科学出版社，2013.

[20] 林岳新．新媒体背景下青少年价值观引导研究［M］．北京：中国社会科学出版社，2016.

[21] 刘济良．青少年价值观教育研究［M］．广州：广东教育出版社，2003.

[22] 石芳．多元文化背景下的核心价值观教育［M］．北京：人民出版社，2014.

[23] 杨淑萍．消费文化背景下青少年价值观研究［M］．北京：中央编译出版社，2015.

[24] 叶松庆．当代未成年人价值观的演变与教育［M］．合肥：安徽人民出版社，2007.

[25] 王仕民．德育文化论［M］．广州：中山大学出版社，2007.

[26] 李鹏程．当代文化哲学的沉思［M］．北京：人民出版社，1994.

[27] 李梁．文化自信与价值观自信［M］．上海：上海大学出版社，2017.

[28] 刘维兰．马克思主义大众化实现路径研究［M］．北京：中国社会科学出版社，2015.

二、期刊类

[1] 周琪．思想政治教育文化环境建设的三重规定［J］．思想教育研究，2008（12）．

[2] 唐志龙．文化自觉：社会主义核心价值体系建设的内在品格［J］．理论学刊，2013（2）．

[3] 任平．文化的资本逻辑与资本的文化逻辑：资本创新场景的辩证批判

[J]．江海学刊，2013（1）．

[4] 骆郁廷，魏强．文化发展视域下的大学生思想政治教育[J]．思想理论教育，2012（3）．

[5] 黄蓉生．社会主义核心价值观的文化视域思考[J]．中国高校社会科学，2015（1）．

[6] 方章东，侯惠勤．文化整合与社会主义核心价值观[J]．安徽大学学报（哲学社会科学版），2009（3）．

[7] 李艳，杨晓慧．文化自觉：高校思想政治教育的理性逻辑[J]．中国高等教育，2013（Z1）．

[8] 苏振芳．论思想政治教育的文化自觉[J]．思想教育研究，2012（2）．

[9] 贺善侃．文化自觉、文化现代性与思想政治教育[J]．思想理论教育，2011（23）．

[10] 齐卫平．基于文化自觉和文化自信的思想政治教育反省[J]．思想理论教育，2012（1）．

[11] 雷骥．论文化自觉视域中思想政治教育的使命[J]．学校党建与思想教育，2013（1）．

[12] 刘芳．论社会主义先进文化与思想政治教育的内在关联[J]．思想理论教育，2013（5）．

[13] 江畅．主流文化存在的三种样态及我们的战略选择[J]．湖北大学学报（哲学社会科学版），2014（1）．

[14] 韩迎春．思想政治教育的文化本性及使命[J]．求实，2012（5）．

[15] 赵梦影，徐玉莲．简论文化自觉自信的大学生思想政治教育路径[J]．教育探索，2013（3）．

[16] 崔振成．未成年人核心价值观教育的三个基本问题[J]．中国德育，2014（5）．

[17] 郭凤志．价值、价值观念、价值观概念辨析[J]．东北师大学报（哲学社会科学版），2003（6）．

[18] 黄启明，扈中平．农村小学生德育合力的构建[J]．教学与管理，2016（33）．

[19] 贺新宇．学校文化及其对儿童社会化的影响简析［J］．西昌学院学报（社会科学版），2007（3）．

[20] 罗迪．文化认同视角下的大学生社会主义核心价值观教育［J］．思想教育研究，2014（2）．

[21] 梅萍，罗佳．论大众文化对青少年生命价值观的影响及引导［J］．中州学刊，2016（1）．

[22] 裴娣娜．中小学生生存的文化环境与价值观教育［J］．中国教育学刊，2005（6）．

[23] 王旭丽．未成年人核心价值观培育和践行中的困境与对策［J］．中州学刊，2014（12）．

[24] 岳新风．对当前我国未成年人价值观教育诸多问题的思考［J］．教育探索，2010（8）．

[25] 张远新等．社会主义核心价值体系与当代青少年社会主义核心价值观教育［J］．思想教育研究，2007（10）．

[26] 赵霞，杨筱柏．价值嬗变与理念创新：乡村新文化与农民的文化自觉［J］．广西社会科学，2011（10）．

[27] 苗伟．论人的文化主体性［J］．云南社会科学，2012（4）．

[28] 万秀丽，马洁琼．文化主体性视角下社会主义核心价值观及其建构［J］．中共山西省委党校学报，2015（2）．

[29] 任东景．当代文化认同视阈下的大学生价值观教育研究［J］．黑龙江高教研究，2008（6）．

[30] 张晓兵．青少年学生社会主义核心价值观教育研究［J］．黄河科技大学学报，2018（4）．

[31] 蒋道平．青少年社会主义核心价值观现状及其培育路径——基于四川省青少年抽样调查分析［J］．西南科技大学学报（哲学社会科学版），2017（1）．

[32] 王婉珍，李学．论传统文化教育与青少年价值观培育［J］．当代教育理论与实践，2016（10）．

[33] 董海霞．加强青少年社会主义核心价值观教育的文化思考［J］．当代

教育科学，2016（11）．

［34］梁田．大众文化视域下青少年思想政治教育研究［J］．河南社会科学，2020（3）．

［35］朱大鹏，梁巧．网络低俗文化对时代新人培育的影响及其应对［J］．中共山西省委党校学报，2019（5）．

［36］张泽一．低俗文化与网络意识形态治理［J］．海南大学学报（人文社会科学版），2018（1）．

［37］孙秋英，涂可国．论"三俗文化"及其社会治理［J］．山东社会科学，2020（9）．

［38］李净，谢霄男．媒介生态学视野下网络文化低俗化的表征、成因及对策探究［J］．新疆社科论坛，2019（2）．

［39］徐俊，许燕．网络低俗文化的伦理反思与消解［J］．中州学刊，2018（8）．

［40］张筱荣，朱平．网络文化低俗化论析［J］．甘肃社会科学，2015（2）．

［41］贺新春，叶军．新媒体时代低俗文化对大学生的影响及其应对途径［J］．内蒙古师范大学学报（教育科学版），2017（1）．

［42］王希鹏，丁三青．主体文化自觉：马克思主义文化哲学的现实关怀［J］．内蒙古社会科学，2011（1）．

［43］杨秀莲．试论人的文化存在方式［J］．学术交流，2011（11）．

［44］曹文彪．文的内化与外化的循环系统——关于文化本义的新阐释［J］．学术研究，2009（6）．

［45］王国炎，汤忠钢．''文化''概念界说新论［J］．南昌大学学报（人文社会科学版），2003（2）．

［46］赵学琳．文化概念的差异性考析与整体性界定［J］．江西科技师范学院学报，2011（5）．

［47］蔡红生．文化概念的考证与辨析［J］．新疆师范大学学报（哲学社会科学版），2009（4）．

［48］田强强．析马克思、恩格斯的文化概念［J］．边疆经济与文化，2013

(11).

［49］吴桂韩．文化及其相关概念阐释与辨析［J］．文化建设，2013（3）．

［50］徐椿梁，郭广银．"文化价值观"及其文化价值自证过程［J］．江苏行政学院学报，2017（5）．

［51］黄力之．解读马克思、恩格斯的文化概念［J］．上海行政学院学报，2007（4）．

［52］王志强．欧洲对文化概念的界定及文化理论发展［J］．德国研究，2005（1）．

［53］王希鹏，丁三青，陈斌．主体文化自觉：逻辑内涵与时代价值［J］．学术论坛，2010（3）．

［54］芮彭年．影响青少年文化自觉的困境及其对策［J］．中国德育，2009（10）．

［55］代立梅．新唯物主义视域中的主体文化自觉［J］．云南社会科学，2014（2）．

［56］洪晓楠，蔡后奇．文化自觉的主体间性维度——对文化自觉"空间轴"的哲学反思［J］．哲学研究，2015（8）．

［57］刘艳英．青少年思想道德建设中的"文化自觉"教育［J］．北京青年研究，2014（2）．

［58］唐魁玉．网络文化价值与网民的核心价值观——以中国网民社会经验为中心［J］．学术月刊，2012（11）．

［59］孟宪霞．大众文化异化问题探析［J］．哈尔滨市委党校学报，2009（2）．

［60］郑根成．电视节目低俗化的深层反思［J］．浙江伦理学论坛，2014辑刊。

［61］陈占彪．"低俗化文化"的三种错误认识［J］．科学发展观与青少年和青少年工作研究报告——第五届中国青少年发展论坛暨中国青少年研究会优秀论文集，2009．

［62］潘宛莹．流行文化对大学生核心价值观教育的影响与启示［J］．学术月刊，2012（2）．

［63］陈占彪．当下文化整治的困境及路径选择［J］．文化艺术研究，2009（4）．

［64］肖灵．红色文化与大学生核心价值观教育［J］．江苏高教，2013（1）．

［65］袁霞，王爱华．红色文化与大学生社会主义核心价值观的培育［J］．教育探索，2013（11）．

［66］周文彰．论文化价值观（上）［J］．中国党政干部论坛，2006（10）．

［67］周文彰．论文化价值观（下）［J］．中国党政干部论坛，2006（11）．

［68］范俊玉．论先进文化的价值判断标准［J］．前沿，2004（3）．

［69］廖志成．论先进文化的评价标准［J］．郑州大学学报（哲学社会科学版），2004（1）．

［70］常宗耀．论中国特色社会主义文化建设的价值原则［J］．学习论坛，2013（11）．

［71］徐萍．社会主义核心价值观教育实现实效性的文化障碍［J］．中国农业教育，2009（2）．

［72］刘敏岚，高玉娜．娱乐文化低俗化对青少年的影响及对策［J］．江西理工大学学报，2012（2）．

［73］杨汉民．优秀传统文化与大学生核心价值观教育［J］．教育文化论坛，2014（5）．

［74］艾斐．用先进文化厚植和涵养社会主义核心价值观［J］．红旗文稿，2018（9）．

［75］韩华．主流价值观传播中的文化市场机制论析［J］．思想教育研究，2017（11）．

［76］李阳，仰滢，刘良模．社会主义核心价值观培育路径研究——基于文化自觉的理论视角［J］．教育评论，2015（11）．

［77］李安林．文化熔铸：培育、弘扬和践行社会主义核心价值观的重要路径［J］．南京政治学院学报，2016（4）．

［78］贾英健．中国现代性发展中的文化矛盾与价值观重构［J］．济南大学学报（社会科学版），2017（6）．

[79] 王雪亚, 薛晓阳. 核心价值观教育的文化根基及价值依托——基于中小学核心价值观教育的问题与策略［J］. 教育发展研究, 2018（2）.

[80] 史玲玲, 余林. 从青少年的心理特点看社会主义核心价值观的培养［J］. 学理论, 2010（9）.

[81] 李亚宏, 崔征. 网络文化背景下青少年培育社会主义核心价值观的实践路径［J］. 中学政治教学参考, 2016（3）.

[82] 陶鹏. 网络文化的失范问题及其规制［J］. 沈阳大学学报（社会科学版）, 2014（2）.

[83] 王葎. 价值主体、文化自觉与社会主义核心价值体系［J］. 中国特色社会主义研究, 2012（2）.

[84] 陆平. 理性思维：文化自觉的一个基本特征［J］. 长白学刊, 2006（3）.

[85] 陈军科. 理性思维：文化自觉的本质特征［J］. 北京师范大学学报（社会科学版）, 2003（5）.

[86] 苗伟. 文化优化及其尺度［J］. 理论探索, 2012（3）.

[87] 陈富国, 陈付龙. 困境与出路：青少年文化建设的当下透视［J］. 教育学术月刊, 2010（7）.

[88] 肖琴. 中国传统文化与社会主义核心价值观关系再探讨［J］. 湖湘论坛, 2014（5）.

[89] 李建国. 文化育人的哲学省思［J］. 高等教育研究, 2014（4）.

[90] 王文锋. 论大学文化自觉和文化自信的培养［J］. 山东理工大学学报（社会科学版）, 2013（2）.

[91] 陈理宣. 未成年人价值观教育的目标：培养价值行为能力［J］. 继续教育研究, 2009（7）.

[92] 余栋华. 历史唯物主义视阈中的文化概念［J］. 唯实, 2011（3）.

[93] 王俪娟. 试析青少年社会主义核心价值体系教育的接受机制［J］. 北京青年政治学院学报, 2012（1）.

[94] 刘献君. 在文化传承与创新中育人的理性思考［J］. 中国高等教育, 2011（18）.

［95］徐公芳，李强．文化育人润物无声［J］．高等工程教育研究，2012（5）．

［96］姜正林．对青少年培育与践行社会主义核心价值观的思考［J］．黑龙江社会科学，2016（1）．

［97］张晓兵．青少年学生社会主义核心价值观教育研究［J］．黄河科技大学学报，2018（4）．

［98］付启敏，周颖．如何用有益的文化促进青少年社会主义核心价值观的塑造［J］．赤峰学院学报（汉文哲学社会科学版），2018（7）．

［99］张信容．中小学生社会主义核心价值观教育的实效性研究［J］．福建教育学院学报，2018（7）．

［100］刘水静．中华优秀传统文化融入社会主义核心价值观教育的原则、路径与方法［J］．中国德育，2018（8）．

［101］蒋道平．青少年社会主义核心价值观现状及其培育路径——基于四川省青少年抽样调查分析［J］．西南科技大学学报（哲学社会科学版），2017（1）．

［102］肖川．″文化·教育与人″漫议［J］．黑龙江高教研究，1990（8）．

［103］李金齐．共在：人与文化的本质性关联——一个文化安全研究的文化哲学视角［J］．江西社会科学，2010（8）．

［104］李超．以文化人：青少年社会主义核心价值观培育探析［J］．思想政治课教学，2019（12）．

［105］李一．主体性的缺位与建构：解析和应对青少年网络行为失范的关键［J］．兰州大学学报（社会科学版），2010（1）．

［106］高飞乐．论文化的本质规定［J］．中共福建省委党校学报，2001（5）．

［107］赵东海．论文化的功能［J］．科学管理研究，2004（6）．

［108］徐瑞鸿，戴钢书．文化主体性的提升：社会主义核心价值观教育过程的本质［J］．学术论坛，2015（7）．

［109］郭国祥．先进文化与人的本质的全面实现［J］．理论与改革，2005（1）．

[110] 朱文. 文化与思想政治教育资源的同构性探究 [J]. 中国成人教育, 2019 (3).

[111] 张九海. "三俗文化"盛行的原因及对策分析 [J]. 青海社会科学, 2013 (3).

[112] 张九海. 文化"三俗化"情势下的"大众担当" [J]. 中共福建省委党校学报, 2015 (1).

[113] 张九海. 相对主义、"底线思维"与"三俗文化" [J]. 新疆社会科学, 2014 (3).

[114] 范玉刚. 正视所谓"三俗"文化 [J]. 传承, 2012 (3).

[115] 田锦山. 社会主义核心价值观教育要从青少年抓起 [J]. 山西财经大学学报, 2015 (11).

[116] 钟建华. 论"三俗"文化对青少年的负面影响 [J]. 前沿, 2013 (22).

[117] 张波, 陈晓楠. "三俗"文化泛滥的原因及媒体的责任 [J]. 河北师范大学学报(哲学社会科学版), 2012 (1).

[118] 邹霞, 袁智忠. 视觉文化价值取向的社会效应探析——影视创作媚俗化对青少年道德的负面影响透视 [J]. 探索, 2010 (4).

[119] 周宇. "三俗"文化社会根源及根除"三俗"对策分析 [J]. 今传媒, 2011 (2).

[120] 仰义方, 陈沛珊. 网络泛娱乐化现象对大学生价值观的影响及应对 [J]. 重庆邮电大学学报(社会科学版), 2020 (4).

[121] 王俪娟. 试析青少年社会主义核心价值体系教育的接受机制 [J]. 北京青年政治学院学报, 2012 (1).

[122] 陈俊. 文化育人视域下大学生社会主义核心价值观教育探究 [J]. 社科纵横, 2018 (6).

[123] 孔祥慧. 新时代大学生思想政治教育的文化育人理念及其强化 [J]. 思想政治教育研究, 2019 (1).

[124] 田丰. 优秀文化记忆与大学生社会主义核心价值观培育 [J]. 中国青年社会科学, 2020 (3).

［125］辛棋，张彦惠．正视和面对：加强青少年文化认同教育［J］．学习时报，2018-07-06（03）．

［126］张军成，李威浩．革命文化：大学生社会主义核心价值观教育有效载体［J］．社科纵横，2019（6）．

［127］杨增崒．苏联解体前后青年价值观教育反思［J］．世界社会主义研究，2019（10）．

［128］冷雪玲．小学社会主义核心价值观教育新路径——以"北京市小学连环画进校园工作"为例［J］．思想政治工作研究，2019（4）．

［129］黄一玲．以优秀传统文化教育推进高校核心价值观认同［J］．理论学习，2017（8）．

［130］王志国．青少年社会主义核心价值观认同：生成逻辑与提升路径［J］．现代基础教育研究，2018（4）．

［131］单和盛，何巍巍，赵婕．青少年培育和践行社会主义核心价值观内在动力研究［J］．内蒙古师范大学学报（哲学社会科学版），2017（3）．

［132］郗波．论文化自觉与思想政治教育的互馈关系［J］．思想理论教育导刊，2013（7）．

［133］吴国栋．社会主义核心价值观教育融入校园文化建设的方法［J］．当代教育实践与教学研究，2020（6）．

［134］鲍育育．基于社会主义核心价值观教育的大学生文化自信培育初探［J］．广东职业技术教育与研究，2020（1）．

［135］汪妍．青年学生社会主义核心价值观教育路径探究［J］．智库时代，2020（8）．

［136］费紫葳，马中红．青少年网络流行语文化现象探析［J］．江苏教育学院学报，2016（5）．

［137］姚建军．中国社会转型中的文化变迁和文化矛盾分析［J］．科学社会主义，2011（2）．

［138］郜非非．全球化背景下的中国文化矛盾及文化安全［J］．江苏行政学院学报，2016（2）．

［139］狄国忠．论文化矛盾背景下的社会主义核心价值观建设［J］．宁夏

党校学报，2020（6）.

［140］胡真圣．论文化埋解与文化秩序的建构［J］．洛阳师范学院学报，2012（10）.

［141］王征国．论文化价值的三维整合［J］．吉首大学学报（社会科学版），2013（5）.

三、博士论文

［1］李艳．高校思想政治教育的中国文化自觉［D］．东北师范大学，2015.

［2］夏锋．人的文化存在与思想政治教育创新研究［D］．山东师范大学，2014.

［3］张文卿．当代青年社会主义核心价值观培育研究［D］．北京交通大学，2017.

［4］彭俊桦．大学生社会主义核心价值观践行研究——基于文化多样化背景［D］．福建师范大学，2014.

［5］邓敏．电视剧文化与当代大学生价值观引导研究［D］．湖南师范大学，2015.

［6］佟斐．社会主义核心价值观建设的文化路径研究［D］．武汉大学，2017.

［7］蒋艳．新时代大学生社会主义核心价值观教育模式建构研究［D］．中国矿业大学，2019.